공생의 삶
직업의
세계

공상이상 직업의 세계

초판 1쇄 발행 2006년 10월 20일
12쇄 발행 2020년 4월 3일

지은이 김봉석
펴낸이 이상훈
편집인 김수영
본부장 정진항
편집1팀 권순범 김단희
마케팅 천용호 조재성 박신영 조은별 노유리
경영지원 정혜진 이송이

펴낸곳 한겨레출판(주) www.hanibook.co.kr
등록 2006년 1월 4일 제313-2006-00003호
주소 서울시 마포구 창전로 70 (신수동) 화수목빌딩 5층
전화 02-6383-1602~3 **팩스** 02-6383-1610
대표메일 book@hanibook.co.kr

ISBN 978-89-8431-199-2 13320

김봉석 지음 | 박재동 · 주철환 · 남동철 · 김부경 · 정영석 감수

한겨레출판

차 례

'드림 소사이어티' 의 주역

코펜하겐 미래학연구소 소장을 역임한 롤프 옌센^{Rolf Jensen}은 자신의 저서 《드림 소사이어티》에서 "정보사회의 태양은 지고 '이야기'가 중심이 되는 드림 소사이어티가 곧 도래한다"고 선언했습니다. 그리고 미래의 전쟁이 '콘텐츠 전쟁'이 될 것이라고 예견했습니다.

옌센의 예언은 이미 현실로 나타나고 있습니다. 세계 영화의 중심인 할리우드가 '이야기'를 확보하기 위해 한국을 비롯해 세계 구석구석을 뒤지고 있고, 국내 기업들도 빼어난 이야기를 찾기 위해 문학은 물론 만화와 다큐멘터리 등 장르를 불문하고 전방위로 뛰고 있는 실정입니다.

그뿐 아니라 '이야기'의 중요성은 사회 전 분야로 확산되고 있습니다. 이제는 마케팅도 '스토리텔링 마케팅'이어야 하고, 리더십도 이야기를 바탕으로 한 '감성리더십'이 새로운 모범으로 떠오르고 있습니다.

앞으로 10년 뒤 지금의 청소년들이 사회의 주인공이 될 즈음이면 세상은 본격적인 '드림 소사이어티'에 접어들 것입니다. 그리고 이야기, 즉 콘텐츠와 관련된 일자리도 많이 생겨날 것입니다. 창작자와 기획가를 비롯해 제작자와 마케터, 학자와 법률 전문가, 기술자와 정책 전문가 등 다양한 분야와 직종에서 수많은 기회들이 미래의 일꾼들을 기다리고 있습니다.

그런 이유로 저는 기회가 있을 때마다 문화콘텐츠 분야에 관심과 끼를 가지고 있는 청소년이라면 과감히 도전해보라고 권하고 있습니다. 그리고 이 책이 문화콘텐츠 분야로 진로를 탐색하는 청소년 여러분에게 큰 도움이 될 것으로 확신합니다.

끝으로 이 책이 빛을 보기까지 노력을 아끼지 않으신 김봉석 문화평론가와 정연식 만화가, 그리고 한겨레출판에 감사의 말씀을 전합니다.

2006년 10월
한국문화콘텐츠진흥원 원장 **서병문**

먼저 저질러라, 그리고 생각하라

　요즘은 내가 어렸을 때하고는 너무나 많이 다르다. 그때는 만화를 보는 것이 죄였다. 우리 집이 만화가게였기 때문에 나의 괴로움은 더했다. 초등학교 종례 시간에 담임선생님이 사흘 걸러 한 번씩 만화가게에 드나들지 말라는 이야기를 했던 것이다. 학급회의 때도 이따금 만화를 보지 말자는 이야기가 나왔을 것이다.

　세월이 흘러 지금은 만화에 대한 인식이 180도 달라졌다. 대학에 만화와 애니메이션 관련 학과가 있는 학교만 150개 정도로, 전 세계에서 가장 많은 만화·애니메이션 교육기관이 있는 곳이 우리나라다. 대학 외에도 문화센터나 다른 교육기관이 많이 생겼다.

　어른들도 더 이상 아이들이 만화를 보거나 그린다고 꾸짖지 않는다. 오히려 우리 아이가 만화를 좋아하고 그쪽으로 진로를 정하고 싶어하는데 어떻게 하면 되느냐는 상담이 많이 들어올 정도이다. 아직까지 편견을 가진 사람들도 있지만 대부분의 학부모는 만화에 대해 예전같이 생각하지 않는다. 그들 역시 만화 세대였고, 달라진 문화 산업 전성시대를 예감하고 있기 때문이다.

만화가가 되고 싶어하는 아이들도 무척 많다. 내가 있는 대학에도 해마다 엄청나게 많은 만화가 지망생들이 입학시험을 치른다. 놀라운 것은 지원자들의 그림 솜씨와 스토리 짜는 솜씨가 비약적으로 향상되었다는 것이다. 그뿐만이 아니다. 초·중·고등학생들의 만화 공모전 심사를 할 때마다 매년 일취월장하는 아이들의 모습에 깜짝깜짝 놀라곤 한다. 이런 식으로 아이들의 실력이 향상된다면 앞으로 10년 후쯤에는 우리나라의 만화·애니메이션이 놀라운 수준에 도달하리라 확신한다.

이처럼 만화가가 되려는 아이들도 많고 다들 솜씨도 만만찮은 상황에서 어떻게 하면 만화가나 애니메이터, 혹은 그와 관련된 일을 할 수 있을까? 이에 대해 속 시원한 답을 찾을 수 있으면 좋을 텐데, 아쉽게도 지금까지 자상하게 안내해주는 길잡이가 없었다. 그런데 이번에 한겨레출판에서 문화콘텐츠 분야에 관심 있는 아이들을 위한 안내서를 야심차게 내놓았다. 단비같이 반가운 일이다.

이 책에는 프로 만화가가 되는 길과 그 실체, 그리고 만화가나 애니메이터가 되지 않더라도 그와 관련해서 할 수 있는 일들이 잘 소개되어 있다. 무엇보다 반가운 점은 당장 출판사나 애니메이션 회사에 들어가지 않고도 스스로 작가가 될 수 있는 길을 안내해주고 있다는 것이다. 옛날과 달리 컴퓨터로 혼자서도 애니메이션을 만들 수 있고, 스스로 만화를 그려 홈페이지나 블로그에 올릴 수 있는, 지금 시대에 맞는 정보가 들어 있다. 그런 점에서 아이들이 다양한 방법을 이해하고 준비할 수 있게 해준다. 실제로 현재 활동하고 있는 작가들이 전부 기존의 출판사나 애니메이션 회사를 통해 데뷔한 것은 아니다. 만화나 애니메이션을 하고 싶은 아이들이나 학부모라면 이 책을 통해 현실적인 도움을 받을 수 있을 것이다.

덧붙여 아이들에게 당부하고 싶은 말이 있다. 미래를 바라보고 준비하는 것도 중요하지만, 미루지 말고 지금 당장 한 장이라도 그려보라는 것이다.

우선 저질러라. 그리고 나서 생각하라. 그리고 이 책을 읽고 참고하시라.

2006년 10월

한국예술종합학교 영상원 교수 박재동

21세기 희망의 연금술사들을 기대하며

행복한 사람에겐 일터가 놀이터지만 불행한 사람에게 일터는 감옥이나 지옥이다. 직업 선택은 그만큼 중요하다. 행복을 부르는 직업은 그 일을 이루는 과정에서 스스로 만족감을 느낄 때 가능하다. 누군가의 강요에 의해, 혹은 먹고 살기 위해 일해야 한다면 보람도 성취감도 작을 수밖에 없다.

'무슨 일을 하며 살고 싶냐'고 청소년에게 물었을 때 바로 답이 나온다면 그는 행복의 레슨을 나름대로 밟고 있는 사람이다. 적어도 그는 밝은 미래를 향해 한 걸음씩 다가가고 있는 중이다. 아직 잘 모르겠다고 대답한다면 이번엔 '가장 행복해 보이는 사람이 누구냐'고 다시 묻게 된다. 그 행복해 보이는 사람이 내 나이에 무슨 생각을 했고 누구를 만났으며 무엇을 준비했는지 가늠한다면 머지않아 행복의 목표 지점에 무사히 도착할 가능성이 커진다.

맹인으로 태어난 것보다 더 불행한 건 비록 시력은 있지만 비전이 없는 삶이라고 일찍이 헬렌 켈러는 말한 바 있다. 하기야 돈 없는 사람, 집 없는 사람보다 더 가엾은 사람은 꿈이 없는 사람이다. 단지 꿈만 꾼다면 몽상가에 불과하지만, 그 꿈을 보고 듣고 만질 수 있게 해준다면 그들이야말로 21세기 희망의 연금술사라고 부를 만하다.

방송, 영화, 애니메이션 등 문화콘텐츠에 관심을 가진 청소년들이 꾸준히 늘고 있다. 단순히 보고 즐기는 것에 만족하지 않고 자신이 직접 문화 창조의 주역이 되고자 한다면 문화콘텐츠의 생산과 유통의 과정을 먼저 알아야 한다. 당연히 그 분야 사람들의 현재 수입내역보다는 그들의 과거 수업 과정을 들추어보는 게 유리할 것이다. 이 책은 바로 그런 정보를 착실하고 건실하게 모은 보석상자다.

성공하는 사람에게는 3정이 필요하다. 첫째는 정보이고, 둘째는 정열이고, 셋째는 정성이다. 머리로는 알아야 하고, 가슴은 의욕적이어야 하며, 손발은 실천적이어야 한다. 공자는 이런 말을 했다. "아는 것보다는 좋아하는 게 낫고, 좋아하는 것보다는 즐기는 게 낫다." 중요한 사실은 일단 알아야 좋아하고, 좋아해야 비로소 즐길 수 있다는 것이다.

조각가 로댕의 다음 일화는 젊은이들에게 시사하는 바 크다. 여러 명의 젊은이들과 함께 산을 오르던 로댕은 정상 근처에서 큰 바위덩어리와 만난다. 모두가 불평을 쏟아낼 때 로댕은 조용히 다가가 바위와 대화를 나눈다. 그리고 그 바위의 꿈을 이루어준다. 매일 그 바위 앞에서 땀을 흘렸고, 시간이 지나 바위는 마침내 멋진 조각품이 된다. 바로 그 유명한 '생각하는 사람'이 탄생한 것이다. 장애물에 불과했던 바위가 감동을 주는 불멸의 작품이 되는 것, 이것이야말로 발상의 전환이고 예술의 탄생이다.

청소년기에 누구를 만나느냐가 정말로 중요하다. 로댕을 만난 바위는 명작이 되지만 낙서족을 만난 바위는 얼굴에 상처만 남는다. 인생에서 직접적인 만남도 물론 소중하지만 책이나 영상을 통한 간접적인 만남 역시 필요하다. 지금 당장 그들을 만나서 변화의 레슨을 시작하라. 누워서 잠을 자면 꿈을 꿀 뿐이지만 일어나 책을 읽으면 그 꿈을 온전히 이룰 수 있다.

2006년 10월
이화여대 언론홍보영상학부 교수 **주철환**

취미가 직업이 되는 문화콘텐츠의 세상

어렸을 때 나는 되고 싶은 게 없었다. 무엇을 잘하는지도 몰랐다. 공부가 그다지 재미없다는 것은 알았지만, 그렇다고 무엇을 해야 할지는 알 수 없었다. 그래서 잡다한 책을 읽고, 만화와 영화를 보고, 음악을 들었다. 이유는 한 가지였다. 해야 하는 이유를 찾지 못한 공부는 지겨웠지만, 책과 영화를 보는 시간은 언제나 즐거웠기 때문이다. 대학을 갈 때까지도 앞으로 어떤 길을 걸어가야겠다는 확신이 없었다. 적당히 관심이 있는 사학과에 들어가긴 했지만 전공 공부는 하나도 하지 않고 '딴 짓'으로 시간을 보냈다. 그것은 바로 그 시절 해야 한다고 생각했고, 여전히 즐거웠던 '다양한 대중문화 즐기기'였다.

그렇게 시간이 흘렀고, 어느새 내 머릿속에는 보고들은 책, 영화, 만화, 음악에 관한 지식과 감상으로 가득 차 있었다. 그것들이 인생을 살아가는 데 특별히 도움이 될 거라고 당시에는 전혀 생각하지 못했다. 그런데 어느 순간부터 그런 잡다한 경험들이 나의 능력이 되기 시작했다. 대학 졸업을 앞두고 어렴풋이 이런 생각이 들었다. '남들처럼 보통의 회사에 들어가서 샐러리맨으로 살아가는 것은 싫다. 그러면 내가 좋아하는 무언가를 찾아봐야 하지 않을까?' 그런 생각으로 친구들과 어울려 다니며 콩트나 대본 같은 것을 쓰기도 하고, 평론을 쓰는 스터디 모임도 가졌다. 하지만 여전히 무엇을 어떻게 해야 할지 알 수 없었다. 작가나 평론가가 되겠다는 명확한 결심이 섰던 것도 아니다. 미래는 잘 모르니까 일단 부딪쳐가면서 하나 둘씩 경험을 해보자는 생각이었다. 뭐 그런 것들도 좋았다. 결과적으로는 그런 모호하면서도 다양한 경험들이 기자, 영화평론가, 대중문화평론가 등의 직함을 가지고 일을 하는 데는 전부 도움이 되었다.

자신이 좋아하는 분야에서 일을 찾는 것은 즐거우면서도 난감한 일이다. 좋은 점은 분명하다. 남들에겐 취미로 끝나지만, 자신은 취미로 돈까지 벌 수 있다. 어린 시절부터 보고 즐기고 경험했던 것들이 모두 일하는 데 중요한 자산이 된다. 그런 열정과 즐거움이 일에 계속 빠져들게 되는 이유다. 하지만 그냥 취미로 즐기는 것과, 직업으로서 어떤 일을 하는 것은 명백히 다르다. 하나의 문화상품을 만들기 위해서는 엄청나게 많은 사람이 각자의 분야에서 자신의 역할을 확실하게 완수해야만 한다. 귀찮다고 피하거나 힘들다고 미룰 수가 없다. 정해진 시간까지 맡은 임무를 반드시 해내야 하는 것이다. 때로는 능력이 미치지 않을 수도 있고, 정말 하기 싫을 때도 있다. 가끔은 자신이 그토록 사랑했던 '취미'와도 멀어질 수 있다. 그렇게 좋아하던 만화가 싫어지고, 영화가 재미없어지는 일이 벌어질 수도 있는 것이다.

하지만 그런 걸 미리 걱정할 필요는 없다. 무언가에 대한 애정이 식는 것은 그 대상 때문이 아니다. 변하는 건 자신의 마음일 뿐이다. 살아가면서 무언가에 대한 좋고 싫음의 감정이 바뀌는 것은 흔히 있는 일이다. 내 마음이 바뀌었다는 건 열정이 부족하거나 식었기 때문이다. 취미로 시작한 일이 때론 부담스럽다고 해도 단지 돈 때문에 싫어하는 일을 해야 하는 것과는 차원이 다르다. 정말 좋아하는 사람들일수록 일하면서 더욱 그 대상에 대한 애정이 깊어지는 것을 느낄 수 있을 것이다. 자신이 사랑하는 대상에 개입해서 뭔가 새로움을 창조해내는 것만큼 가슴 벅찬 일도 없다.

이 책을 쓰게 된 이유도 그런 것이다. 문화콘텐츠에 대한 직업 가이드를 써보지 않겠냐는 제의를 받았을 때 머릿속에 내가 걸어온 길이 스쳐지나갔다. 미래에 어떤 삶을 살아야 할지 전혀 몰랐던 과거의 기억들이. 사춘기 시절에 영화나 다른 문화 콘텐츠 분야의 직업에 좀 더 많이 알았다면 나는 더 많은 길을 둘러볼 수 있지 않았을까? 막연히 보고듣기만 하다가 우연히 이 분야로 들어선 지금의 나의 여정과는 조금 달라질 수도 있지 않았을까? 대학 시절이 무의미하지는 않았지만, 목적의식을 갖고 좀더 계획적으로 살 수 있지 않았을까? 아무래도 열정이란 건 청춘의 시기에 넘쳐나니까. 그런 생각들을 하면서 문화콘텐츠의 다양한 분야에 관심을 가진 청소년들에게 도움이 될 수 있는 가이드북을 쓰는 것을 흔쾌히 수락했다.

하지만 결코 간단한 일이 아니었다. 대중문화 전반에 관심이 있다고 해도 각 분야의 세세한 것까지 다 아는 것은 불가능하다. 어떤 직업이 있는지도 자세히는 알지 못한다. 특히 컴퓨터 그래픽이나 음향 등 기술 분야는 자료를 봐도 구체적인 일의 진행 과정을 파악하기가 쉽지 않았다. 처음에는 모든 분야에 대해 자세히 쓰고 싶은 생각도 있었지만 곧 마음을 바꿨다. 각 분야의 구체적인 업무진행 과정보다는 그 속에서 어떤 역할을 하는지, 전망이 어떤지, 그 일을 하기 위해서 어떤 준비를 해야 하는지 등이 청소년들에게 필요한 정보라고 생각했다. 그래서 미시적인 설명보다는 전체적인 시스템과 역할을 알려주는 데 주안점을 두었다. 이 책을 읽은 청소년들이 만화나 영화가 어떻게 만들어지는지, 하나의 콘텐츠를 완성하기 위해 얼마나 많은 사람들이 유기적으로 일하는지, 자신이 어떤 일을 잘할 수 있을지를 얼추 떠올리게 된다면 그것만으로도 큰 수확이라고 생각한다. 누군가의 미래에 아주 조금이라도 어떻게든 도움이 될 수 있다면 말이다.

먼저 이 책의 탄생에 산파 역학을 하신 한국문화콘텐츠진흥원의 김태홍 과장님과 한겨레 문화사업부의 주희정 팀장님, 새로운 미래를 개척 중인 손장희 님, 그리고 멋진 편집을 위해 애써주신 한겨레출판 식구들에게 감사드린다. 문화콘텐츠라는 거의 무한한 분야의 자료조사와 정리에 막대한 도움을 준 민소연, 윤가은 님에게도 감사를 드린다. 그들이 없었다면 이 책은 나오기 힘들었을 것이다.

마지막으로 언젠가 이 책을 들춰볼 날이 올지도 모르는 딸 가은이에게 이 책을 바친다.

영화

1000만 관객 시대의 영웅들

샘물 고등학교 영화감상부인 영훈과 미래, 다운은 독립영화를 만들려는 야심찬 계획을 가지고 있습니다. 세 명 모두 영화를 무척 좋아하고, 특히 다운이는 미래에 꼭 멋진 영화감독이 되겠다는 꿈을 가지고 있죠. 요즘은 디지털 장비의 발달로 누구나 마음만 먹으면 근사한 영상을 만들어낼 수 있습니다. 청소년이 만든 영화들도 창의적이고 신선한 시각으로 많은 주목과 사랑을 받고 있고요. '국제청소년영화제'라는 대규모 행사에서는 세계의 청소년들이 직접 만든 영화를 놓고 치열한 각축전을 벌이기도 합니다. 다운이도 좋은 영화를 만들어서 그런 영화제에 출품해보겠다는 야심을 가지고 있죠. 하지만 마음먹는다고 해서 영화가 쉽게 만들어지는 것은 아닙니다. 우리가 보고 있는 영화들은 생각보다 아주 많은 사람들의 노력과 자본이 들어가는 '산업'이니까요. 방송부 삼총사는 먼저 영화가 어떻게 만들어지는지, 그리고 자신들이 해야 할 일이 무엇인지 알아보기로 했습니다. 마침 지도 선생님께서 감독 데뷔를 준비하면서 조감독으로 일하고 있는 방송부 선배를 소개해주셨어요. 방송부에서 가진 인터뷰는 화기애애하게 진행되었습니다.

고달은 선배 졸업한 지 10년이 넘었는데 이곳은 여전한 것 같구나.

정다운 그래도 작년에 스크린하고 프로젝터도 설치했는 걸요. 드디어 캠코더도 생겼구요.

고 선배 와! 그래? 우리 때는 비가 죽죽 내리는 비디오로 영화를 봤는데, 그래도 마냥 신났었지. 너희가 부럽다. 참, 단편영화를 찍을 예정이라고?

다운 네, 하지만 뭐부터 시작해야 할지 잘 모르겠어요. 우선 미래가 시나리오를 쓰고 있는데 생각보다 쉽지 않은 모양이에요.

고 선배 시나리오도 중요하지만 어떤 영화를 찍을지 기획회의를 통해 결정하고, 그에 따른 계획을 세우는 것이 먼저야. 창작활동에 엄격한 순서가 정해져 있는 건 아니지만 많은 사람들의 경험에 따른 매뉴얼은 존재하게 마련이거든. 그럼 영화가 어떻게 만들어지는지 살펴볼까?

스크린 속 나의 보물을 찾아서

　여러 문화콘텐츠 중에서 가장 오래되고 축적된 콘텐츠가 많은 분야가 영화이다. '내 인생의 영화' 한 편쯤 가슴에 품지 않은 사람이 있을까? 〈아라한 장풍 대작전〉의 류승완 감독은 《내 인생의 영화》라는 책에서 성룡의 영화를 보면서 영화감독의 꿈을 키웠고, 성룡의 다음 영화를 애타게 기다린다고 팬으로서의 고백을 한 바 있다. 이렇듯 영화는 오랫동안 누군가에겐 꿈을 심어주고, 누군가에겐 친구가 되어주고, 방황하는 누군가에겐 길잡이가 되어준 매체이다.

영화는 사람들에게 감동을 주는 정서적 가치뿐 아니라 엄청난 경제적 가치를 창출하는 콘텐츠이기도 하다. 2003년에 개봉한 〈실미도〉를 시작으로 한국영화는 1000만 관객 시대를 맞이했다. 성공한 한 편의 영화가 국민경제 전체에 미치는 파급효과도 엄청나다. 관객 1200만 명 이상을 동원한 〈왕의 남자〉는 영화 산업과 관련 서비스업에서 8000명 이상의 취업 유발 효과를 냈는데, 이는 인기 휴대폰 120만 대를 생산했을 때와 맞먹는 수치라고 한다.

한국영화는 최근 들어 경제적 측면에서뿐만 아니라 예술적으로도 수준 높은 콘텐츠를 생산해내고 있다. 각종 국제영화제에서 레드카펫을 밟는 국내 감독과 배우들의 모습을 보는 일은 더 이상 특별한 이벤트가 아니다. 감독상, 주연상 후보에 국내 감독과 배우들의 이름이 오르는 일도 전혀 낯설지 않다. 유럽의 비디오 숍을 둘러보면 한국영화 코너와 함께 김기덕 감독 등 한국의 특정 감독 코너가 있는 곳도 많다. 그만큼 한국영화가 세계적으로 인정받고 있다는 반증일 것이다. 이렇듯 사람들의 인생에 큰 영향을 미치고, 경제적·예술적 가치를 창출하는 콘텐츠를 만드는 주인공으로 활약한다는 것은 아주 매력적인 일이다.

한 편의 영화를 만드는 데 동원되는 사람은 과연 몇 명이나 될까? 극장에서 흔히 보는 영화의 엔딩 크레딧을 떠올려보자. 관객으로서 우리는 2시간 전후의 시간 동안 스크린에 등장하는 배우들과 만난다. 하지만 엔딩 크레딧으로 알 수 있는 것처럼 우리 눈에 보이지 않는 많은 사람들이 저마다의 전문 분야에서 수개월, 길게는 수년 동안 한 편의 영화를 완성시키는 데 매달리고 있다.

영화를 만들기 위해서는 크게 세 단계의 과정이 필요하다. 우선 작품을 선택하고 그에 필요한 인력을 구성하는 등 영화가 완성되기까지의 전체적인 계획을 세우고 준비하는 사전 기획 단계 Pre-production, 실제 작품을 촬영하는 제작 단계 Production, 마지막으로 편집, 녹음, 사운드 믹싱, 컴퓨터 그래픽, 프린트 등의 과정을 통해 촬영된 필름을 완전한 영화로 만드는 후반 작업 단계 Post-production이다.

예술적 · 경제적 측면에서 성공을 거둔 한국영화들. 〈왕의남자〉는 사극과 영화의 절묘한 조합으로 두터운 팬 층을 확보하며 이른바 대박을 터트렸다. 또 김기덕 감독의 〈빈 집〉은 각종 국제영화제에서 호평을 받으며 한국영화의 수준 높은 예술성을 전 세계에 과시했다.

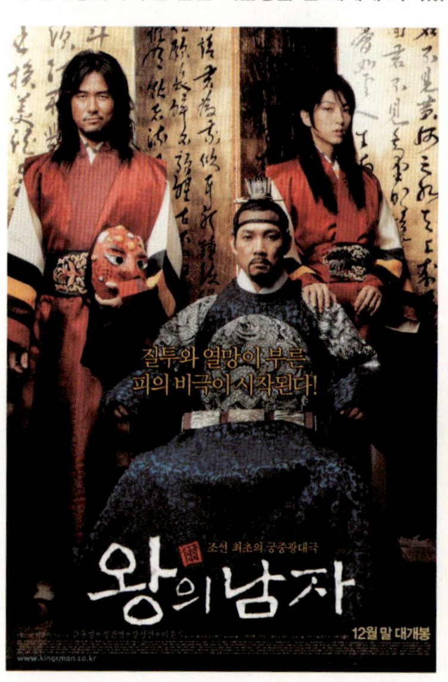

　하지만 실제로 위의 세 과정이 명확히 구분되는 것은 아니다. 요즘은 가편집을 대개 현장에서 끝내버린다. 따라서 어디까지나 편의상 분류이며, 사전 기획 단계부터 후반 작업 단계까지 전 스태프가 유기적으로 일해야 한다는 사실을 염두에 둘 필요가 있다. 제작이 끝나면 마케팅, 배급 단계를 거쳐 극장에서 관객들을 만나게 된다.

미래　우리 시나리오가 자꾸 초점을 잃는 이유가 '사전 기획 단계'가 제대로 이루어지지 않아서인 것 같아요. 뚜렷한 기획 의도가 없으니 주제도 쉽게 바뀌거든요.

고 선배　어떤 작업이든 마찬가지겠지만, 기획 단계는 가장 기초적인 부분이라고 할 수 있어. 기획이 탄탄해야 좀더 완성도 높은 시나리오를 만들 수 있거든.

다운　각 제작 과정 속의 구체적인 직업에는 어떤 것들이 있나요?

고 선배　음, 그럼 좀더 구체적으로 직업들을 살펴볼까? 우선 사전 작업부터 참여하는 사람들에 대해 알아보도록 하자.

예술과 시장, 동거를 시작하다 | 사전 기획 단계

　사전 기획 단계Pre-production에서는 영화의 총제작에 필요한 세부적인 과정을 계획하고 준비한다. 우선 시나리오 작가나 감독때로는 제작자도 함께이 영화에 관한 아이디어를 구축하고 그것을 시나리오로 완성한다. 이어 제작사가 완성된 작품에 맞는 배우와 스태프를 결정하면, 제작자는 영화를 완성하기까지 필요한 총예산안과 스케줄을 짜고, 작품에 제작비를 투자할 투자자를 찾아 교섭한다 ^{파이낸싱}. 이렇게 해서 기본적인 요건들이 갖추어지면, 실제 제작에 필요한 준비에 들어간다. 이 과정에서는 전문 스태프가 모여 촬영 장소를 헌팅하고, 감독을 중심으로 연출부와 배우들은 시나리오를 가지고 리허설을 한다. 이때 연출부는 촬영에 필요한 모든 것, 곧 작품의 분석, 연기의 방향, 촬영과 조명의 계산 등에 관련된 것을 미리 계획해서 구성해놓은 콘티 ^{conti} 를 만든다. 제작부는 대본과 배우 및 스태프의 스케줄을 고려하여 여러 번 제작회의를 거치며 촬영계획표를 만든다. 이렇게 해서 영화의 설계도가 완성되면, 제작사는 제작발표회를 열고 기자들에게 보도자료를 배포하여 잠재적 관객을 확보한다. 그리고 영화를 촬영하는 내내 언론매체나 광고, 이벤트 행사 등을 통해 지속적으로 대중의 관심을 끌어 모으기 위한 홍보를 한다.

★ 영화감독

영화감독은 실질적으로 영화 제작을 총지휘하는 사람이다. 작품의 스토리, 캐스팅, 촬영, 조명, 배우의 연기, 의상, 세트 디자인 등 영화 전체의 의도와 분위기를 결정하는 최종 권한과 책임을 갖고 한 편의 영화를 완성한다.

영화감독은 영화의 다양한 요소들을 조화롭게 모아 하나의 큰 그림을 그리는 사람이기 때문에 전체적인 그림을 볼 수 있는 영화적인 분석력과 구성력을 갖추고 있어야 하며, 동시에 유연하고 자유로운 사고를 펼칠 수 있어야 한다. 무엇보다도 스태프를 잘 통솔하여 추진력 있게 끌고 나가야 하는 촬영 현장에서는 리더로서 카리스마도 발휘해야 한다.

　영화감독이 되는 방법에는 여러 가지가 있다. 먼저 장편 영화감독이 되는 방법에 대해 알아보자. 우선 연출부 생활부터 시작해서 감독의 꿈을 키워 나가는 것이 감독이 되는 가장 고전적이고 정통적인 방법이다. 임권택, 이장호, 곽지균 등 충무로의 대다수 중견 감독들이 이 경로를 밟아 데뷔했다. 연출부로 시작하면 풍부한 현장 경험을 쌓을 수 있고 충무로 인력을 다양하게 접할 수 있다는 장점이 있다. 하지만 일반적으로는 수입이 워낙 적기 때문에 배고프고 고달픈 생활을 각오해야 한다.

　연출부 생활을 단축시키려면 영화적 재능을 인정받아 영화계에 입문하는 방법이 있다. 영화사에 직접 쓴 시나리오를 보여주거나, 공모전에 응모해서 시나리오 작가로 먼저 데뷔하는 것이다. 시나리오 작가 출신에는 강제규, 박정우, 공수창 감독 등이 대표적이다. 또 단편영화제에서 입상한 뒤 입문하는 경우도 많다.

　이 외에도 국내 대학의 영화과, 영화동아리, 영화아카데미와 문화센터 등 전문 교육기관을 거치거나 유학을 가서 체계적으로 영화 지식을 습득할 수도 있다. 곽경택, 홍상수, 송일곤 감독 등이 대표적인 유학파 출신들이다. 영화기획자, 영화평론가, 배우 등으로 활동하다가 감독으로 데뷔하는 경우도 종종 있다. 할리우드에서 오랜 기간 동

영화감독이 되는 대표적인 방법들

1. 연출부 생활을 거쳐 감독 데뷔
2. 시나리오 공모전이나 단편영화제 입상
3. 영화아카데미 등 전문 교육기관에서 수학

안 폭넓은 연기로 사랑을 받아온 조지 클루니, 클린트 이스트우드 등은 영화감독으로 변신하여 상업적으로나 예술성 면에서 모두 좋은 평가를 받고 있다. 드물지만 영화 이외의 예술 분야에서 오랫동안 활동하던 이들이 시나리오를 쓰고 감독으로 데뷔하는 경우도 있다. 소설가 출신 이창동, 시인 출신 유하, 연극계에서 일하다 영화계로 건너온 장진 감독 등이 대표적인 예이다.

장편에 비해 규모가 작은 단편영화에서는 감독이 시나리오부터 편집까지 모든 작업을 혼자서 하는 경우가 많다. 요즘은 디지털 캠코더의 발전으로 열의만 있으면 누구나 영화감독이 될 수 있는 시대이다. 하지만 완성도 높은 단편영화를 찍기 위해서는 그만큼의 내공과 노하우가 필요하다. 장편영화가 소설이라면 단편영화는 시라고 할 수 있다. 단편이기 때문에 더욱 탄탄하고 압축적인 구성미를 보여줘야 하는 것이다. 따라서 장편 영화감독 못지않은 실력과 경험을 쌓아야 좋은 단편영화를 만들 수 있다.

★ 영화제작자(영화 프로듀서)

영화제작자는 맨 처음 어떤 영화를 만들 것인지 계획하는 것부터 만들어진 영화를 각 영화관에 파는 데 이르기까지 모든 과정의 총진행을 맡는 사람이다. 한마디로 말해서 영화제작자는 영화의 '살림꾼'이라고 할 수 있는데 영화기획자와 함께 작품과 배우와 감독을 선정하고, 투자자들을 구하고, 제작에 필요한 예산을 알맞게 계획하고 분배하는 경영적인 일을 도맡아 한다.

영화제작자의 임무는 영화를 잘 만들어 대중적으로 성공을 거두고 많은 수익을 올리는 것이다. 따라서 대중들에게 어필할 수 있는 좋은

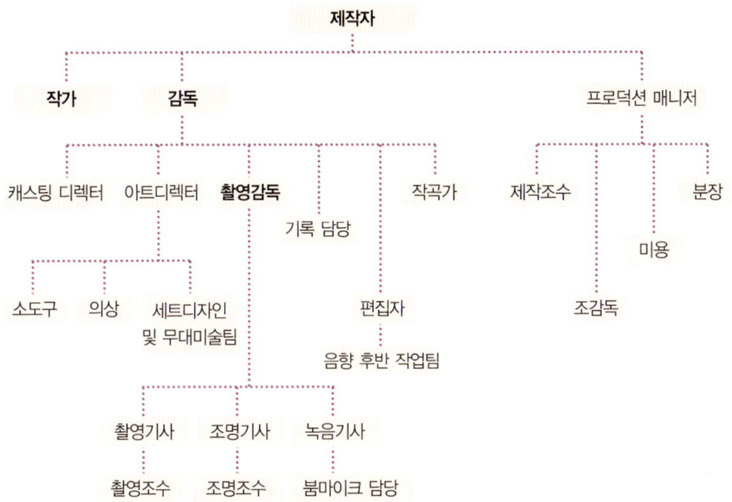

영화를 볼 수 있는 예술적인 안목과 함께 영화 제작에 필요한 예산의 투자를 유치할 수 있는 경영적인 능력까지 겸비해야 한다. 또한 제작자는 보통 흥행을 위해 대외적으로 대중의 이목을 집중시키는 데 전력투구하는 기획자로서의 역할까지 맡아 한다.

무엇보다 제작자는 영화계 사람들과 긴밀한 관계를 유지해야 한다. 그런 이유로 감독이나 배우 활동을 통해 영화의 전반적인 기획과 경영의 마인드를 키워 시작하기도 하고, 영화 연출부로 출발하여 인맥을 형성한 후에 제작자로 나서는 경우도 많다. 또한 대학에서 경영 관련 공부를 한 뒤 영화사에 취직하는 것도 좋은 방법이다. 대학의 연극영화과를 나와 시작할 수도 있으며, 최근에는 영화아카데미, 한국영화연구소 영화기획자 과정 등에서도 관련 교육을 받을 수 있다.

현재 영화제작자로 활동하고 있는 사람들의 경력은 매우 다양하다. 먼저 기획자 출신으로 기획실, 홍보 마케팅 업무를 거쳐서 프로듀서의 길로 들어선 대표적인 인물로는 명필름의 심재명 대표, 봄의 오정완 대표, 싸이더스FNH의 김미희 대표 등이 있다. 전통적인 제작부의 제작 부장 출신으로는 싸이더스의 차승재 대표가 있다. 연출부와 배급자 출신 제작자로는 〈괴물〉로 엄청난 대박을 터트린 청어람의 최용배 대표가 있다.

외국의 경우도 영화 관련 분야에서 일하다가 제작자로 나선 사람들이 많다. 〈탑 건〉, 〈더 록〉, 〈콘에어〉 등 블록버스터 액션물의 제작자였던 제리 브룩하이머는 TV 시리즈 〈CSI〉를 제작하여 대성공을 거두었다. 〈ET〉의 아역배우로 시작하여 현재까지 활발한 연기활동을 펼치고 있는 드류 베리모어 역시 〈미녀 삼총사〉, 〈도니 다코〉 등 독립영화부터 상업영화까지 다양한 작품의 제작자로 활동하고 있다.

★ 스토리보드 작가

스토리보드 작가는 시나리오가 실제로 촬영되었을 때를 예상해서 각각의 신을 미리 '그림'으로 보여주는 사람이다. '스토리보드 아티스트', '아트디렉터', '프로덕션 일러스트레이터' 등의 이름으로도 불린다.

영화 제작 단계에 들어가면 시간과 장소, 예산에 제약이 있기 때문에 미리 스토리보드를 그려서 현장에서 일어날 수 있는 시행착오를 최소화하는 것은 매우 중요한 작업이다. 물론 홍상수 등 몇몇 작가주의 감독들처럼 스토리보드 없이 현장을 직접 보고 즉흥적으로 촬영하는 경우도 있다. 하지만 상업적인 자본을 바탕으로 제작되는 영화에서 스토리보드는 필수적이다. 스토리보드를 꼼꼼히 챙길수록 실제 촬영에서 좋은 영상을 얻을 수 있기 때문이다. 심지어 〈패닉룸〉처럼 좁은 공간에서 대치한 범인과 주인공의 긴박한 상황을 알리는 장면을 위해 스토리보드를 3D로 만드는 경우도 있다. 최근 대중적으로나 작품성 면에서 모두 좋은 평가를 받고 있는 박찬욱 감독은 스토리보드 작가와 함께 작업한 스토리보드를 책으로 편집하여 현장에서 스태프들과 공유하며 철저한 계획 하에 촬영을 진행하는 것으로 유명하다. 용의주도한 〈괴물〉의 히어로 봉준호 감독은 동선과 조명 설계는 물론 사소한 소품의 위치와 그 역할까지 스토리보드에 꼼꼼하게 기록하는 스타일이다.

현재 우리나라에는 외국처럼 체계적이고 전문적으로 스토리보드를 공부할 수 있는 교육기관이 없다. 현장에서 활약하고 있는 스토리보

스토리보드가 철저할수록 촬영 단계에서 감독이 의도한 영상을 얻는 데 유리하다. 스토리보드를 3D로 작업한 〈패닉 룸〉의 한 장면.

드 작가들은 영상에 관한 풍부한 경험을 바탕으로 기본적인 드로잉 실력을 길러 영화사에 포트폴리오를 제출하는 식으로 프리랜서 활동을 하는 경우가 대부분이다.

★ 시나리오 작가

시나리오 작가는 영화의 토대가 되는 '대본', 즉 이야기를 만드는 사람이다. 시나리오는 영화에서 가장 핵심적이고 기본적인 요소이다. 영화는 수십 명에서 수백 명 이상 서로 다른 분야의 사람들이 모여 공동으로 하는 작업이기 때문에 시나리오라는 기본 뼈대가 없이는 사실상 불가능하다. 시나리오는 감독이 직접 쓰기도 하고 전문 작가가 쓰는 경우도 있지만, 많은 경우 감독과 시나리오 작가가 같이 쓴다. 인물과 이야기에 관심이 있으면서, 그것들이 스크린 위에 직접 펼쳐지는 것처럼 생생하고 설득력 있게 글로 전달할 수 있는 사람이라면 도전해볼 만한 분야이다. 잊지 말아야 할 것은 시나리오는 문자로 이뤄져 있지만 그 본질은 영상이라는 사실이다. 어떤 캐릭터와 스토리를 구상할 때 영상으로 먼저 떠올려보는 것이 중요하다는 얘기다.

시나리오 작가가 되려면 기본적으로 다양하고 풍부한 지식과 오랜 기간 글을 쓴 경험이 필요하다. 〈실미도〉, 〈누구나 비밀은 있다〉의 김희재 작가는 시나리오를 쓰기 전에 10년 넘게 만화 스토리작가로 일했다. 요즘에는 전문대학이나 일반 대학에서 국문, 문예창작 등을 전공하며 전문적인 작법을 배우거나, 문화센터나 문학 단체 등에서 주관하는 시나리오 강좌를 통해 실력을 키워 나갈 수도 있다.

그렇다면 신춘문예나 문학잡지, 영화잡지, 영화 관련 전문기관, 영화사 등에서 주최하는 시나리오 공모전은 어떨까? 이런 공모전들은 초보 작가들에게 등용문이 되어준다기보다는 쓰기 시작한 습작을 완성해야 하는 동기를 부여한다는 의미가 더욱 크다. 초보자가 시나리오를 중도에 포기하지 않기 위해서는 목표를 갖는 게 중요하고, 그런 점에서 공모전에 도전하는 것이 도움이 된다고 기성 시나리오 작가들은 입을 모은다. 물론 공모전 수상이나 충무로 진입이 성공가도를 열어주지는 않는다. 세계 어느 나라보다 상업영화에서 감독이 직접 시나리오를 쓰는 비율이 높은 충무로에서 시나리오 작가로 홀로 서기란 쉬운 일이 아니다. 하지만 길은 도전하는 자에게 열리는 법이다. 요즘에는 영화사를 직접 찾아가서 시나리오를 보여주고 계약을 하는 경우도 많다. 대한민국의 관객들은 참신한 시나리오에 언제든지 열광할 준비가 되어 있다.

국내에서 활동하고 있는 톱 시나리오 작가로는 〈황산벌〉, 〈왕의 남자〉, 〈라디오 스타〉의 최석환, 〈공공의 적〉, 〈실미도〉의 김희재 등이 있다.

★ 헌팅 디렉터

헌팅 디렉터는 영화 촬영에 알맞은 장소를 물색하고 섭외하는 일을 한다. 한국 영화계에서 헌팅 디렉터는 아직까지 전문적인 직업의 하나로 자리매김하지는 못했다. 보통 장소 헌팅을 전문으로 하는 대행업체를 이용하거나, 사전에 제작부와 연출부가 각각 한 명씩 조를 짜서 공간을 찾고, 그 중 가장 이미지가 마음에 드는 곳을 주요 스태프가 함께 돌며 점검하는 확인 헌팅을 한다.

헌팅 과정은 감독의 성향에 따라 많이 달라진다. 〈취화선〉의 임권택 감독은 촬영하는 내내 이른바 유랑하는 스타일이다. 세트 촬영은 10퍼센트 내외이고, 나머지는 전국 방방곡곡을 유랑하듯 촬영팀의 대식구를 끌고 돌아다닌다. 〈오아시스〉의 이창동 감독은 배우들의 감정을 끌어내기 위해 사실적인 세팅을 굉장히 중시한다. 일례로 공주문소리의 집에 코끼리가 나타나는 장면을 찍기 위해 한국 촬영 때 쓰였던 공주의 집 세트를 코끼리가 있는 타이로 보내 현지에서 재조립하도록 했을 정도다.

영화 촬영은 오랜 시간 동안 많은 인원이 동원되는 작업이다. 그만한 인력과 시간을 감당하기에 적당하며, 무엇보다도 영화의 기본적인 콘셉트와 감독의 의도가 충분히 반영될 수 있는 곳을 찾기란 쉬운 일이 아니다. 발로 뛰며 찾아다녀야 하는 장소 헌팅과 섭외에는 끈질긴 근성과 타협심, 그리고 지형과 공간에 대한 기초적인 지식이 필요하다.

★캐스팅 디렉터

캐스팅 디렉터는 말 그대로 영화에 알맞은 배우를 캐스팅하는 일을 한다. 이들은 감독과 제작자의 의도를 캐스팅의 일순위로 삼아 작품 면에서나 상업적인 흥행 면에서 가장 적절한 배우를 선정한다. 그리고 배우와 계약을 체결한 후에도 리허설 장소 제공이나 해당 배우들의 스케줄 관리, 후반 녹음작업 진행, 시사회 초대에 이르기까지 영화에 관련된 모든 작업에서 배우의 스케줄을 관리하기도 한다.

스타를 캐스팅한다고 해서 모든 영화가 잘 되는 건 아니다. 실제로 초대형 스타들이 줄줄이 등장했지만 관객들의 관심을 끌지 못하고 맥없이 수면 아래로 가라앉아버린 영화는 수도 없이 많다. 캐스팅을 어떻게 하느냐에 따라 영화에서 스타가 탄생하기도 하고, 기존의 스타가 죽기도 한다. 〈왕의 남자〉의 이준기, 〈여고괴담〉 시리즈처럼 이름 없는 신예를 기용한 것이 잘 들어맞으면 영화의 흥행과 스타의 탄생이라는 두 마리 토끼를 잡을 수도 있다.

또 훌륭한 캐스팅은 오랫동안 묻혀 있던 진주를 캐내기도 한다. 〈지구를 지켜라〉의 백윤식, 〈조용한 가족〉의 최민식, 〈넘버3〉의 송강호

캐스팅 디렉터는 무명에 가까운 배우들의 숨겨진 끼를 발견해내기도 한다. 〈왕의 남자〉의 이준기(왼쪽), 〈지구를 지켜라〉의 백윤식 등은 캐스팅에 성공한 대표적인 사례다.

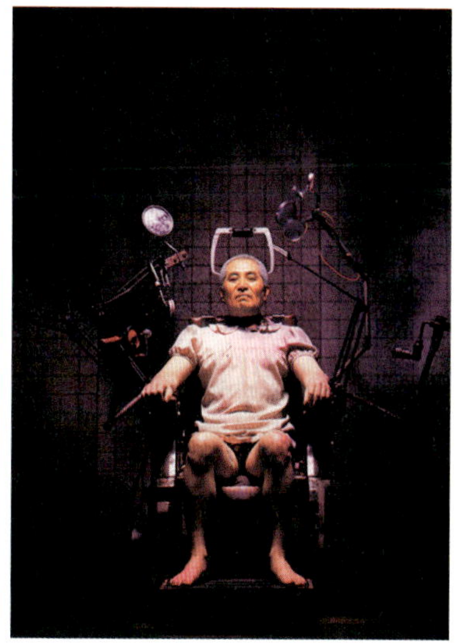

등이 대표적인 예다.

캐스팅 디렉터가 되는 방법에는 여러 가지가 있다. 아직까지 우리나라에서 캐스팅 디렉팅을 전문적으로 교육하는 기관이나 관련 학과는 거의 없다. 엔터테인먼트 회사 내의 캐스팅 부서에서 경력을 쌓으면서 입문하는 경우가 대부분이다. 연출부나 제작부의 스태프 혹은 배우로 활동하며 영화적인 감각을 키운 뒤 캐스팅 디렉터의 길로 자연스럽게 들어서는 경우도 많다.

고 선배 이 직업군에 속해 있는 사람들이 사전 단계에서만 일하는 것이 아니라는 사실은 잘 알고 있겠지? 감독이나 촬영감독, 프로듀서 등은 제작 초반부터 마지막까지 책임을 져야 하니까.

다운 캐스팅 디렉터 같은 경우는 생소하게 들리는데 재미있을 것 같네요.

고 선배 특히 캐스팅은 영화의 흥행이나 완성도에 결코 무시할 수 없는 요소이기 때문에 그 책임이 막중하지. 캐스팅을 맡는 사람은 시나리오나 기획에 대한 깊은 이해가 필요하고, 감각적인 안목이 있어야 한단다. 헌팅 디렉터도 마찬가지야. 영화에서 보이는 풍광은 많은 사람들의 인상에 깊이 각인되기 때문에 좀더 아름답고 멋진, 혹은 영화와 잘 맞아떨어지는 장소를 찾는 것이 중요해. 게다가 요즘은 영화에 등장했던 장소가 관광명소떠오르는 경우가 많기 때문에 그 역할이 더욱 중요시되고 있지.

자, 그럼 이제부터 본격적인 제작 단계에 참여하는 직업들에 대해 알아보도록 할까?

제작Production은 작품을 실제로 필름에 기록하는 단계이다. 사전 작업 단계에서 만들어진 콘티와 촬영 계획표에 따라 촬영을 진행하게 된다. 촬영은 크게 야외촬영Location과 오픈세트Open set 촬영, 세트 촬영Set으로 구분된다. 이 가운데 오픈세트 촬영은 세트용으로 만들어진 전용공간이 아닌 일반 가정집 등에서 촬영하는 것을 말한다.

촬영 현장에서 일하는 전문 스태프의 역할은 매우 세분화되어 있다. 제작 단계에서는 전체적인 작품의 질과 완성도를 책임지는 감독을 필두로 조감독, 스크립터 등으로 구성된 연출부와 촬영감독과 조명감독을 중심으로 한 촬영부, 제작부장을 중심으로 촬영의 진행에 필요한 일체 업무를 맡는 제작부, 미술 업무를 담당하는 아트디렉터와 미술부, 의상 담당, 소도구 담당, 장치 담당, 분장 담당, 제작 과정을 기록하는 스틸사진기사와 메이킹필름 촬영기사, 녹음기사, 붐 담당 등 적게는 30~40명에서 많게는 200명까지의 스태프가 함께 일을 하게 된다.

★ 아트디렉터(미술감독)

영화에서 아트디렉터는 감독을 도와 영화의 미술적인 부분, 곧 스크린 위에 '보여지는' 모든 이미지와 분위기를 책임지고 결정한다. 즉 감독과 함께 영화의 전체적인 분위기를 결정한 후 현장에서 촬영, 조명, 세트, 의상, 분장, 소품 등의 아트팀을 콘셉트에 맞게 조율하고 총감독하는 일을 한다. 영화는 '화면으로 보는 예술'인 만큼 사실

분장 마무리 다 되어 갑니다. 움직이지 마세요.
자, 정신들 차리고 숏(shoot)!
Director

숏 들어 갑니다.
신(scene) 145!
나 다음은
장동권 대역을
맡을것 같아.
오, 드디어
여자 스턴트는
끝이구만.

상 미술은 가장 중요한 요소라고 해도 과언이 아니다. 그러므로 아트
디렉터는 기본적으로 연출에 대한 감각을 갖고 시나리오를 분석할
수 있어야 하며, 촬영과 조명, 디자인 등 각각의 요소에 대해서도 잘
알고 있어야 한다. 무엇보다도 그것들을 조합했을 때 전체적으로 조
화를 이루는 그림을 그릴 수 있어야 한다. 또한 자신의 의도와 상상
력을 감독과 여러 스태프에게 납득시킬 수 있는 설득력도 필요하다.

　현재 활동하고 있는 아트디렉터들 가운데는 미술을 전공한 사람들
이 많다. 대학의 디자인 관련 학과나 서양화과 등을 거쳐 기존 아트
디렉터의 팀원으로 일을 시작해서 경력을 쌓은 후 아트디렉터의 위
치에 오르는 것이 일반적이다.

★세트 디자이너/소품 디자이너

　세트 디자이너와 소품 디자이너는 영화 속의 배경이 되는 공간을
연출하는 마술사라고 할 수 있다. 그들의 손을 거쳐 공룡들이 마음껏
돌아다닐 수 있는 선사시대의 울창한 숲이 탄생하고, 연쇄 살인범을
잡아 가둔 어두컴컴하고 빛바랜 취조실이 만들어지며, 최첨단을 자
랑하는 우주선이나 옆집의 안방에 들른 것 같은 평범하기 그지없는
가정집이 만들어지기도 한다. 즉 세트/소품 디자이너의 역할은 단순
한 배경그림이 아니라 공간 전체를 계획하고 건축하는 것이다. 그렇
기 때문에 미술적 감각을 바탕으로 시나리오와 감독의 의도를 정확
히 이해하고 그에 적절한 영화적인 시공간을 연출할 수 있어야 한다.

　세트 디자이너나 소품 디자이너가 되기 위해서는 대학이나 전문 교
육기관에서 인테리어 디자인, 건축, 무대 디자인, 환경 디자인 등을
공부하고 디자인 관련 업체에 취업하여 경력을 쌓는 것이 보편적인

방법이다. 또는 다른 분야와 마찬가지로 영화의 세트팀에 들어가서 경력을 쌓다가 세트 디자이너나 소품 디자이너로 입문하기도 한다.

★ 의상 디자이너

영화 〈왕의 남자〉를 보면 개성적인 인물이나 맛깔 나는 대사와 이야기도 매력적이지만, 주인공들이 입고 나오는 다채로운 전통 의상에서도 시선을 뗄 수 없다. 역사 고증에 충실하면서도 등장인물의 성격과 감독의 의도에 맞게 새로움을 가미한 의상들. 때로 영화 속 인물들은 지극히 일상적인 트레이닝복과 러닝셔츠에 슬리퍼를 신기도 하고, 화려하고 사치스럽기 그지없는 드레스나 수천 년 후 미래의 삶을 반영하는 독특한 의상을 걸치기도 한다. 영화에서의 의상 디자이너는 말 그대로 이런 영화 속 의상을 선정하거나 제작하는 사람이다. 구체적으로 영화감독, 아트디렉터와 함께 시나리오를 분석하고 극의 배경과 각 배역의 특징을 잘 보여줄 수 있는 의상의 형태를 논의한다. 기본적으로 영화 의상은 일반 의상과는 차이가 있다. 그러므로 의상 디자이너는 무엇보다도 극을 제대로 이해하고 감독·아트디렉터와 커뮤니케이션을 잘할 수 있어야 한다. 또한 기본적인 드로잉 실력과 함께 의상 제작과 관련된 전문 기술을 습득할 필요가 있다.

의상 디자이너가 되는 방법은 대학이나 전문대학, 혹은 의상 전문 교육기관에서 의상 디자인, 의상학, 무대미술에 대한 공부를 한 뒤 관련 업체에 취업하여 경력을 쌓는 것이 일반적이다. 이 외에 영화 의상팀에 들어가 활동하며 경력을 쌓고 입문하는 방법도 있다.

★ 스크립터

영화 촬영 현장에서 스크립터는 필름에 찍히는 모든 장면과 진행 과정을 '기록하는' 사람이다. 일단 촬영에 들어가면 시나리오의 순서대로 찍는 경우는 거의 없다. 보통은 시간과 장소를 고려하여 가능한 장면부터 먼저 촬영하게 된다. 그렇기 때문에 전체 영화가 완성되었을 때 각 장면의 앞뒤 연결이 어긋나지 않도록 구성과 진행 과정을 기록하는 사람이 필요한 것이다. 그런 점에서 현장에서 스크립터의 역할은 매우 중요하

다. 스크립터는 한 장면에서 어떤 소품이 어느 위치에 있었는지, 이어지는 전 장면에서 배우는 어떤 자세로 있었는지 등을 꼼꼼하고 성실하게 기록할 수 있는 사람이어야 한다.

우리나라의 경우 전문적인 직업인으로서 스크립터는 아직까지 존재하지 않는다. 대개는 연출부의 스태프로 인식된다. 영화 연출자를 꿈꾸는 사람이라면 영화 현장의 흐름을 파악하기 위해 한 번쯤 도전해볼 만한 일이다.

★ 촬영감독(촬영부)

영화에서 촬영감독은 단순히 카메라를 들고 감독의 지시대로 촬영을 하는 사람이 아니다. 사이즈, 앵글, 조명 등에 대해 촬영감독이 먼저 몇 가지 안을 내놓으면 감독이 최종 결정을 내린다. 촬영감독은

감독과 마찬가지로 영화에서 가장 중요한 분위기와 흐름을 결정하는 역할을 한다. 영화가 '영상으로 이야기하는' 예술이기 때문이다. 그런 이유로 촬영감독들이 때때로 감독보다 더 유명세를 치르기도 한다. 〈델리카트슨 사람들〉, 〈세븐〉 등에서 영화에 잘 맞는 독특한 색감과 명도에 대한 실험으로 인정받은 다리우스 콘쥐, 〈중경삼림〉과 〈해피 투게더〉 등 왕가위의 영화들에서 볼 수 있는 특유의 조명과 색감을 만들어낸 크리스토퍼 도일 등이 대표적인 예다. 현장에서 촬영감독은 촬영기술에 대한 전문적인 지식을 바탕으로 감독과 끊임없이 대화를 나누며 각 장면을 찍을 때마다 카메라를 어느 위치에 두고 어떤 각도로 어떻게 찍을 것인지를 결정한다. 그러므로 촬영감독은 기본적으로 촬영장비들을 설치하고 다룰 수 있는 기술적인 능력과 더불어, 감독과 마찬가지로 시나리오를 영상으로 표현할 수 있는 영화적인 감수성이 필요하다.

촬영감독이 되는 데 특별한 자격증이나 방법이 있는 것은 아니다. 영화 현장에서는 대부분 학력보다는 창의력과 상상력이 풍부하고 그것을 카메라로 표현하는 기술이 뛰어난 촬영기사들을 선호한다. 대부분 일반 대학의 언론학부를 전공하거나 동아리, 영화아카데미 및 문화센터, 학원 등에서 전문적인 촬영기술을 배운 후에 시작한다. 촬영감독의 보조로 출발하여 촬영감독에 이르는 것이 일반적이라고 할 수 있다.

촬영감독이 되려면 예전에는 연출부의 막내 과정부터 차근차근 밟아야 했지만 요즘에는 영화학교 출신이거나 유학을 다녀와서 바로 카메라를 잡는 경우도 많다. 〈그놈 목소리〉와 〈그때 그 사람들〉의 김우형 촬영감독은 런던국제영화학교 출신이며 〈비트〉, 〈박하사

탕〉, 〈봄날은 간다〉의 김형구 감독은 미국 AFI 출신이다.

★ 조명감독(조명부)

영화 〈E.T.〉에서 소년이 ET를 만나던 날 밤, 캄캄한 창고 안에서 은은히 새어나오던 신비로운 빛을 기억하는가. 혹은 영화 〈대부〉에서 우울할 정도로 새카만 배경 속에 투박한 주름과 함께 떠오르던 말론 브란도의 그림자가 깊이 드리운 얼굴을 기억하는가. 영상을 만드는 과정에서 '빛'은 카메라에 담기는 배우들만큼이나 중요한 요소다. 카메라는 우리의 눈과 똑같이 사물을 바라보고 담아내지 못한다. 그렇기 때문에 우리가 눈으로 보는 것처럼 찍기 위해서는 조명을 알맞게 설치하고 조절해서 적절한 영상을 만들어내는 과정이 반드시 필요한 것이다. 때로는 더욱 신비롭고 독특한 분위기를 연출하기 위해서도 조명은 필수적이라 할 수 있다.

빛을 어떻게 조작하고 이용하느냐에 따라 카메라에 담기는 대상의 느낌이 180도 달라질 수 있다. 조명감독이 되고자 하는 사람은 빛에 대한 충분한 이해력과, 사물의 현상에 대한 세심한 관찰력을 가져야 한다.

조명감독이 되는 방법은 촬영감독의 경우와 매우 비슷하다. 영화 촬영 현장의 스태프로 출발하여 조명감독에 이를 수도 있으며, 영화 조명감독협회나 영화, 방송 아카데미 등의 강좌를 수강하며 체계적으로 배운 후에 출발할 수도 있다.

★ 음향녹음기사

음향녹음기사는 말 그대로 영화상에 필요한 음향을 녹음하는 기술자이다. 영화에 필요한 음향장비와 녹음장비 등을 전문적으로 다루면서 영화에 등장하는 많은 소리들을 영상과 잘 어울리도록 조절하고 녹음하는 작업을 한다. 음향녹음기사는 녹음 및 음향장비 등을 설치하고 제어할 수 있는 능력을 갖추어야 한다.

음향녹음기사가 되는 데 특별히 필요한 자격증이나 학력은 없다. 대학에서 음향 제작을 전공하거나 학원, 동아리 활동, 전문대학 등에서 기술을 배운 후에 취업을 하는 경우가 많다. 일반적으로 보조 업무부터 시작해서 기사에 이른다.

음향녹음기사는 맡는 업무에 따라 다시 여러 분야의 전문적인 기술직으로 세분화된다. 그 중 영화에서 음향에 관한 모든 것을 책임지는 사람이 사운드 슈퍼바이저이다. 감독의 연출 의도에 따라 음향의 콘셉트를 결정하고, 예산에 맞게 음향 엔지니어와 스태프를 구성하

음향기사의 종류와 역할

작업시기	이름	역할
프로덕션	동시녹음기사 (Production Sound Mixer)	촬영과 함께 대사를 수음하거나 현장의 소리들을 녹음함.
	붐 오퍼레이터(Boom Operator)	낚시대처럼 생긴 Fish Pole에 마이크를 연결하여 카메라와 조명을 피해 원하는 소리를 녹음함.
	케이블맨(Cable Man)	붐 오퍼레이터의 보조 역할.
포스트 프로덕션	대사 에디터(Dialogue Editor)	동시녹음된 소리와 영상의 싱크를 맞춤.
	후시녹음(ADR Engineer; Automated Dialogue Replacement)	동시녹음된 소리가 현장의 소음에 의해 명료도가 떨어지거나 버스 안 장면처럼 주위 소리가 과도하게 큰 경우 다시 녹음함.
	앰비언스 에디터(Ambience Editor)	장면별로 각기 다른 장소를 표현하는 사운드를 처리함.
	폴리 아티스트(Foley Artist)	사람이 움직일 때 나는 소리들을 화면을 보면서 자신이 직접 소리를 내거나 기구를 사용하여 표현함.
	폴리 레코딩 엔지니어 (Foley Recording Engineer)	폴리 아티스트가 만든 소리를 효과적으로 받을 수 있도록 마이크를 선정하여 녹음함.
	효과음(Sound Effect Editor)	특수효과음들을 모아놓은 CD(사운드 이펙트 라이브러리)에서 소스를 얻고 그 소리를 가공하여 원하는 사운드를 영화에 입힘.
	음악편집(Music Editor)	이미 있는 곡들 중 음악감독과 연출자가 선정한 곡을 영상에 맞게 붙이는 작업을 함.
믹싱	리 레코딩 엔지니어 (Re-Recording Engineer)	사운드 슈퍼바이저와 함께 전반적인 부분을 처리하는 메인 엔지니어로 파이널 믹싱(Final Mixing)을 책임짐.
	사운드 디자이너(Sound Designer)	화면과 전혀 상관없는 소리를 사용하여 극의 느낌을 극대화하고 관객들에게 좀더 효율적으로 어필하는 역할을 함.

여 역할을 분담하는 등 촬영 현장과 스튜디오에서의 전체 녹음 과정
을 조율한다.

사운드 슈퍼바이저 밑에는 앞의 표와 같이 다양한 사람들이 각자
의 분야에서 일을 하게 된다.

★ 무술감독/스턴트맨

누구나 한 번쯤, 특히 남학생들은 영화를 보면서 맨몸으로 수십 명
의 상대 배우들을 제압하고, 통쾌한 발차기와 코믹한 액션으로 화면
을 장악하는 성룡의 몸짓에 빠져든다. 또 총이나 칼을 마치 손의 일
부인 것처럼 자유자재로 휘두르며 날렵한 몸동작으로 적의 공격을
피하는 배우들의 액션을 넋을 잃고 바라보기도 한다.

무술감독은 이와 같이 감독의 연출 의도에 맞게 액션의 내용을 만
드는 일을 한다. 또한 각 배우의 신체적인 특성을 꼼꼼히 파악하여

배우가 소화할 수 있는 동작을 만들고 가르친다. 이때 배우들의 눈빛과 표정연기, 몸동작에서 느껴지는 감정에 이르기까지의 세세한 부분을 총감독한다.

무술감독은 고전물과 현대물 모두에 맞는 다양한 액션을 구사할 줄 알아야 하며, 때때로 배우의 대역으로 투입되기 때문에 기본적인 연기력과 함께 태권도, 합기도, 유도, 검도 등을 두루 섭렵해야 한다. 또한 운동신경이 전혀 없는 배우라도 멋지게 액션을 하는 것처럼 보이도록 연출하고, 배우의 심리적 불안까지 해소해줄 수 있는 침착함과 카리스마도 있어야 한다.

무술감독이 되기 위해서는 제대로 된 무술 연수를 받거나 배우로 활동하며 경력을 쌓은 후에 입문하는 것이 일반적이다. 현재 무술감독이면서 배우로도 왕성한 활동을 펼치고 있는 사람들 중에는 〈아라한 장풍 대작전〉의 정두홍, 〈취권〉의 감독이자 〈매트릭스〉에서 무술감독을 맡은 원화평, 성룡의 뒤를 이어 할리우드에 진출한 견자단 등이 있다. 요즘에는 액션스쿨과 같이 전문적으로 스턴트맨이나 무술감독을 배출하는 교육기관이 생겨났고, 교육을 수료하면 곧바로 영화 현장에 투입될 수 있다.

★ 분장사(메이크업아티스트)

영화 분장사는 영화에 등장하는 인물을 분석하고 극중인물의 이미지를 잘 살릴 수 있도록 배우의 겉모습을 분장하는 역할을 한다. 전체 촬영 과정을 이해하면서 카메라 앞에 선 배우의 모습에서 극중 성격이 잘 드러나도록 하는 것이 관건이다. 그러므로 분장사는 분장 전반에 대한 전문적인 기술은 물론 영화에 대한 기본적인 이해력을 갖추어야 한다.

분장사가 되는 데 특별히 필요한 자격증은 없다. 요즘 많이 생겨난 메이크업 전문 교육기관에서 훈련을 받고 관련 업체에 취직하는 것이 일반적인 방법이다. 또는 경력이 많은 분장사의 보조로 활동하며 실무를 쌓아 나가는 방법도 있다.

★ 특수 분장사

〈몬스터〉의 비극적인 인생을 살면서 연쇄살인을 저지르는 못생기고 뚱뚱한 창녀를 보면 금발의 미녀 샤를리즈 테론을 떠올리기가 쉽지 않다. 〈킬빌〉에서 사방으로 튀어 번지는 검붉은 피와 잘려 나간 신체를 보면 소름이 돋기도 하고, 〈반지의 제왕〉이나 〈해리 포터〉 시리즈에서 동물과 사람의 특징이 반반씩 섞인 괴상한 생명체를 보고 깜짝 놀라기도 한다. 특수분장사는 영화에서 인물이 처한 특수한 상황과 목적에 맞게 배우를 변장시키는 작업을 한다. 그리고 불에 그을린 시신이나 화상, 우주인, 괴물, 손발이 잘려 나가는 장면 등을 사실적으로 표현하기 위해 필요한 소품을 제작하기도 한다.

특수분장사가 되려면 대학이나 전문대학의 미용학 또는 조소학과를 전공하고 관련 업계에 취업하여 경력을 쌓는 방법이 있다. 요즘엔 우리나라에서도 특수분장을 전문적으로 교육하는 기관이 점점 늘어나고 있는 추세이므로, 사설 학원에 등록하여 일반 메이크업과 특수분장 기술을 함께 배울 수도 있다. 하지만 국내의 영화 분장팀은 아직까지 도제식으로 운영되는 편이기 때문에, 기본적인 업무 능력을 갖춘 후에는 바로 현장에 나가 경력을 쌓는 것이 적절한 입문 방법이라고 할 수 있다.

★ 스틸사진작가

"감독은 영화를 만들지만, 스틸맨은 그 영화를 '남기는' 사람이다. 그래서 감독보다 촬영보다 조명보다 더 부자다."

원로 스틸작가 백영호 선생이 한 잡지와의 인터뷰에서 한 말이다. 영화 스틸사진작가는 현장에서 영화의 전반적인 내용을 한 컷으로 보여줄 수 있는 사진을 촬영하는 사람이다. 우리가 흔히 영화잡지나 포스터, 혹은 극장의 홍보 게시판에서 볼 수 있는 사진들은 전부 이런 스틸사진작가들의 작품이라고 할 수 있다. 스틸사진은 종종 영화 필름에서는 얻을 수 없는 좋은 화면을 잡기 때문에 영화의 홍보에 무척 중요한 역할을 한다. 영화의 장면뿐 아니라, 촬영장에서 일하는 스태프들의 모습 등을 필름 속에 담는다는 점에서 스틸사진작가는 한 장의 사진 속에 영화의 역사를 새기는 사람이기도 한다.

스틸사진작가가 되려면 보통의 사진작가와 마찬가지로 전문적인 사진촬영 기술을 능숙하게 다룰 수 있어야 한다. 그뿐 아니라 작품을 정확히 이해하고 촬영 현장의 진행 상황을 빠르게 간파하는 능력도 필요하다. 스틸사진작가가 되기 위해서는 대학이나 전문

스틸사진은 개봉 전 홍보 역할도 하지만, 한국영화의 역사를 보여주기도 한다. 위에서부터 〈칠수와 만수〉와 〈파이란〉.

대학, 혹은 전문 교육기관에서 사진기술을 익힌 뒤 현장에서 경력을 쌓으며 입문하는 것이 일반적이다.

다운　제작 단계에서는 더욱 전문적인 분야로 나누어지는군요.

미래　우리가 흔히 '영화 촬영'이라고 생각해온 작업들은 사실 본 제작 단계만을 말하는 것 같아요.

고 선배　그렇지. 가장 잘 알려져 있고 활동적이면서 힘든 과정이기도 해. 가장 많은 사람들의 손길을 필요로 하기도 하고. 이 단계에서는 세부적인 부분까지 섬세한 작업들이 이루어지지. 영화에 필요한 모든 요소가 유기적으로 잘 조화를 이루어야 좋은 영화가 제작될 수 있는 거야. 공포영화를 찍는데 특수분장사가 없다면 촬영이 진행될 수 없고, 액션영화에서 무술 지도가 잘 되지 않으면 큰 문제인 것처럼.

미래　영화 〈봄날은 간다〉에 나오는 유지태의 직업이 음향기사였는데, 정말 매력적으로 느껴졌었거든요. 그런데 영화만 따로 작업하거나 그런 것 같지는 않았는데…….

고 선배　음향이나 조명 분야의 전문가들은 활동 범위가 넓은 편이야. 좀더 세밀하게 들어가면 영화 쪽에서 경험을 많이 쌓고 인정받아서 다른 분야로 나아가는 사람들도 물론 있지. 영상이나 음향에 관련된 분야는 어느 정도 융통성이 있기 때문에 조금은 덜 빡빡하다고 해야 할까? 마음만 먹으면 여기저기서 다양한 경험을 쌓을 수도 있고, 직장도 구할 수 있지. 자, 그럼 마지막으로 영화의 후반 작업 단계에 대해서 알아보도록 하자.

후반 작업 단계Post-production에서는 촬영이 끝난 각 파트의 소스들을 정리, 가공해서 한 편의 영화를 완성시킨다. 우선 현상기사가 촬영을 마친 필름을 현상한다. 그런 다음 영화 필름을 TV 영상으로 전환하는 텔레시네 작업을 거쳐 비디오 이미지로 전환한다. 요즘엔 텔레시네 작업을 따로 하지 않고 현장에서 가편집이 이루어지기도 한다. 촬영 도중에는 편집기사가 먼저 가편집을 하고, 촬영이 종료된 후에는 감독과 편집기사가 함께 컴퓨터 그래픽과 옵티컬 작업, 녹음 작업, 광학 녹음, 색 보정, 모니터링을 통해 최종 편집을 마치면 드디어 하나의 작품이 완성된다. 이렇게 완성된 원본은 손상을 고려해서 복사본으로 프린트한다. 이 최종 프린트로 제작자, 감독, 스태프가 참석한 가운데 기술시사를 갖는다. 기술시사를 통해 수정할 곳을 찾아내고 수정작업을 마치면 상영 준비가 끝난다.

★편집기사(현장편집/네가편집)

〈메멘토〉나 〈유주얼 서스펙트〉와 같은 영화들을 보면 현재의 시점과 범행이 일어났던 시점이 지속적으로 교차하면서 사건은 더욱 미궁으로 빠지고, 관객들은 영화 밖 이야기에까지 흥미진진한 추리의 촉수를 뻗게 된다. 영화에서 편집이란 이처럼 영화를 더욱 흥미롭고 풍부하게 만들기 위해 각 장면들을 속도감 있고 리듬감 있게 재배열하는 일이다. 영화 편집기사의 역할은 '후반 작업의 감독'이라고 불릴 만큼 무척 중요하다. 편집에 따라 영화의 성패가 엇갈리는 경우도 적지 않다. 촬영이 끝난 필름은 시나리오와 감독의 의도에 맞게 편집을 한다. 이때 단순히 순서대로 장면을 연결하는 게 아니라, 컴퓨터 그래픽이나 특수효과와 같은 전문적인 편집기술을 동원하여 영화의 완성도를 더욱 높인다.

편집기사는 '후반작업의 감독'인 만큼 감독과 마찬가지로 영화에 대한 폭넓은 지식을 갖추고, 다양한 편집기술을 지속적으로 익혀 능숙하게 사용할 수 있어야 한다.

일반적으로는 일반 대학이나 전문대학의 영화과에 들어가거나 멀티미디어 혹은 영상 디자인 계열의 전공을 선택해서 편집을 배울 수 있다. 또 직접 현장에 나가 현역 편집기사 밑에서 경력을 쌓은 뒤 입문하는 방법도 있다.

★ 영화음악감독

휘파람 소리와 함께 울려 퍼지는 〈황야의 무법자〉의 유명한 테마, 전자기타 소리만 들어도 사람들은 모래바람이 거칠게 이는 황야를 배경으로 고독하게 서 있는 클린트 이스트우드를 떠올린다. 〈가위손〉이나 〈크리스마스의 악몽〉을 볼 때 도입부에 신비롭고 괴이한 음악이 흘러나오기 시작하면 자신도 모르게 암울한 동화 속으로 빠져드는 것 같다는 사람도 있다. 영화음악감독은 영화 속에 삽입될 음악을 만들거나 선곡하여 영화의 전체적인 분위기와 흐름을 주도함으로써 관객들이 영화에 더욱 잘 몰입할 수 있게 한다. 영화음악감독은 우선 감독과 논의를 거쳐 영화의 콘셉트와 음악의 방향을 결정한다. 그 후 촬영과 편집 과정에서 필요한 음악을 작곡하거나 선곡하여 영상에 입힌다.

영화음악감독이 되기 위해서는 영화에 대한 이해력과 함께 기본적으로 음악 전반에 대한 풍부한 지식과 악기 연주 능력, 작곡 능력 등의 다양한 음악적 재능이 필요하다.

영화음악감독들도 점점 전문화되어가는 추세다. 지금까지는 음악성을 인정받은 유명한 작곡가에게 영화음악을 맡기는 경우가 대부분이었지만, 영화음악만을 전문으로 하는 작곡가들도 속속 등장하고 있다.

★특수효과 전문가

컴퓨터 그래픽의 발전으로 영화에 특수효과를 도입하는 사례가 대폭 늘어났다. 할리우드 영화의 경우 통상 제작비의 30~40퍼센트, 많게는 50퍼센트 이상이 특수효과 비용으로 들어간다고 한다.

특수효과 전문가는 개봉하기 두세 달 전에 모든 필름을 받아서 장면 하나하나를 넘겨가며 촬영 때 미처 표현하지 못했던 부분을 가공하는 작업을 한다. 대표적인 특수효과 방식으로 매틀 페인팅Mattle Painting이 있다. 바로 제한된 세트장에서 촬영한 영상을 실제 영화에서는 좀더 광활한 공간에서 촬영한 것처럼 보이게 하는 작업이다. 이렇게 해서 실제 촬영이 불가능하거나, 막대한 예산과 시간 때문에 촬영하기 힘든 부분을 보완할 수 있다. 또 하나 초기부터 전통적으로 많이 써온 특수효과 방법으로 미니어처 기법이 있다. 잠수함이나 항공기, 우주선 등 거대한 물체를 근접 촬영하거나 마을이나 도시의 원경이 필요할 때, 혹은 화산이나 건물의 폭파 장면이 필요한 경우에 이 기법을 쓴다. 〈쥬라기 공원〉에서 화석에 박힌 모기의 피 덕분에 20세기에 다시 모습을 드러낸 공룡들이 있는 공원 풍경, 미래 세계에 등장한 〈아이 로봇〉, 봉준호 감독의 〈괴물〉에 나오는 돌연변이 생명체 역시 컴퓨터 그래픽을 통해 탄생한 주인공들이다.

특수효과 전문가는 영화에 대한 감각과 이해력을 바탕으로 편집과 그래픽에 관련된 다양한 컴퓨터 소프트웨어를 자유자재로 다룰 수 있어야 한다. 컴퓨터 특수효과의 중요성이 대두되면서 이 분야의 수요에 대응하기 위해 최근 여러 대학에서 '컴퓨터 그래픽' 등 관련 학과를 개설하고 있다. 영상 언어를 이해할 수 있는 미적 감각도 빼놓을 수 없는 조건이다. 또한 대부분 컴퓨터로 이루어지는 작업이기 때문에 몇 시간이고 우직하게 앉아 있을 수 있는 인내심과 끈기도 있어야 한다.

특수효과 전문가로 활동하기 위해서는 유명 콘테스트에 참가하여 입상하는 것이 유리하다. 미국의 시그래프나 일본의 니코그래프와 같은 권위 있는 외국 콘테스트에서 입상하게 되면 유명 프로덕션에서 제의가 들어오고 특수효과계에 확실하게 입문할 수 있다. 우리나라에도 현재 한국컴퓨터아트대전을 비롯하여 여러 공모전이 열리므로 이런 기회를 발판 삼아 진출하는 것도 고려해

컴퓨터 그래픽을 통해 탄생한 영화 속 주인공들. 진짜보다 더 진짜 같다는 말을 만들어내는 주인공들이기도 하다. 위에서부터 〈쥬라기 공원〉과 〈괴물〉.

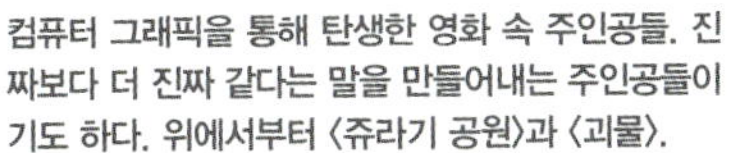

볼 만하다. 이 외에 대학이나 전문 교육기관에서 컴퓨터 프로그래밍과 관련된 전공을 이수하고 특수효과팀에 취업한 뒤 전문가로 나아가는 방법도 있다.

한편 컴퓨터 그래픽 외에 폭약이나 미니어처 등 손으로 만들어야 하는 수공업 특수효과도 빼놓을 수 없다. 손으로 만드는 특수효과 장치들은 얼마나 진짜처럼 보이느냐가 관건이다. 그런 점에서 정교함이 생명이라고 할 수 있다.

★ 텔레시네기사

텔레시네기사색보정기사는 영화의 전체적인 '색감'을 균형감 있게 조절하는 일을 한다. 즉 완성된 필름에서 전체적인 색감의 균형을 맞추고 농도를 수정하고 기록하는 작업이다. 전통적으로 색보정은 포스트 프로덕션 과정의 업무였지만 요즘은 대부분 촬영 현장에서 바로 이루어진다.

텔레시네기사는 대학이나 전문 교육기관에서 편집과 색보정을 공부한 뒤 관련 업계로 취업하여 경력을 쌓거나, 영화 현장에서 직접 텔레시네기사의 보조로 활동하면서 입문하는 것이 일반적이다.

진짜 승부는 여기에서 시작된다 | 배급 및 상영 단계

★ 영화배급사

영화배급사는 간단히 말해 '영화'라는 상품을 극장에 판매하는 일을 한다. 자체적으로 투자하여 제작한 영화, 수입한 영화, 혹은 단순히 배급만 대행하는 영화 등을 각 극장에 전달한다. 국내외 배급은 물론이고 상영이 끝난 후에 비디오, DVD, TV와 케이블TV, 유료 TV, 위성방송, 인터넷 판권까지 관리한다. 이 외에 캐릭터 상품, 출판, 음반 등 영화에서 나오는 부가 소스들을 이용해 다양한 사업을 벌이고 수익을 올린다.

영화배급사에서 일하고 싶다면 무엇보다도 영화에 대한 기본적인 지식을 갖추고, 영화를 보고 판단하는 안목과 감각을 키워야 한다. 또한 해외 마케팅 영업에 필수적인 외국어 공부도 간과해선 안 된다. 일반적으로는 대학에서 경영학이나 어학, 영화를 전공하면서 국제 영화제의 자원봉사 등 영화와 관련된 행사 경험을 많이 쌓는 것이 도움이 된다. 이렇게 경험을 쌓은 후에 각 영화배급사에서 실시하는 공채시험에 응시하여 취업하는 경우가 대부분이다.

★ 영화포스터 디자이너

〈그랑 블루〉 하면 파랗게 펼쳐진 바다와 하늘 사이로 수십 마리의 고래가 흰 빛을 뚫고 높이 점프하는 멋진 포스터가 먼저 떠오른다. 또 수백, 수천 명의 사람들이 존 말코비치의 가면을 들고 정면을 응시하고 있는 〈존 말코비치 되기〉의 포스터를 보며 영화에 대한 호기심과 궁금증에 잠을 설치기도 했다. 이처럼 영화포스터는 관객과 소통하는 첫 번째 창구다. 그런 만큼 포스터 디자이너는 관객을 극장으로 불러들일 만한 홍보용 포스터를 제작하기 위해 심혈을 기울인다. 한 사진작가의 말을 빌려 "지나가는 관객이 시선을 두는 데 걸리는 시간이 불과 0.5초"라는 영화포스터. 포스터 디자이너뿐 아니라 마케팅팀, 사진작가가 수십 번의 회의를 거쳐 만든 포스터 콘셉

영화포스터는 글씨체 하나까지 단 한 명이라도 더 많은 관객의 눈을 사로잡기 위해 엄청난 심혈을 기울여 제작된다.

트와 시안대로 모두가 하나 되어 움직이는 이 날을 위해 배우들은 스케줄을 비우고 영화사들은 적지 않은 예산을 배정한다. 그 마지막 마무리를 책임지는 것이 영화포스터 디자이너라는 점에서 책임이 무척 막중하다.

영화포스터 디자이너는 촬영과 그래픽 디자인, 편집 디자인에 대한 폭넓은 지식과 이해라는 기반 위에 전문적인 촬영기술과 편집기술을 갖추어야 한다. 또한 영화시장의 특성과 대중의 기호 등을 정확히 분석하고 파악하는 홍보 마케팅 감각도 필요하다.

현재 우리나라에 영화포스터를 전문적으로 교육하는 대학이나 교육기관은 특별히 없다. 영화포스터 디자이너가 되기 위해서는 대학이나 전문대학 혹은 디자인 전문 교육기관에서 시각디자인이나 산업디자인을 공부한 뒤, 디자인 업체나 영화기획사에 취업하여 경력을 쌓아 나가는 것이 일반적인 방법이다.

★ 영화예고편 제작

영화예고편 제작은 완성된 영화를 가지고 일반 관객들이 영화에 흥미를 느낄 만한 내용으로 알맞게 편집, 제작해서 공개하는 작업이다. 기존에 예고편은 제작사나 기획사, 연출부에서 만들었지만 지금은 예고편 전문 프로덕션과 전문 감독이 등장해 더욱 상업적으로 효과적인 예고편을 만들고 있다.

영화예고편 제작자가 되는 방법은 일반적인 영상 연출자가 되는 방법과 동일하다. 영화예고편 제작자 역시 영화에 대한 전반적인 기초지식과 이해가 필요하며, 홍보와 마케팅에 대한 마인드도 갖고 있어야 한다. 영화예고편 제작자가 되기 위해서는 대학이나 관련 교육기관에서 영화 연출과 편집을 공부한 뒤 영화예고편 전문 프로덕션 등에 취업하여 경력을 쌓으면 된다.

★ 메이킹필름 제작

메이킹필름 제작은 영화의 부가산업이 발전함에 따라 점점 중요한 분야로 떠오르고 있다. 메이킹필름이란 일종의 '영화 연출의 기록'으로 촬영 현장의 분위기나 배우와 스태프의 작업 과정을 스케치하며 하나의 영화과 완성되어가는 전반적인 과정을 보여준다. 메이킹필름에는 일반적으로 감독 및 배우, 스태프의 인터뷰 위주의 촬영 현장 스케치가 담긴다. 따라서 메이킹필름 제작자는 현장 인력들과 긴밀하게 소통할 수 있어야 하며 세심한 관찰력과 구성력도 필요하다. 간혹 스틸사진업체에서 메이킹필름까지 제작하는 경우도 있지만, 보통 메이킹필름을 담당하는 기사는 제작자와 개별적으로 계약을 맺고, 촬영 현장에 상주하며 일한다.

메이킹필름 제작자가 되는 방법은 감독이나 촬영감독이 되는 방법과 비슷하다. 연출이나 촬영 전문 교육기관이나 대학의 영화과 등에서 전문적인 연출과 촬영 교육을 받은 뒤 영화제작사나 기획사와 접촉하여 현장에서 경력을 쌓으면서 입문하는 경우가 대부분이다.

★ 영화잡지 기자

영화잡지 기자는 영화와 관련된 여러 정보와 이슈를 취재, 편집, 논평하는 글을 쓴다. 특히 영화처럼 전문적인 분야를 다루는 기자는 객관적인 언론 보도와는 달리 특정 주제에 대해 편집과 논평을 많이 하는 것이 특징이다. 따라서 취재, 인터뷰, 정보 소개 등의 사실보도와 함께 영화에 대해 설득력 있는 논평을 쓸 수 있는 폭넓은 교양과 지식, 그리고 이해력이 필요하다.

영화잡지 기자가 되는 방법은 매우 다양하다. 일반 대학의 영화 관련 학과를 다니거나 영화동아리 활동을 통해 영화에 대한 기초적인 지식을 탄탄히 하고, 영화의 현장 분위기나 산업 구조 등에 익숙해진 뒤 잡지사의 공채에 지원하여 시작할 수도 있다. 구체적으로 인문사회 계열의 전공을 선택해 다양한 분야에서 해박한 지식과 교양을 쌓고 논술과 창작력, 작문 실력 등을 기른 후 잡지사의 기자 공채시험에 응시하는 것이다. 대부분의 영화잡지사는 외국의 영화잡지사와 기사 교류를 하고 있기 때문에 외국어 기사를 번역할 수 있는 능력을 갖추는 것도 매우 중요하다.

★ 영화평론가

영화평론가는 영화에 대해 전문적으로 분석한 결과를 가지고 주관적으로 논평하고 평가하는 글을 쓰는 사람이다. 즉 영화평론가는 다양한 시각을 가지고 영화의 내·외재적 여러 요소들, 곧 역사적 사실이나 영화적 기법, 감독의 연대기, 영화사, 산업적 측면 등을 종합적으로 고려하여 영화를 바라봄으로써 한 편의 영화가 가지고 있는 의미와 완성도를 평가하는 글을 쓴다. 따라서 인문사회학 등 모든 분야에 대해 폭넓은 지식을 쌓아야 한다.

영화평론가가 되는 방법은 매우 다양하다. 아직 우리나라에는 영화이론과 비평을 전문적으로 교육하는 대학이나 기관은 많지 않다. 하지만 일반 대학이나 대학원, 전문대, 몇몇 영화 전문 교육기관에 영화평론과 관련된 강좌가 개설되어 있다. 일부 영화잡지는 자체적으로 평론 공모전을 실시하고 있으며, 일간지 신춘문예에서도 영화평론 분야를 공모하는데 이런 관문을 통과하면 좀더 쉽게 등단할 수 있다. 당선 후에는 잡지나 학회지 등에 정기적으로 글을 기고하면서 영화평론가로서 활동하게 된다.

★ 영화제 프로그래머

영화제 프로그래머는 말 그대로 영화제의 프로그램을 구성하는 일을 한다. 즉 주제에 맞는 영화를 수집하고 선정하여 공표, 상영하는 것이다.

영화제 프로그래머가 되기 위해서는 우선 영화에 대한 지식이 풍부해야 하며, 주제에 맞는 영화를 선택하는 안목도 대단히 중요하다. 그러므로 많은 영상물을 비평적으로 감상하는 자세와 더불어, 국내외 수입 및 배급사의 라인업과 현황을 파악하는 경영적인 능력도 요구된다. 영화제 프로그래머는 자신이 책임과 권한을 가지고 프로그램을 구성해가는 과정에서 영화와 관련 있는 대부분의 경로와 접촉할 수 있기 때문에, 종종 영화제 프로그래머로 일하다가 관련된 다른 분야로 진출하는 모습도 눈에 띈다. 각종 영화제 참석 및 자원봉사 활동을 하면서 경력을 쌓는 것도 좋은 방법이다. 전 세계를 돌며 좋은 영화를 골라 영화제에서 상영하기 위해서는 영화계 인사들과 꾸준히 교류하며 관계를 맺을 필요가 있으며, 다양한 해외 인사들을 만나는 일이 잦은 만큼 영어구사 능력도 점점 중요해지고 있다.

★ 영사기사

〈시네마천국〉에서 어린 토토는 알프레도 할아버지의 곁에서 영사기에 필름을 갈아 끼우는 일을 도우며 영화를 감상하고, 즐거워하는 관객들을 지켜보며 영화감독의 꿈을 키워 나간다. 여기서 알프레도의 직업이 '영사기사'이다. 영사기사는 영화관에서 영사기를 조종하여 영화 속의 화면과 내용이 관객에게 생생하게 전달되도록 상영하는 일을 한다. 영사기사는 영화가 상영되는 도중에도 틈틈이 스크린을 관찰하면서 필름과 화면에 이상이 없는지 점검해야 하며, 상영이 끝난 후에는 필름을 되감고 손상된 필름이 있으면 수선하는 등 필름을 안전하게 보관하는 일도 한다.

영사기사는 대부분 고졸 이상의 학력을 요구하며, 영사기능사와 영사산업기사 자격증을 필수적으로 갖고 있어야 한다. 자격증을 취득하기까지는 개인 차가 있기는 하지만 보통 6개월 정도 소요된다. 영사기능사 2급^{영사기능사}은 응시 자격에 제한이 없지만 영사기능사 1급^{영사산업기사}의 경우 2급 자격증 취득 후 1년 이상 경력을 쌓은 사람이나 2년제 대학 이상 졸업자, 기능대회 입상자만이 응시할 수 있다.

영사를 전문적으로 교육하는 기관은 따로 없으며, 영화관이나 기타 영화 상영기관에 취업한 후 현장에서 기능을 익히고, 어느 정도 기술을 축적하면 자격시험에 응시하는 것이 일반적이다. 현재 한국영사기사협회에서 자격증 관련 이론 및 실기 강습을 실시하고 있다.

영훈　와, 정말 긴 여정을 마친 것 같은 기분이네요. 영화는 처음부터 끝까지 어느 한 부분도 소홀히 해서는 안 되는 작업이군요.

고 선배　본 제작 단계가 무사히 끝났다고 해도 후반 보정이나 특수효과를 어떻게 하느냐에 따라 전체적인 완성도가 달라진단다. 특히 요즘에는 인터넷의 발달과 더불어 영화예고편도 홍보 면에서 아주 중요해지고 있는데, 촬영된 부분을 어떻게 편집해서 관객들에게 어필하느냐가 중요하지. 멋진 예고편을 보면 영화에 대한 기대감은 당연히 커지게 마련이니까.

다운　맞아요. 반대로 예고편이 너무 재미있어서 기대를 많이 했다가 엄청나게 실망하는 일도 많죠. 요즘 예고편들은 정말 잘 만들어지는 것 같아요.

미래　저는 어릴 때 영화잡지 기자가 돼서 멋진 배우들을 많이 만나고 싶다는 생각을 했었는데요, 보통 영화학을 전공한 사람들이 많이 진출하나요? 영화에 대한 지식이 해박해야 할 것 같은데요.

고 선배　평론가나 영화기자가 되기 위해서 반드시 영화학을 전공해야 하는 건 아니지만, 사전 지식이 풍부해야 돼. 학교에서 영화를 전공하는 것도 좋겠지만 꾸준한 애정과 관심을 가지고 스스로 연구하는 자세가 더욱 중요하다고 생각해. 영화를 제대로 이해하고 평론하거나 소개하기 위해서는 영화에 대한 식견 위에 인문학적 지식이나 철학적 사고력이 더해져야 하거든. 따라서 대학에서 어떤 공부를 했느냐보다 현재 어떤 노력을 하고 있느냐가 중요하지. 단지 평론가나 기자에만 한정되는 이야기는 아닐 거야. 영화감독이나 시나리오 작가도 마찬가지지. 연극영화학이나 영상을 공부한다고 해서 미래가 저절로 펼쳐지는 것은 아니야. 꾸준히 자신만의 세계를 만들고 발전시켜야 하는 거지.

영훈 지금까지 막연하게 생각해왔던 영화 일에 대해 머릿속에 정확한 그림이 그려지는 것 같아요. 생각만큼 멋지기만 한 일도 아니고, 끊임없이 노력해야 하는 일이라는 것도 알았어요.

다운 저는 지금까지 혼자서 멋진 영화를 찍으면 된다고 생각했지만 그 전에 여러 사람과 작업할 때 필요한 사교성이나 리더십을 길러야겠다는 다짐이 드네요.

고 선배 내가 설명한 것에 비해 너희들이 느낀 게 너무나 많은 걸? 새삼 보람도 느껴지고.

미래 저희도 감사드려요. 선배님은 틀림없이 스필버그처럼 유명한 감독님이 되실 거예요.

고 선배 하하! 나도 그렇게 됐으면 좋겠네.

영화감독 류승완

1 **영화감독이 되신 특별한 계기가 있나요?**

특별한 계기가 있어서 이 일을 하고 있다기보다 하고 싶었던, 혹은 열망하던 것을 추구하다 보니 어느새 현장에 있었다고 해야 할까요.

2 **일하시면서 언제 가장 힘이 드시는지 궁금하네요.**

나 스스로에 대한 확신이 없을 때, 나 스스로 영화감독으로서의 재능이 없다고 느낄 때, 위대한 걸작을 만날 때, 그리고 춥고 배고픈 시절이 언제쯤 끝날지 도저히 알 수 없을 때. 결정적으로 영화를 만들지 못할 거란 생각이 들 때요.

　　사실 마지막의 '결정적으로 영화를 만들지 못할 거란 고민'에서는 처음 영화를 시작했을 때보다는 어느 정도 해방되었다곤 하지만, 여전히 미래에 대한 불안에 시달린답니다. 좀더 좋은 영화를 만들고 싶은 욕망 때문이겠지요. 그리고 앞의 세 가지는 지금까지도 계속 이어지며 나를 괴롭히는 중이에요.

3 감독이 되시는 데 가장 큰 영향을 미친 사람이나 작품이 있나요?

우선 저를 극장으로 이끌어준 1980년대 성룡 영화들. 마틴 스콜세지와 브라이언 드 팔마, 오우삼, 서극, 기타노 다케시, 클린트 이스트우드, 쿠엔틴 타란티노, 세르지오 세오네, 토니 스콧, 〈매드맥스〉 시리즈, 〈레이더스〉 시리즈…… 헉헉! 일일이 열거하기 힘드네요. 그리고 가깝게는 씨네 2000의 이춘연 사장님, 조용규 촬영감독, 장준환, 봉준호, 최익환, 김지운, 김성수 감독님을 비롯한 수많은 선후배, 독립영화협의회의 남희섭 형과 자칭 독립영화의 '문근영'인 조영각 형, 송지호 누나, 이진숙 피디, 김성제 피디. 그리고 나의 친애하는 배우이자 동생인 류승범과 나의 스승이신 박찬욱 감독님. 결정적으로 나의 아내이자 제작자인 강혜정! 이 외에 너무도 많지만…….

4 영화 일을 하시면서 가장 기뻤던 순간은 언제인가요?

갖은 고생을 하며 만든 〈죽거나 혹은 나쁘거나〉가 세상에 처음 공개되었을 때 말로 할 수 없을 만큼 기뻤어요. 정말 '갖은 고생' 다했는데……. 그때의 고생담을 이 자리에서 몇 줄로 요약하긴 힘드네요.

5 영화와 관련된 직업 가운데 감독 이외의 직종 하나를 추천하신다면요?

시나리오와 편집. 이것은 제가 가장 흥미로워하는 분야이기도 하죠. 시나리오를 쓸 때는 정말 무엇이든 다 가능하리란 생각에 혼자서 내 맘대로 만들어볼 수 있거든요. 그런 점에서 가장 창조적 영역 가운데 하나란 생각이 들어요. 편집의 경우 촬영된 분량을 가지고 제한된 환경 안에서 처음 출발했을 때와 다른 대안을 찾아가는 과정 속에서 얻을 수 있는 또 다른 창작의 재미가 쏠쏠. 물론 이 두 가지 모두 재밌기만 한 건 아니지만요.

6 영화감독이 되기 위해 청소년기부터 준비해야 할 지식이나 기술에는 어떤 것이 있을까요?

첫 번째 프랑소와 튀르포의 저 유명한 명제를 빌어 '영화를 보고, 영화에 대한 글을 쓰고, 영화를 만들 것.'

두 번째로 저의 방식을 말하자면 튼튼한 체력, 인간에 대한 예의, 거리에서 체험한 자신만의 삶, 영화에 대한 존경심.

영화감독 류승완은...

1995년 16mm 단편 〈변질헤드〉를 연출하면서 '감독' 명함을 달았다. 그 후 〈삼인조〉(감독 박찬욱), 〈여고괴담〉(감독 박기형), 〈닥터 K〉(감독 곽경택) 연출부를 거쳐, 2000년에 단편 〈패싸움〉과 〈현대인〉을 포함한 릴레이 장편 〈죽거나 혹은 나쁘거나〉를 연출했다. 이 작품으로 부산국제영화제 PSB 관객상, 청룡영화제 신인감독상을 수상하면서 충무로의 유망주로 부상했다. 〈죽거나~〉는 독립영화협회 주관 올해의 독립영화로 선정되기도 했다. 그 후 〈다찌마와 Lee〉(2001), 〈피도 눈물도 없이〉(2002), 〈아라한 장풍대작전〉(부천국제판타스틱영화제 대상, 2004), 〈다섯개의 시선〉 중 〈남자니까 아시잖아요〉(2005), 〈주먹이 운다〉(칸영화제 감독 주간 국제비평가협회상, 2005), 〈짝패〉(베니스국제영화제 미드나잇 개막작, 2006)까지 충무로를 종횡무진 누비고 있다. 드래곤 플라이의 〈사진〉 뮤직비디오를 연출하기도 했으며, 현재 장편영화 〈야차〉를 준비하고 있다.

관련 기관

고등학교

■ 광주정보고등학교　　　　　　　　■ 서울산업정보학교
연극영화영상과　　　　　　　　　　영화광고코스

* 방송 부문 참조

단체

■ 영화진흥위원회　　　　　　　　　■ 한국영상자료원
■ 한국시나리오작가협회　　　　　　■ 한국영화촬영감독협회
■ 한국영화교육원　　　　　　　　　■ 한국영사예술인협회

교육기관

■ 서울액션스쿨　　　　　　　　　　■ 한국영화아카데미
■ 영상미디어센터　　　　　　　　　■ 한겨레신문사문화센터
■ 아리랑미디어센터

방송

스타를 빛내는 진짜 스타들

　　오늘 샘물중학교 방송부는 방송사에서 맹활약하고 있는 선배를 초
청해서 이야기를 듣고 대화하는 시간을 가졌습니다. 진행을 맡은 나
라를 비롯한 방송부 아이들 다섯 명은 며칠 전부터 마음이 설렙니다.
다들 아나운서를 비롯해 드라마 프로듀서, 방송 기자, 카메라맨이
되고 싶어하거든요. 이 모든 것을 이룰 수 있는 꿈의 무대가 바로 방
송사겠죠. 오늘은 인기 오락 프로그램의 프로듀서를 맡고 있는 장하
늘 PD님이 인터뷰에 응해주셨습니다. 장 PD님은 똑 부러지는 말투
와 소탈한 태도로 인터뷰 분위기를 자연스럽고 부드럽게 만들어주셨
습니다.

나라　　안녕하세요. 이렇게 와주셔서 감사합니다.

장하늘 PD 안녕하세요. 이렇게 뜻깊은 자리에 참석하게 되어서 영광
　　　　　입니다.

나라 현재 쇼 프로그램을 맡고 계신 데요, 여성이 하기엔 꽤나 고된 일일 것 같은데, 실례지만 그쪽 분야를 지원하신 특별한 이유라도 있으신가요?

장 PD 많은 사람을 통솔하거나 육체적으로 힘든 분야에서 여자보다는 남자가 일하기 편할 거라는 선입견을 갖는 경우가 있는데요, 전혀 그렇지 않아요. 저는 워낙 오락 프로그램을 좋아하고 방송의 엔터테인먼트적인 역할을 중요하게 생각해왔거든요. 여성의 감성적인 요소들이 버라이어티쇼를 만들 때 도움이 되는 부분들도 많고요.

나라 네, 애초에 성별을 나누어서 직업을 생각한다는 것이 모순이기도 하죠. 요즘에는 특히요.
저희 방송부에 앞으로 방송인이 되겠다는 꿈을 가지고 있는 친구들이 많이 있는 데요, 오늘 방송 관련 직업에 대해 좋은 정보 많이 좀 부탁드립니다.

장 PD 그럼 먼저 방송 프로그램의 종류에 대해 알아보기로 하지요.

카메라가 부리는 마법의 세계

흔히 어린 시절에 많이 갖는 꿈 가운데 하나가 아나운서나 탤런트가 되는 게 아닐까. TV 브라운관에 비친 이들의 모습은 언제나 아름답고 멋지면서 화려해 보였으니까. 하지만 실제 방송 업무는 생각만큼 화려하거나 멋지기만 하지는 않을 것이다. TV 앞의 시청자는 리

모컨 버튼 하나만 누르면 바로 별세계와 만날 수 있지만, 하나의 방송 프로그램이 탄생하기까지는 수많은 스태프가 보이지 않는 곳에서 무수히 많은 땀을 흘려야 한다. 그렇게 만들어진 방송은 국민들에게 정보와 웃음, 감동을 준다. 그런 이유로 힘든 방송 일이 더욱 보람되게 느껴지기도 한다.

방송은 또한 가장 많은 관객 수를 자랑한다. 전 국민의 97퍼센트가 TV를 소유하고 있고, 인기 프로그램의 시청률은 40~50퍼센트에 육박하기도 한다. 위성방송, 케이블TV 등의 분야로 확대되면서 방송 인력은 더욱 많이 필요해졌다. 최근에는 이른바 IT 기술의 발전으로 DMB폰이 상용화되면서 전용 콘텐츠도 많이 만들어지고 있다. 방송에서 다루어진 다양한 소재의 휴먼 다큐멘터리 등이 책이나 영화로 만들어져 큰 부가가치를 낳기도 한다. 방송은 지금까지 이상으로 앞으로 더욱 많은 발전이 기대되는 분야이기도 하다.

★방송 프로그램의 종류

방송 프로그램은 크게 오락, 교양, 보도로 분류할 수 있다.

보도 프로그램은 정치, 경제, 사회, 문화 등 다양한 분야에 대한 신속한 보도 및 전달을 목적으로 한다. 보도 프로그램의 가장 중요한 장르는 뉴스이다. TV 뉴스의 경우, 일반 활자를 매체로 하는 신문이나 잡지와는 달리 사회의 여러 이슈들을 빠르고 극적으로 전달할 수 있는 장점이 있다. 반면에 좀더 깊이 있는 내용과 관련 뉴스, 배경을 설명하는 데는 타 매체에 비해 파워가 약한 편이다.

교양 프로그램은 가장 광범위하고 다양한 장르가 속해 있는 분야이다. 시청자들의 실생활과 밀접한 소재를 중심으로 교육적이고 다양한 정보를 제공해 사람들의 의식 수준이나 교양을 높이는 것을 목적으로 한다. 대부분의 토크쇼, 토론 및 시사 프로그램, 어린이 프로그램, 교육 프로그램, 다큐멘터리 등이 이 분야에 속한다. 이 가운데 다큐멘터리는 정보 전달과 아울러 시청자들에게 큰 영향력을 행사할 수 있는 프로그램이다. 주로 인간과 자연을 소재로 흥미로운 사실을 전달하고 감동을 준다는 점에서 진솔하고 적극적인 교양 프로그램이라 할 수 있다. 요즘 특히 내용 면에서 다큐멘터리의 완성도가 높아지고 있는데, 제대로 만들어진 다큐멘터리는 어떤 영화보다도 진실한 감동을 준다.

TV의 기본적인 존재 목적은 시청자에게 오락과 교양을 제공하는 것이다. 오락 프로그램은 바로 오락을 제공함으로써 즐거움과 편안함을 준다. 우리나라 사람들이 가장 좋아하는 장르인 드라마를 비롯해 쇼, 코미디, 외화, 스포츠 중계까지 모두 오락 프로그램에 포함된다. 한편 다큐멘터리와 드라마가 결합된 '다큐드라마' 라는 장르도 여기에 포함시킬 수 있다.

그러나 위와 같은 분류는 점점 희미해지고 있다. 최근 들어 방송 프로

요즘 인기를 끌고 있는 인포테인먼트, 에듀테인먼트를 지향하는 탈 장르 프로그램들. 위에서부터 MBC 〈느낌표〉, KBS 〈비타민〉.

그램을 단순히 오락, 교양, 보도로 나누기에는 시청자의 취향이나 욕망이 다양하고 복합적으로 나타나고 있고, 이런 경향이 탈 장르 프로그램의 유행으로 이어지고 있다. 실제로 오락에 공익적 요소나 정보, 교육적 요소를 첨가한 인포테인먼트, 에듀테인먼트 등 탈 장르 프로그램 또는 퓨전 프로그램이 요즘 큰 인기를 누리고 있다. 현재 최고의 인기를 끌고 있는 KBS의 〈상상 플러스〉는 연예인이 출연하여 웃음을 주는 오락적인 요소를 갖고 있음에도 그 밑바닥에는 사라져가는 한글의 사용을 권장하고 구세대와 신세대의 공감대를 마련해주는 등의 교양적 요소가 깔려 있다. 이 외에도 MBC의 〈느낌표〉, KBS의 〈스펀지〉, 〈비타민〉 등이 탈 장르 프로그램으로 인기를 끌고 있다.

장 PD 요즘 문화 경향이 그렇듯이 방송에서도 장르의 파괴와 혼합이 많이 일어나고 있습니다. 그렇기 때문에 방송을 만드는 입장에서도 한 방향으로만 파고드는 경직되고 전문적인 자세보다는 좀더 창의적이고 융통성 있는 시선이 필요해졌습니다.

나라 능력 있는 방송인이 되기 위해서는 점점 더 많은 것들을 준비해야 되겠군요. 우리가 생각하는 방송 일이란 것이 프로듀서나 아나운서 등 잘 알려져 있는 직업에 한정되어 있다는 느낌이 듭니다. 좀더 자세한 직업과 그에 필요한 능력이나 준비해야 할 것들에 대해 알려주세요.

장 PD 방송 제작의 과정은 크게 기획 단계와 촬영 및 녹화 단계, 그리고 편집 단계로 나눌 수 있습니다. 먼저 기획 단계의 직업들을 살펴보도록 하죠.

우리가 즐겨 보는 드라마는 어떤 과정을 통해 만들어질까? 매일 밤 9시에 만나게 되는 뉴스는 어떤 준비 과정을 거쳐 제작될까? 장르별로 차이가 있긴 하지만 방송 프로그램의 제작 순서는 주로 기획 및 구성, 준비 및 연습, 촬영 및 녹화, 편집 및 완성 단계로 나눌 수 있다. 드라마를 예로 들어보자. 일단 그 드라마의 시청자 층에 맞는 주제 및 소재를 결정하고 극본을 작성하는 기획 단계를 거친다. 그런 다음 캐스팅을 통해 선발된 배우들과 연출가가 미리 리허설을 하고 본 촬영에 임한다. 그것을 편집해 완성본을 방송에 내보내는 순서로 진행된다. 뉴스와 같은 경우는 생방송이기 때문에 완전히 다를 것 같지만, 뉴스 시간에 비치는 화면이나 원고들은 미리 사전에 제작되는 것들이 대부분이다. 방송의 내용은 실시간으로 즉흥적인 것처럼 느껴지지만 미리 철저한 준비를 거쳐야만 우리에게 올 수 있는 매체이기도 하다.

TV 밖의 TV | 기획 및 구성 단계

기획 및 구성은 프로그램 제작의 첫 번째 단계로 이 과정에서는 프로그램의 구체적인 포맷과 주제, 소재, 그리고 주요 출연진을 결정하게 된다. 기획 및 구성 단계에서 가장 중요한 것은 프로그램의 아이디어를 구체화시킬 수 있는 전략을 수립하고 그에 알맞게 예산을 짜는 작업이다. 아이디어와 여러 제작 전략을 담은 제작기획서가 완성되면 작가는 대본의 초안 작성에 들어간다. 초안이 완성되면 연기자들의 읽기 연습을 통해 다시 수정되고, PD는 촬영 계획을 세워 오디오와 비디오의 진행 과정을 적은 콘티 대본을 작성한다. 또한 이 과정에서 PD는 프로그램에 필요한 조명, 세트디자인, 소품, 음악, 효과 등을 계획하고 의뢰한다.

기획 및 구성 단계에서는 주로 방송제작자, 방송연출가, 방송작가, 비디오저널리스트, 방송편성 PD 등이 활동한다.

★ 프로듀서(방송 제작자/연출자)

프로듀서^{PD}는 프로그램의 제작 과정 전반을 책임지는 사람이다. 프로듀서의 가장 중요한 임무는 어떤 프로그램을 만들지 고민하는 것이다. 즉, 프로그램을 기획하는 것이다. 그러므로 프로듀서의 머릿속은 언제나 신선한 아이디어로 넘쳐나야 한다. 새로운 경쟁 프로그램들이 끊임없이 쏟아져 나오는 상황에서 현재의 인기에 안주해 기존의 절차만을 답습하면 곧 뒤처지고 만다.

또한 팀워크가 무엇보다 중요한 방송 현장에서 스태프와 출연진의 협동 작업을 원활하게 만드는 것도 프로듀서의 중요한 역할이다. 때때로 현장에서 충돌이나 갈등이 생기면 중재를 맡아 좀더 좋은 분위기를 만들 수 있도록 배려하는 마음과 통솔력도 필요하다. 그런 점에서 프로듀서는 좋은 기획력을 바탕으로 제작 현장에 누구보다 익숙해야 할 뿐만 아니라 사람들과의 교제 범위가 다양하고 인덕이 있는 것이 좋다.

방송 프로듀서는 많은 사람들이 원하는 직업이다. 방송사라는 거대한 언론기관은 사회적 지위 면에서도 꽤 높은 곳으로 인정받는다. 물론 정말 좋은 방송을 만들고 싶고, 방송이라는 매체에 대한 애정을 갖고 이 방면의 직업을 지원하는 사람들이 대다수일 것이다. 어쨌든

전성기를 맞이한 방송 외주제작 현장

최근 1~2년 사이에 방송은 근본적인 변화를 겪고 있다. 과거 공중파 3사에 집중되었던 방송 제작 현장이 스타 파워와 자본의 논리에 따라 다수의 외주제작사로 분산되고 있는 것이다. 특히 스타 파워를 앞세운 매니지먼트사와 외주제작사가 힘을 합쳐 드라마 제작에 적극적으로 나서고 있는 점이 눈에 띈다. 수십 명의 스타 연예인을 보유한 iHQ는 〈봄날〉과 〈닥터 깽〉 등을 제작했고, 스타J나 DSP엔터테인먼트도 드라마 제작에 박차를 가하고 있다. 또 〈겨울연가〉의 윤석호(윤스칼라), 김종학(김종학 프로덕션) 등 지상파방송사에 속해 있던 스타 PD들이 독립하거나 프리랜서로 전향한 사례도 많다. 과도한 PPL(간접광고) 등 부작용이나 단점을 거론하는 목소리도 높지만, 앞으로도 외주제작 현상은 가속화될 거라는 것이 전문가들의 견해다.

외주제작이나 사전제작 방식을 채택하는 드라마가 늘어나고, 그 규모가 커지면서 영화계 인력이 드라마 제작 현장으로 유입되는 일도 빈번해졌다. 특히 영화감독과 작가들의 외유가 두드러진다. 최근 화제를 모은 SBS의 〈연애시대〉는 〈하루〉의 한지승 감독과 〈동갑내기 과외하기〉의 박연선 작가가 호흡을 맞춰 시청자들에게 신선한 자극을 주었다.

드라마의 홍보 방식도 바뀌고 있다. 영화 전문 홍보사에 의뢰해 영화 같은 포스터를 제작하는 등 공격적인 마케팅을 전개하는 경우도 늘어났다. 이에 따라 드라마 전문 홍보대행사도 등장했을 정도다. 특히 한류와 관련된 해외 마케팅, 드라마 PPL 담당자 등 새로운 드라마 관련 분야들이 능력 있는 인재를 찾고 있다.

외주제작이 활성화된 것은 영상을 소비할 수 있는 매체가 공중파에서 케이블방송, 위성방송, 그리고 인터넷 VOD 서비스와 DMB로까지 확산되었기 때문이다. 이에 따라 저작권 문제 등을 방송사와 협의하고 드라마의 해외 수출입 문제를 담당하는 마케팅 전문가도 필요해졌다. 그러므로 방송국에 들어가야만 방송 일을 할 수 있다는 편협한 시각을 버리고, 시시각각 변화하는 방송의 세계를 좀더 넓고 깊게 바라볼 필요가 있다.

드라마의 외주제작이 활성화됨에 따라 방송상 외부에서 방송 인력을 필요로 하는 경우가 늘어났다. 왼쪽부터 최근 외주제작되어 인기를 끈 〈궁〉과 〈연애시대〉.

주요 드라마 외주제작사 리스트

이름	설립년도	대표작
김종학 프로덕션	1998.12	〈여명의 눈동자〉〈모래시계〉〈서동요〉〈루루공주〉 〈포도밭 그 사나이〉
이관희 프로덕션	1995.10	〈맨발의 청춘〉〈엄마야 누나야〉〈그 여름의 태풍〉
에이트픽스	2000.7	〈궁〉〈보디가드〉〈천생연분〉〈앞집여자〉〈미안한다, 사랑한다〉
팬엔터테인먼트	1998	〈소문난 칠공주〉〈장밋빛 인생〉〈두 번째 프러포즈〉 〈겨울연가〉〈여름향기〉
올리브나인	1999.11	〈주몽〉〈불량주부〉〈프라하의 연인〉〈황진이〉
초록뱀미디어	2000.9	〈불새〉〈올인〉〈인간시장〉
iHQ	1999.2	〈봄날〉〈홍콩 익스프레스〉〈닥터 깽〉〈건빵 선생과 별사탕〉
DSP엔터테인먼트	1991.10	〈마이걸〉〈세잎클로버〉〈그 여자〉
옐로우필름	2000.3	〈연애시대〉〈썸데이〉
로고스필름	2000.11	〈천국의 계단〉〈스크린〉〈러브스토리 인 하버드〉〈마지막 춤은 나와 함께〉
삼화 프로덕션	1980.9	〈목욕탕 집 남자들〉〈왕초〉〈부모님 전상서〉〈불꽃〉 〈명성황후〉〈애정의 조건〉〈내 사랑 누굴까〉
스타맥스	1983.6	〈해어화〉
JS 픽쳐스	1999.7	〈황금사과〉〈장미의 전쟁〉〈원더풀 라이프〉〈폭풍 속으로〉
HB 엔터테인먼트	1999.12	〈투명인간 최장수〉〈백만장자와 결혼하기〉〈어느날 갑자기〉
윤스칼라	2004.6	〈봄의 왈츠〉

경제적으로나 사회적으로나 누가 봐도 최고의 직업 가운데 하나이기에 그만큼 경쟁률이 아주 높다.

일반적으로 방송 프로듀서가 되는 방법에는 두 가지가 있다. 먼저 해당 방송사의 공채 및 특채시험을 보는 방법이다. 지상파방송사 KBS, MBC, SBS, EBS, 라디오방송사, 종교 관련 방송사, 케이블TV 등에서는 공채로, 독립 프로덕션에서 주로 특채로 사람을 뽑는다. 방송사의 공채시험을 흔히 '언론고시'라고 하는데 그만큼 공부를 많이 해야한다는 뜻이다. '언론고시'를 준비하는 사람들은 대개 사설 방송아카데미에 다니거나 스터디를 만들어 방송사 시험에 대비한다. 방송사 시험은 영어와 교양시험, 실무시험 등을 보는데, 무엇보다 많은 습작을 통해 작문력을 향상시키고 독서를 통해 교양 수준을 높여둘 필요가 있다.

예전에는 공중파방송사 시험에 응시하려면 4년제 대졸 이상이어야 했지만, 요즘은 학력 조건을 내걸지 않는 곳도 많다. KBS와 MBC는 지원자의 학력 제한을 이미 철폐해서 누구나 지원할 수 있게 되었다.

과거에는 방송국 공채시험에 합격하는 게 프로듀서가 되는 유일한 방법이었지만 드라마나 교양물의 외주제작 비율이 급속도로 늘어나면서 요즘은 상황이 달라졌다. 드라마의 외주제작 비율이 90퍼센트에 이르는 SBS의 경우 사내에 제작 프로듀서는 거의 없고, 주로 소수의 CP나 프로듀서가 어떻게 하면 히트 드라마를 만들 수 있을지 고민하는 기획만 담당한다.

외주제작사의 프로듀서 가운데 상당수가 지상파방송사 출신이긴 하지만, 외주제작사에서도 자체적으로 프로듀서를 선발한다. 따라서 평소 방송연출에 대한 감각을 키우고 대학의 관련 학과나 아카데미 등에서 실무를 익힌다면 어려운 방송사 공채를 통과하지 않고도 얼마든지 프로듀서가 될 수 있다.

★ 구성작가

방송작가는 프로듀서가 구상해놓은 제작기획에 따라 대본을 개발하는 사람으로 크게 구성작가와 드라마작가로 나눌 수 있다. 먼저 구

성작가는 본 방송에 쓰일 대본을 만드는 것뿐만 아니라, 방송에 필요
한 여러 소재를 구하고 시청자가 좋아할 만한 아이템을 선정하는 일
도 한다. 구성작가에는 쇼 프로그램 구성작가, 코미디 작가, 교양 및
오락 프로그램 구성작가 등이 있다.

좋은 구성작가가 되려면 글재주만 가지고는 부족하다. 맡은 프로
그램을 어떻게 하면 더욱 좋은 방송으로 만들지 고민해야 한다. 무
엇보다 시청자를 즐겁게 하는 일에서 보람을 느껴야 한다. 일단 작
가로 입문한 뒤에도 방송에 대한 열정을 바탕으로 기획, 구성, 섭외,
대본작업 등 구성작가에게 요구되는 역량을 꾸준히 키워 나갈 필요
가 있다.

방송작가가 될 수 있는 방법은 여러 가지가 있다. 공개채용에 응시
하거나 주위 인맥을 활용하는 방법, 또는 직접 자신의
이력서와 자기소개서, TV 모니터링 결과를 준비하
여 관심 있는 프로그램 담당자에게 보내는 방법
등이 있다. 이 외에 방송작가교육원 등을 수
료한 후 추천을 받아서 입문하
는 것도 가능하다.

★ 드라마작가

우리나라 사람들은 드라마를
참 좋아한다. 시청률 40퍼센트
를 웃도는 대박 드라마가 반드
시 한 해에 한두 편은 등장할 정
도다. 이는 국가 대항 축구경기가 아

니면 도저히 누를 수 없는 수치다.

인기 드라마였던 〈모래시계〉가 방영되는 날이면 주 시청자층인 남성 직장인들이 그 드라마를 보기 위해 서둘러 퇴근해서 거리가 텅 비었다는 말이 나왔을 정도로 드라마는 대중적이고 서민적인 콘텐츠이다. 어떤 드라마에서 여배우가 특정한 옷을 입거나 액세서리를 달고 나오면 '김태희 목걸이'라든가 '송혜교 원피스'라는 이름으로 대박이 나고, 드라마 속 인물의 독특한 말투는 전 국민의 유행어가 되는 등 파급력이 막강하다. 그만큼 인기 드라마에는 시청자를 사로잡는 독특한 매력이 있다. 드라마에 대한 비판 여론도 높지만 누군가에겐 깊은 감동을 전해주고, 누군가에겐 힘든 하루를 위로해주는 휴식처가 되어준다. 그 어떤 비싼 취미활동보다도 만족감을 줄 수 있는 매체인 것이다.

드라마작가는 말 그대로 이런 드라마의 대본을 쓰는 사람이다. 온 국민의 감성을 손에 쥐고 조정할 수 있다는 점에서 그 어떤 직업보다 영향력이 막강하다. 그렇다면 드라마작가가 되기 위해서는 어떤 준비가 필요할까?

우선 드라마작가는 글재주가 좋아야 한다. 또 인간과 사회를 풍부하게 이해하고 이를 드라마로 재구성하는 것이 그들의 일인 만큼 직접적으로나 간접적으로 많은 경험을 쌓아야 한다. 작가 자신이 정확히 알지도 못하는 내용을 가지고 작품을 구성했을 때 신뢰도가 떨어지는 것은 당연하기 때문이다. 그리고 하루가 다르게 변해가는 세상에서 뒤떨어지지 않기 위해, 갈수록 다양하고 고급화되어가는 시청자들의 욕구를 충족시키기 위해서도 끊임없이 공부해야 한다. 마지막으로 대인관계가 좋아야 한다. 방송 일은 여러 사람이 힘을 합쳐서 하는 일인 만큼 팀워크가 좋아야 좋은 작품을 만들어낼 수 있다.

　얼마 전까지만 해도 드라마작가가 되는 길로 방송사에서 작품을 공모할 때 응모하여 당선되거나, 개인적인 인맥에 의존하여 진출하는 방법 등이 있었다. 하지만 요즘에는 한국방송작가협회에서 실시하는 방송작가 연수 프로그램, 각 방송사의 방송문화원에서 운영하는 드라마 작가반 교육 과정 등을 통해 입문하기도 한다.

★ 외화 번역작가

　외화방송을 보는 것은 언제나 즐거운 일이다. 요즘은 인터넷이나 DVD, 케이블TV와 같은 매체들이 발달해서 마음만 먹으면 해외의 드라마를 얼마든지 구해서 볼 수 있다. 하지만 옛날에는 공중파방송으로 성우들이 더빙한 해외 드라마를 볼 수밖에 없었다. 물론 지금도 주말의 명화나 해외 미니시리즈의 방송은 계속되고 있다.

　외화의 재미는 작품 자체의 완성도에 의해 우선 결정되지만 한국어로 얼마나 맛깔스럽게 번역해내느냐에도 많이 좌우된다. 이렇게 외화에 우리말을 입혀내는 사람들이 외화 번역 작가들이다. 최근 들어 〈ER〉과 같은 전문 분야의 드라마나 영화들이 많이 등장하면서 외화 번역작가들이 공부하고 조사해야 할 것들도 대폭 늘어났다. 1990년대에 국내에서 마니아 신드롬을 불러일으켰던 〈엑스파일〉 시리즈는 법의학과 과학 전반에 걸쳐 폭넓은 소재를 다루었던 만큼 번역작가의 역할이 아주 중요했다. 그 당시 KBS 번역팀의 탁월한 번역 솜씨와 개성 있는 성우들이 만들어낸 더빙판이 좋은 반응을 얻으면서 DVD에 더빙판이 같이 들어갔을 정도이다. 이처럼 외화 번역작가들의 역량에 대한 기대치가 점점 높아지고 있는 만큼 작가들 스

스로도 일에 대해 자긍심을 가지고 지속적으로 자기계발을 할 필요
가 있다.

　외화 번역작가가 되기 위해서는 외국어 실력과 더불어 영화와 방
송매체에 대한 이해력을 키워야 한다. 또한 외국어 표현에 녹아 있는
그 나라 고유의 문화를 방송에 적절한 표현을 통해 우리의 정서와 감
성에 맞게, 그러면서도 본래의 메시지를 정확하게 전달할 수 있는 작
가적인 문장력과 예술가적인 센스도 필요하다. 특히 문장번역과 연
상번역의 차이, 더빙제작과 자막제작의 차이, 방송심의, 구어체의
특징, 우리말의 문장 표현, 방송언어의 특성, 영화의 흐름 등을 총괄
적으로 이해하고 있어야 좋은 번역작가가 될 수 있다.

　외화 번역작가가 되기 위해서는 각 방송사가 마련하고 있는 영상
사업단이나 문화센터, 방송아카데미에서 번역작가 과정을 밟는 것

이 유리하다.

★비디오 저널리스트(VJ)

한때 국내 방송사들이 앞 다퉈 VJ가 제작한 영상 프로그램을 내보낸 적이 있었다. VJ들처럼 개인이 직접 만든 영상은 더욱 서민생활에 가깝고 정감 있는 내용으로 시청자들에게 많은 공감과 신선함을 줄 수 있다는 장점이 있다. 이런 작업이 가능했던 가장 큰 이유는 디지털 장비의 보급이다. 지금은 누구나 쉽게 영상을 제작할 수 있고 누구나 감독이 될 수 있는 시대가 되었다. VJ는 이런 시대적 배경에서 떠오른 새로운 직종이다. VJ는 6mm 카메라를 들고 스스로 주제를 선정하여 기획, 취재, 편집, 해설까지 직접 한다. '저널리스트'라는 단어에서 예상할 수 있듯이 이들은 영상으로 기사를 쓰는 사람들이기도 하다. 거대 방송사의 눈길이 미처 미치지 못하는 사회의 외진 곳이나 소외된 부분들에 가깝게 다가갈 수 있다는 점이 VJ들의 특징이자 장점이다.

VJ는 독립적으로 활동하느냐 외주 프로덕션 등의 단체에 소속되어 활동하느냐에 따라 하는 일이 약간 다르다. 단체에 소속되어 활동할 경우 주제 선정을 작가가 도와주는 경우도 있고 이미 기획된 방송 주제에 따라 작업을 수행하기도 한다. 보통 한 작품을 제작하는 데 2~3주가 소요되며 주제를 선정하고 화면에 담을 사람을 섭외하여 촬영에 들어간다. 촬영을 마치면 그 다음으로 편집과 녹음을 통해 프로그램을 완성한다.

VJ로 활동하기 위해서는 무엇보다도 일에 대한 열정이 있어야 한다. 주제를 선정하여 촬영대상자를 직접 섭외하고 인터뷰를 하기 위해서는 끈기와 인내가 필요하기 때문이다. 또한 인터뷰에서도 제한된 시간에 핵심적인 질문을 던져야 하기 때문에 표현력도 있어야 하며, 주제를 선정하고 기획, 구성하는 작가적 역량도 필요하다. 이 밖에 주제 선정을 위해 최신 트렌드와 정세를 읽어내는 안목이 무엇보다 중요하다.

현재 여러 방송 관련 교육기관에서 VJ 육성을 위한 전문 프로그램을 개설하고 있다. 방송 관련 학과나 방송아카데미에서 카메라 테크닉, 편집, 기획 능력을 키우는 것도 필수적이다. 최근에는 6mm 카메라의 보급이 보편화되고 있는 추세이기 때문에 습작을 많이 해보는 것도 도움이 될 것이다.

★방송편성 PD

편성 PD는 크게 4개의 영역으로 나눌 수 있다. 먼저 전체적인 편성의 틀을 다시 짜는 개편 업무와 신규 프로그램의 개발·기획 업무를 담당하는 편성 기획 PD가 있다. 또 전체 방송 일정을 조정, 운행하는 편성 운행 담당 PD가 있다. 그리고 우리가 TV에서 자주 볼 수 있는 국내외 영화의 방송권을 구입하고, 더빙 및 방송 등 모든 업무를 관장하는 영화 담당 PD가 있다. 마지막으로 독립 프로덕션의 외부제작을 관장하는 외주 PD가 있다. 외주 PD는 외주제작 프로그램을 기획하고 프로그램의 품질을 관리하며 예산을 통제하는 역할을 한다.

먼저 편성 기획 PD는 정규방송 전에 시청자의 반응을 살펴보기 위해 시험적으로 제작하는 파일럿 프로그램견본 프로그램을 만든다. 또한 시청률 분석과 해외 프로그램을 수집·정리해 제작 PD에게 정보를 제공하는 일도 맡고 있다.

편성 운행 담당 PD는 일일 · 주간 편성표를 작성하고 방송의 운행을 담당한다. 편성 기획 PD가 정규적인 편성의 틀을 마련한다면, 편성 운행 담당 PD는 이를 매일 방송에 적용하고 운영하는 임무를 맡는다.

편성 PD의 역할은 방송 산업에서 절대적으로 중요한 부분을 차지한다. 신문에 나와 있는 방송 편성표를 보면 아침 시간대에는 주로 주부나 어린이들을 위한 프로그램, 저녁 시간대에는 어른들을 위한 뉴스나 드라마 등을 방영한다. 편성 PD는 이렇게 제작된 각각의 프로그램을 적절한 시간대에 배치하여 좀더 많은 시청자를 TV 앞으로 끌어 모으기 위해 최선을 다한다. 즉 '최대다수의 최대행복'을 목표로 하는 것이다. 그러므로 방송 환경의 내외적 변화를 발 빠르게 분석하고, 시청자들의 욕구를 정확히 파악하여 어떤 매체보다 한발 앞선 기획력 있는 프로그램을 선보이기 위해 끊임없이 노력해야 한다. 시청자들이 원하는 시간대에 프로그램을 배치하는 것도 편성 PD의 무시할 수 없는 임무다.

편성 PD가 되는 방법은 일반적인 방송사의 PD가 되는 방법과 동일하다. 대학의 언론학부나 방송아카데미 등에서 관련 프로그램을 이수하고, 각 방송사의 공채시험을 거쳐 방송사에 입사하는 것이 일반적이다.

나라 방송의 기본 틀을 갖추는 과정을 기획 단계라고 할 수 있겠군요. 특히 말씀하신 직업들 가운데 전문 VJ라는 것이 매력적으로 다가오네요.

장 PD 요즘은 디지털 장비가 거의 일상화되었기 때문에 VJ들의 활

방송 제작 순서(쇼 프로그램의 경우)

방송국

USIC

Show Music

널리스트
편성국 PD

약이 점점 두드러지고 있는데요, 일반인의 시선으로 포착한 소박한 소재를 방송하는 프로그램이 많아지는 이유도 여기에 있습니다. 시청자는 VJ가 만든 영상물에서 다양한 정보를 얻을 뿐 아니라, 신뢰감과 친숙함을 느끼거든요. 만드는 입장에서도 좀더 창의적이고 독특한 발상에서 나온 주제나 소재를 가지고 자유롭게 영상을 제작할 수 있다는 점에서 많은 매력적 요소를 갖추고 있습니다.

나라 현재 프로듀서로 일하고 계신 데요, 많은 학생들이 방송사 프로듀서에 대한 환상을 갖고 있습니다. 앞으로 언론학부로 진학해서 꼭 연출가가 되겠다는 학생들이 많아요. 그런 열정도 좋기는 하지만 지원하는 분야가 너무 편중된 것은 아닌가 하는 생각도 들거든요. 이 점에 대해 어떻게 생각하시나요?

장 PD 아까 나라 학생이 이야기한 것처럼 대중들에게 알려진 PD나 아나운서는 제작 단계에서 일하는 숱한 사람들 가운데 일부일 뿐이죠. 제가 조언하고 싶은 점은 다양한 가능성에 관심을 열어두라는 거예요. 물론 연출은 방송의 전반적인 책임을 지고 수행하기 때문에 절대적으로 중요한 역할이긴 합니다. 하지만 방송에서 더 세부적이고 전문적인 부분, 예를 들어 특수효과음을 만들거나 타이틀을 제작하고, 방송 의상을 디자인하는 일들도 그 나름의 가치가 있거든요. 지금부터 이야기할 단계에 그런 특수하고 개성 있는 일들이 많이 있죠. 같이 살펴볼까요?

방송 기획이 끝났다면 본격적인 제작이 돌입해보자. 우리가 방송사의 풍경을 상상할 때 흔히 떠올리는 이미지가 제작 단계일 것이다. 커다란 카메라가 돌아가고 배우나 가수들이 연기를 하거나 노래를 부른다. 화려한 조명 아래서 스타들이 노래를 하고 연출자가 '컷!' 하고 소리치는…….

이 단계에서는 기술감독, 촬영감독, 조명감독, 음향감독, 미술감독, 특수효과/영상담당기사, 의상감독, 분장사, 방송진행자, 방송연기자 등이 활동한다.

★방송기술 엔지니어/기술감독

방송 엔지니어는 여러 직종으로 나뉜다. 먼저 영상기술감독은 스튜디오나 종합편집실에서 TV 프로그램 영상을 제작하며, 조명과 더불어 방송영상 품질을 관리한다. 주로 영상기기들을 운용하고 정비한다. 이 외에 시스템을 설계하는 업무도 수행한다. 한편 기술감독technical director, TD은 기술부 내에서 프로듀서와 비슷한 역할을 수행한다. 구체적으로 PD의 지시에 따라 스위치를 조작하는 동시에 프로그램에 필수적인 음향, 영상, 오디오 스태프들을 통솔해 프로그램의 완성도를 높이는 핵심적 역할을 한다.

방송기술의 전문가가 되기 위해서는 기본적으로 영상장비에 대한 충분한 이해와 프로그램에 대한 장르별 이해가 동시에 요구된다. 또한 프로듀서의 지시에 따르는 단순한 오퍼레이터가 아닌, 기술감독으로서의 꿈을 갖고 있다면 무엇보다 창의력이 중요하다. 자신의 단단한 틀까지도 스스로 무너뜨리고 다시 쌓을 수 있는 사람만이 경쟁에서 이길 수 있다. 또 방송 엔지니어는 방송의 한 축을 담당하는 일원으로서 능동적으로 변화를 주도한다는 사명감을 가져야 한다. 더불어 창의적인 사고를 바탕으로 새로운 지식을 꾸준히 습득하면 금상첨화! 끝으로 시청자를 위한 고품질의 방송을 생산해야 한다는 책임감을 가지고 '나보다 우리', '개인보다 전체'를 위해 고민하고 노력하는 자세가 필요하다.

방송기술 분야에서 일하려면 방송사의 기술직 공채를 통해 입사하거나 외부의 용역업체에 취업하는 방법이 있다. 바로 방송사에 취직하지 않고 외부 용역업체에서 일하다 능력을 인정받아 케이블TV나 민영방송으로 옮기는 경우도 많다. 공중파방송사는 매년 정기적으로 공개채용을 실시하는데 예전에는 4년제 이상 대학 졸업자로 전자, 통신공학 관련학과 전공이 유리했다. 하지만 지금은 학력보다 재능이 더 중요한 채용 요건이 되고 있다. 따라서 방송에 대한 열의와 미래의 가능성만 엿보인다면 누구나 지원 가능하다.

공중파방송사도 간혹 공채와는 별도로 정규직이 아닌 계약직으로 채용을 하는 경우가 있다. 케이블TV나 소규모의 프로덕션에서도 이 분야의 채용이 활발히 이뤄지고 있는 편이다.

★카메라(촬영)감독

요즘은 영화와 마찬가지로 드라마에서도 내용뿐만 아니라 스타일이 상당한 비중을 차지한다. 얼마나 멋진 풍경을 담아내느냐에 따라 같은 내용이라도 전혀 다르게 느껴질 수 있다. 한류 열풍을 일으킨

<겨울연가>의 윤석호 감독도 예쁜 화면을 드라마에 담아내려 노력하는 연출자들 가운데 한 사람이다. 그의 출세작인 <가을동화> 등의 계절 시리즈에서는 절절한 내용만이 아니라 아름다운 풍광이 감동을 더욱 부추긴다. 이런 멋진 화면을 담기 위해서는 촬영감독의 역할이 대단히 중요하다.

카메라감독은 방송 현장에서 연출자의 의도에 맞게 대상을 촬영하는 일을 한다. 다시 말해서 카메라를 준비하고 조작하는 일이다. 구체적으로 스튜디오 촬영, 중계 촬영, ENG 촬영을 담당하게 된다. 먼저 스튜디오 촬영은 스튜디오 안에서 촬영하는 것을 말한다. 중계 촬영은 사건사고 현장이나 국내외 행사장 혹은 스포츠 현장에서, ENG 촬영은 각종 영상을 ENG카메라로 촬영하는 것을 말한다.

카메라맨의 활동 영역은 넓고 다양하다. 따라서 사고의 폭이 넓고, 사람과 자연에 대한 호기심, 원만한 대인관계와 커뮤니케이션 능력, 건강한 신체, 협동심, 지구력, 창의력, 영상 구성 능력을 갖춘 사람은 카메라맨이 될 수 있는 최적의 조건을 지니고 있다고 볼 수 있다.

카메라감독이 되는 데 특별한 자격증이나 방법이 있는 것은 아니다. 방송 현장에서는 학력보다는 창의력과 상상력이 뛰어난 사람, 그리고 기술적으로 뛰어난 촬영기사들을 선호한다. 일반 대학에서 방송영상학과를 전공하거나 동아리 활동, 영화아카데미 및 문화센터, 학원 등에서 전문적인 촬영기술을 배워 시작하는 경우가 많다. 보통은 방송사의 기술직 공채시험을 통해 입사할 수 있다.

★ 조명감독

음악 프로그램의 생명은 가수일까? 아마도 근사한 조명이 없는 가요 프로그램은 팥 없는 붕어빵과 같지 않을까. 흔히 말하는 '조명발'이 방송에 존재하지 않는다면 가수나 탤런트에 대한 우리의 환상이 조금은 깨져버릴 것이다. 그런 점에서 조명감독은 쇼 프로나 기타 프로그램에서 그때그때 적절한 분위기를 만들어내는 마술사라고 할 수 있다. 조명감독은 프로그램의 특성에 따라 조명의 방향을 잡고, 촬영을 위한 조명기구 설치 및 효과, 조작 등의 책임을 진다. 조명은 영상과 함께 기본적인 프로그램의 품질을 결정한다. 따라서 빛과 색에 대한 이해가 반드시 필요하며 다른 분야보다 개인의 창의력이 더 많이 요구된다. 특히 조명은 예술적이고 창의적인 업무와, 조명 설치 및 운용과 같은 육체적인 업무가 공존하는 분야이기 때문에 건강한 사람에게 유리하다고 볼 수 있다.

조명감독이 되려면 기본적으로 조명에 관한 기초적인 이론 지식을 갖춰야 한다. 미국의 경우 기초부터 고급까지 수준별로 다양한 조명 교육 프로그램이 마련되어 있다. 하지만 국내의 방송사에서 조명을 담당하기란 본인의 의지만으로는 힘들다. 대부분 일반 방송기술직으로 입사하여 조명 업무를 담당하는 TV 제작기술 부서에 배치를 받아서 일을 시작하는 경우가 많다. 요즘에는 방송아카데미와 같은 곳에서 조명 교육 과정을 개설하기도 하므로 교육원의 프로그램을 수강하는 것도 도움이 될 것이다.

★ 음향감독

〈전설의 고향〉 같은 납량특집 드라마를 볼 때 정말 무서운 것은 귀신의 얼굴이 아니라 계속 귓가를 맴도는 귀신의 웃음소리다. 음산한 음악이 배경으로 깔리면 그 효과는 더욱 커진다. 방송음향 제작을 담당하는 음향감독 audio director 은 영상감독과 더불어 프로그램의 기술 품질을 결정하는 중요한 위치에 있다. 주로 스튜디오 부조정실과 더빙실, 녹음실 등에서 업무가 진행되는데 소리에 대한 지식과 이해, 음향장비의 특성을 잘 이해하고 있어야 하며 이를 통해 적절한 소리를 뽑아낼 수 있는 운용기술이 필요하다. 영상과 달리 소리는 다양한 방법으로 표출되는 만큼 오디오맨 개인의 소리에 대한 취향이 프로그램 속에 비교적 많이 반영될 수 있다.

방송음향감독이 되는 방법은 기본적으로 방송기술 엔지니어가 되는 방법과 동일하다. 방송아카데미나 일반 대학의 음향 관련 학과에서 전문적인 교육을 받은 뒤 방송사의 기술직 공채를 통해 입사하거나 외부의 용역업체에 취업하는 방법이 있다.

★미술감독

미술감독은 TV 쇼나 드라마 등을 제작하기 위해 각본에 맞는 장면을 디자인하고, 촬영 장소와 배경장면을 선정하며, 무대장치의 설계와 설치를 감독·조정하는 일을 하는 사람이다. 우선 대본을 검토하여 무대장치의 종류 및 수량을 방송연출가와 협의한다. 그런 다음 특정 시간과 장소를 표현하는 무대장치를 마련하기 위해 무대디자이너와 논의를 한다. 논의한 결과를 토대로 무대 설치 계획을 세우고 필요한 예산을 검토한다. 그리고 예산과 세부 계획에 맞춰 무대 설치를 지휘한다. 또한 설치한 무대장치에 의자, 탁자, 화병 등 적절한 소품을 선정하고 색상을 검토하는 일도 한다. 이 외에 대본 시나리오 을 확인하여 각 장면에 적합한 산, 강, 건물 등을 선정하고 촬영 일정을 협의하는 일도 한다. 의상, 분장, 무대효과, 자막 등 제작에 필요한 사항을 설계하고 감독하는 일까지도 모두 미술감독의 책임이다.

미술감독이 되기 위해서는 기본적으로 미술적인 실력과 센스, 그리고 순발력이 있어야 한다. 이와 더불어 유행의 경향을 읽어내는 안목과, 방송 프로그램의 성격과 구성에 대한 이해가 수반되어야 한다. 방송이란 늘 짧은 시간과 한정된 예산 내에서 높아져가는 시청자들의 욕구를 만족시켜야 하는 고도의 작업이기 때문이다.

현재의 미술감독들은 대부분 미술 분야의 전공 출신이다. 대학의 디자인 관련 학과나 서양화과 등을 거쳐 방송사에 입사하거나 외주 프로덕션의 미술감독으로 일을 시작하여 경력을 쌓아 나가는 것이 일반적이다.

방송에서 분장사는 출연자들이 카메라와 조명 앞에 섰을 때 각각의 프로그램에 알맞은 콘셉트를 표현할 수 있도록 얼굴과 신체를 분장해주는 작업을 한다.

특히 드라마의 경우, 분장사는 극중인물의 특징을 잘 파악하기 위해 극에 대한 기본적인 이해를 갖고 있어야 하며, 분장 전반에 대한 전문적인 기술을 갖추고 촬영 과정을 이해하면서 카메라 앞에 선 배우의 모습을 그에 맞게 조정할 수 있어야 한다.

분장사가 되는 데 특별히 요구되는 자격증은 없다. 요즘에는 분장을 교육하는 학원이 많이 개설되어 있으므로 여기서 교육을 받고 취직하는 것이 일반적인 방법이다. 또한 유명한 분장사의 보조로 활동하며 경력을 쌓기도 한다.

MBC의 김성주, KBS의 강수정 등 요즘 아나운서들 가운데는 연예인만큼 큰 인기를 얻고 있는 사람들이 많다. 기존의 보도, 교양 프로그램과 오락 프로그램 사이의 경계가 허물어지면서 아나운서들이 오락 프로그램에 등장하는 일이 늘어났기 때문이다. 그러면서 일반적인 아나운서의 이미지였던 딱딱함도 많이 부드러워졌고 대중에게 더욱 친숙하게 다가갈 수 있게 되었다.

아나운서는 라디오나 TV 방송에서 광고,

오락, 교양, 시사토론, 음악 등의 프로그램을 진행하고, 뉴스나 스포츠 소식, 특별 사건을 전달하는 일을 한다. 정식 아나운서로 자리 잡으면 인터뷰와 중계방송을 통해 사건·사고의 원인과 경위, 결과 등을 상세히 보도하는 프로그램을 진행한다. 뉴스 프로그램에서는 새로운 소식을 알기 쉽게 전달해야 하고, 인터뷰나 사회 프로그램에서는 주제의 핵심을 좇아 분위기를 띄우고 진행하는 기술이 필요하다. 이외에 각종 다큐멘터리 프로그램에서 내레이션을 담당하기도 한다.

아나운서가 되기 위해서는 풍부한 교양과 인문 지식은 물론이고 시사문제에 대해서도 깊이 알고 있어야 한다. 또한 문제점을 정확하게 인식하고 논평할 수 있는 예리한 판단력과 간결하고도 흥미롭게 내용을 전달하는 기술이 있어야 한다. 때로는 막노동처럼 몸으로 버

터야 하는 일도 많기 때문에 강인한 체력도 요구된다. 돌발적인 상황이 닥쳐도 당황하지 않고 침착하게 대처할 수 있는 임기응변의 재치와 순발력은 기본이고, 타고난 언변과 친근감을 주는 외모도 중요하다. 또한 대중들 앞에 나서는 일인 만큼 대인공포증이 없어야 한다. 그리고 풍부한 묘사력과 기발한 발상으로 자신만의 독특한 분위기를 연출할 수 있는 개성이 있어야 한다.

아나운서가 되는 데 특별한 자격증이 필요한 것은 아니며, 공채나 특채를 통해 입사할 수 있다. 공중파 3사를 비롯한 대부분의 지방 방송사는 공개채용을 원칙으로 하고 있으며, 뽑는 인원은 매년 유동적이지만 보통 남녀 합해서 다섯 명 안팎을 채용한다. 적은 인원을 채용하다 보니 매년 수천 대 일의 경쟁률을 기록하고 있고, 방송고시라는 말까지 생겨나게 되었다. 교육기관으로는 한국방송개발원이나 각 방송사와 대학의 부설 아카데미, 사설 교육기관이 있으며, 각 기관이 실시하는 전형 과정을 통과해야 시험을 볼 수 있는 자격이 주어진다. 방송아카데미 같은 곳에서는 6개월 과정으로 연수를 실시하고, 연수가 끝나면 자체 방송 요원을 뽑기도 한다. 아나운서를 목표로 한다면 평소에 풍부한 교양과 달변을 위해 다양한 장르의 책을 많이 읽어두는 것이 좋으며, 외국어 하나쯤은 능숙하게 구사하는 것이 유리하다.

★방송기자

글로 독자에게 내용을 전달하는 신문기자에 비해, 시청자의 눈과 귀를 통해 정보를 전달하는 방송기자는 업무의 내용이 다양하다. 가장 큰 특징은 취재를 할 때 동영상을 이용한다는 것이다. 방송기자는 지원 차량을 타고 나가 카메라기자와 함께 현장을 취재하고, 내용을 1분~1분 30초 정도로 편집해 시청자들에게 보도하는 일을 한다. 우선 정보 전달을 위해 원고를 작성한 다음 그와 관련된 인터뷰 등을 촬영하고, 내용 전달의 효율성을 높이기 위해 도표나 그림, 자막 등을 삽입하여 기사를 완성한다. 이와 같이 방송기자는 효과적인 화면 구성과 기사 작성을 통해 정확한 정보를 전달하는 실무자로서의 역할을 잘 수행해야 한다.

취재한 내용을 시청자에게 정확하고 간결하게 전달하기 위해서는 적절한 문장을 구성하고 그것을 언어와 화면으로 표현해내는 기술이 필요하다. 또한 시청자에게 편안함과 신뢰감을 줄 수 있는 목소리와 외모도 갖추어야 한다. 빠르고 정확한 취재를 위해 신속성과 분석력, 통찰력도 빼놓을 수 없는 조건이다. 특히 중요한 것은 저널리스트로서의 책임감이다. 시청자들에게 정확한 정보를 전달하기 위해서는 상당한 기초지식을 기반으로 꾸준한 연구와 자기계발을 통해 사회, 경제를 비롯해 다양한 분야, 특히 자신의 방송 분야에 대한 전문지식을 갖추어야 한다. 해외 취재 등 외국어를 사용하는 경우가 많기 때문에 외국어 구사 능력을 키우는 것도 중요하다.

　현재 대학의 언론학부에서 방송기자 관련 교육을 하고 있지만 방송기자가 되기 위한 필수 요건은 아니다. 방송기자가 되기 위해서는 방송사의 입사시험을 통과해야 한다. 최근 기자 채용에 전공, 학력, 연령 제한을 두지 않는 곳도 늘고 있지만, 대부분 4년제 대졸자 가운데 인문사회 계열을 전공한 사람들이 방송기자의 길로 들어선다.

★성우

　성우는 '목소리 연기자'이다. TV에서 방영되는 외화를 시청할 때 외국배우의 입 모양에 정확히 맞춰 우리말 대사를 하는 사람이 성우다. 성우의 목소리를 가장 흔히 접할 수 있는 분야는 TV의 외화 더빙이다. 성우는 배역의 성격에 따라 어린이, 노인 등 다양한 연령층의 목소리를 내야 하기 때문에 연기력이 뒷받침되어야 한다. 특히 어린이를 대상으로 하는 만화영화, 인형극 등에서 배역의 성격을 잘 나타내기 위해서는 성별에 상관없이 개성 있는 목소리가 중요하다.

　외화 더빙 외에도 성우의 활동 영역은 점점 다양해지고 있다. 요즘에는 교양 프로그램의 내레이션이나 프로그램 예고편의 내레이션, 각종 오락 프로그램에서의 코멘트도 담당한다. 그리고 TV에 등장하는 광고, 즉 CF의 내레이션과 연기를 하거나 라디오 광고의 내레이션을 담당하기도 한다. 물론 CF의 경우에 등장하는 배우의 목소리를 그대로 살리기도 하지만 제품의 특성을 부각하고 배우의 이미지에 좀더 잘 맞는 목소리를 싣기 위해 전문 성우의 목소리를 더빙하는 경우가 많다. 교양 프로그램의 경우 성우의 개성보다는 차분하게 극의 메시지를 전달하는 데 초점을 두고 원고에 적힌 내용을 정확한 발음의 표준어로 읽어야 한다.

성우가 되고 싶다면 평소에 소리 내어 글을 읽고 녹음한 후 재생시켜 발음 및 억양을 반복해서 점검하는 것이 도움이 된다. 또한 감정 이입하는 법 등 연기에도 관심을 가지고 연습해야 한다. 정확한 발음과 표준어 구사 능력은 물론이고 언어와 문장에 대한 순발력과 센스도 필요하다.

현재 성우와 관련된 자격증은 없고 각 방송사와 언론사의 문화센터 등에서 6개월 정도의 성우 교육 과정을 두고 있다. 성우가 되는 길은 공중파방송사와 케이블방송사의 공채를 통과하는 방법이 일반적이다. 대부분 남자는 만 26~28세, 여자는 만 24~26세로 연령을 제한하는 경우가 많고 학력은 고졸 혹은 2년제 대학 졸업자로 제한한다.

★ 탤런트

흔히 얼굴이 예쁘거나 잘생겼으면 탤런트같다는 이야기를 한다. 그래서 외모에 자신 있는 많은 청소년들이 방송 진출을 꿈꾼다. 드라마의 파급력이 무척이나 강한 우리나라에서 탤런트가 된다는 것은 곧 스타가 되는 길이기 때문이다. 그러나 단순히 외모만으로 연기자가 되고자 한다면 설사 데뷔를 한다고 해도 금방 한계에 부딪히고 말 것이다. 탤런트는 녹화 전 미리 대본을 읽고 그 속에 구현된 인물을 개성 있게 재창조해내야 한다. 그러므로 탤런트가 되기 위해서는 무엇보다 연기에 대한 열정과 배역에 대한 완벽한 이해가 필요하다. 또 다양한 배역을 훌륭히 소화해내기 위해서 음악, 무용, 미술 등 예술적 지식이 필요하다. 화려한 일면만을 보고 섣불리 도전했다가는 그만큼 쉽게 포기하는 날이 찾아올 수 있다. 자신의 재능에 믿음을 갖고 끊임없이 노력하는 자세야말로 오랫동안 좋은 연기자로 살아남는 비결이다.

텔런트가 되는 방법에는 방송사 혹은 영화사의 특채에 합격하거나, 각종 선발대회 _{미스코리아, 슈퍼엘리트 모델 등} 입상하는 것 등이 있다. 이 중에서도 예전에는 방송사 공채를 통해 뽑는 경우가 일반적이었다. 배용준, 장동건, 이병헌 등 현재 톱스타들 대부분이 방송국 공채 출신이다. 하지만 최근 몇 년 사이에 공채는 구시대적 발상이란 여론에 부딪혀 대부분 폐지되거나 유명무실해졌다.

특채와 공개오디션을 통하는 방법은 각 대학의 연극영화학과나 연예 매니지먼트사, 영화감독 또는 CF 감독 등의 추천을 받아 방송사나 영화사의 카메라 테스트를 거치는 것이다. 새로운 작품의 주·조연을 찾는 프로듀서의 눈에 띄거나 주위 사람의 추천을 받아 전격 스카우트되는 경우도 종종 있다. 이 외에 다양하게 늘어가는 케이블TV와 인터넷상에서 캐스팅된 후 실력을 인정받아 데뷔하거나, CF, 모델, 미스코리아, 슈퍼 엘리트모델 선발 등의 각종 대회에서 입상한 후 개인의 능력이나 재능에 따라 탤런트로 데뷔하는 경우도 있다. 이른바 '얼짱' 출신 연기자라고 해서 인터넷을 통해 적극적으로 개인들이 스스로를 어필해서 발탁되는 경우도 요즘 하나의 추세이다.

나라　좀더 세분화되고 전문적인 느낌이 드네요.

장 PD　그렇죠. 그리고 기획 단계와 비교해서 실제로 눈에 보이는 일들이고요.

나라　연예인들도 방송을 이끄는 데 큰 역할을 하고 있는데, 지금까지는 직업으로서 제대로 인식하지 못했던 것 같아요. 그저

‘스타’라는 개념이 강하거든요.

장 PD 방송을 전문으로 하는 연예인들은 타고난 외적인 조건보다 많은 경험에 의한 순발력과 개성 넘치는 끼가 더욱 중요하게 여겨지고 있어요. 신동엽, 김용만 등 많은 코미디언들이 방송 MC를 맡는 것도 그런 이유에서죠. 또 아나운서들이 오락 프로그램에 출연하는 모습도 많이 볼 수 있는데, 이 역시 엄숙한 ‘방송인’과 가벼운 ‘연예인’이라는 고정관념이 사라지고 있는 현상으로 해석할 수 있을 거예요.

나라 점점 연예인이 되기도 힘들겠네요. 예쁘고 잘생기기만 해서는……. 그건 그렇고 보도부에서 활약하는 방송기자들도 선망의 대상인데요. 특별히 방송기자가 되기 위해 준비해야 할 것들에는 무엇이 있을까요?

장 PD 무엇보다 중요한 것은 바람직한 방송 윤리의식이라고 생각해요. 조금은 진부한 말 같지만, 보도라는 것은 진실을 많은 사람에게 알리는 커다란 시선입니다. 거기에는 당연히 어떤 의견이 포함되죠. 100퍼센트 객관적인 사실만을 알리는 방송은 존재할 수 없지만, 그렇기 때문에 더욱 공정하고 진실을 추구하는 태도를 지녀야 합니다. 부당한 사건을 파헤치고 해결하려는 노력 말이죠. 그러다 보면 많은 위험한 상황에 직면하기도 할 겁니다. 피상적으로 생각하는 멋진 기자의 모습보다는 육체적으로 고되고 정신적으로도 괴로운 일들이 분명히 많을 거예요. 그것을 극복할 수 있는 강한 의지가 필요합니다.

나라 네. 장 PD님의 말씀을 듣고 나니 방송의 양면성이 보이는 것

같네요. 즐거움을 주기도 하지만 세상을 볼 수 있는 중요한
매체라는 점에서 말이죠. 그 상반되는 지점이 아주 모순되는
것은 아니란 생각도 들어요. 둘 다 아주 중요한 요소이고요.

장 PD 그래요. 그럼 이제 나머지 제작 단계인 편집 부분에 대해 알
아보도록 하죠. 어떤 과정을 거쳐 방송이 완성되는지 살펴볼
까요?

방송에 옷을 입히다 | 편집 및 완성

편집 및 완성은 방송 제작의 마지막 단계로 프로그램의 완성도를
높이고 품질을 최종 결정한다. 즉 제작 이후 편집의 완성을 추구하는
단계로서 녹화된 테이프를 본 후에 각각의 장면을 대본에 맞게 편집
하고 여기에 특수효과 장치 등을 활용하여 영상을 추가로 제작한다.

★ 편집감독

편집감독은 녹화가 끝난 테이프를 프로듀서와 대본의 의도에 맞게
편집하는 일을 한다. 단순히 순서대로 장면을 연결하는 작업을 넘어,
컴퓨터 그래픽이나 특수효과 등 전문적인 편집기술을 동원하여 프로
그램을 더욱 완성도 있게 마무리한다.

편집감독의 일은 무엇보다도 미술, 영상, 장비의 특성을 충분히 이
해해야 하며 프로듀서와의 호흡을 맞추는 것도 중요하다. 가상스튜
디오의 다양한 도구를 이용한 특수영상 제작도 수행해야 한다. 그러
므로 편집감독은 프로듀서와 마찬가지로 방송 매체에 대한 폭넓은

지식을 갖추고, 다양한 편집기술을 지속적으로 익히고 능숙하게 사용할 수 있어야 한다.

일반적으로는 일반 대학이나 전문대학의 영화과에 들어가거나 멀티미디어 혹은 영상디자인 계열을 전공하면서 편집을 배울 수 있다. 또 현장에 직접 투입되어 현역 편집기사 밑에서 보조 업무를 하며 경력을 쌓은 뒤 입문하는 방법도 있다. 방송사에서 편집기사로 일하기 위해서는 다른 기술직 분야와 마찬가지로 방송사의 기술직 공채를 통해 입사하거나 외부의 용역업체에 취업하면 된다.

★방송송출/운행 관리자

최종적으로 편집을 마친 프로그램을 방송사로부터 각 가정의 수상

기로 내보내는 역할을 한다. 방송송출은 사실상 물리적인 방송 업무의 핵심으로, 방송사 내부의 각 부조정실로부터 프로그램을 전송받아 외부로 송출하고, 외부 전송선로를 이용해 유입된 프로그램을 담당 부조로 릴레이하며, 영상 및 음향 품질을 모니터하고 조정한다.

장 PD　방송에서 편집은 아주 중요한 부분이에요. 녹화방송의 경우 길게는 4시간이 넘게 진행되지만 방송에 나가는 부분은 1시간 정도거든요. 그 긴 시간 동안 벌어졌던 에피소드들 가운데 가장 재미있고 핵심적인 부분만 자연스럽게 연결해서 편집하는 것이죠. 방송에 대한 이해와 감각이 필요합니다. 그리고 감각은 많은 경험을 통해 단련되게 마련이죠. 저도 방송사에 입사한 이후 편집실에서 밤을 지새우는 일이 허다해요. 방송 시간을 맞추려면 어쩔 수 없죠. 그러면서 실력은 점점 향상되는 것 같아요. 물론 괴롭긴 하지만요.^^

나라　지금까지 방송 전반에 대한 이야기를 들어보았는데요, 많은 것을 배우고 생각할 수 있는 시간이었습니다. 저희도 방송 동아리를 하고 있지만, 방송사 하면 너무나 거대하고 휘황찬란한 곳이라고만 생각했거든요. 하지만 장 PD님의 말씀을 들으니까 그 어느 곳보다 치열하면서도 사람 냄새가 나는 곳 같습니다. 예전에 가졌던 환상의 자리에 조금 더 진지한 기대감이 채워지는 것 같아요.

장 PD　저도 미래에 대한 열정으로 가득한 여러분과 이야기할 수 있어서 즐거웠습니다. 계속 그런 태도로 열심히 살아간다면 어른이 되는 것은 하나의 '기쁜 도전'이 될 거예요. 흔히 TV가 사람을 바보로 만든다고 하죠. 그렇지만 TV만큼 쉽고 재미있게, 그리고 공평하게 정보를 주는 매체도 없을 거예요. 공부도 열심히, TV도 열심히 보세요. 여러분의 세계를 확장시켜 줄 거예요.

나라   유익한 말씀 고맙습니다.

개그맨 컬투

1 개그맨이 되신 특별한 계기가 있나요?

특별한 계기라기보다는 저희 둘 다 어떻게 돌아가든 이 길을 가도록 운명 지어진 것 같아요. 저정찬우 같은 경우는 갑작스런 군 입대 이후 평범한 군 생활을 하던 중 문선대 공연 장기자랑에 나가 입상하면서 연예사병으로 근무하게 되었어요. 제대 후 MBC 개그콘테스트를 통해 데뷔했습니다.

저김태균는 서울예전 방송연예과에 입학하고 나서 처음에는 목소리가 좋다는 이야기를 많이 들었기 때문에 성우가 될까 하고 시험까지 봤었는데, 주위 동기나 선후배들 가운데 개그맨이 많다 보니 자연스럽게 이 쪽으로 지

방송

원하게 되었어요.

2 개그맨으로 활동해오시면서 가장 힘들었던 점이 있다면요?

1995년 결성한 컬트트리플에서 2002년 컬투로 팀을 재정비하면서 무엇보다 힘들었어요. 몇 년씩 고생하면서 팀을 이끈 우리가 개인적인 사정과 그 당시 외부의 상황으로 인해 팀을 해체하게 되었을 때요. 그때가 가장 심적으로 고생이 많았던 것 같아요.

3 개그맨으로서 특별히 존경하는 분이 계신가요?

특별히 누구를 정해놓고 존경하지는 않아요. 다만 개그를 하는 모든 선후배님을 존경합니다. 사람들을 웃긴다는 것은 정말 어려운 일입니다. 특히 이 시대의 트렌드에 맞는 개그를 펼치기란 피를 깎는 고통을 수반할 만큼 상상 이상으로 힘들다고 감히 말씀드리고 싶네요. 그런 힘든 과정을 참고 이겨내 지금의 자리에 이르신 선후배님들 모두가 존경스럽습니다. 개그라는 하나의 공동체를 이끌어가는 우리 모두 존경받을 만하다고 생각해요.

4 개그맨이 되시고 나서 가장 기뻤던 순간이 있다면 언제인가요?

요즘 후배 양성에 힘쓰고 있는데, 현재 약 60여 명의 후배 연기자들이 SBS의 〈웃찾사〉, MBC 〈개그야〉에 출연하면서 개그맨의 꿈을 이루었어요. 그 모습을 보면 저희 일처럼 기쁘고 행복합니다.

또 컬투 개인적으로는 2005년 백상예술대상에서 수상했을 때입니다. 방송보다는 주로 무대에서 활동을 많이 하던 컬투가 〈웃찾사〉에 출연하면서 이 상을 받았습니다. 단지 상을 타서가 아니라, 저희가 주로 활동하던 공연문화를 대중이 인정해주었다는 생각이 들어 기뻤습니다.

5 청소년들에게 개그맨 이외의 방송 일 하나를 추천한다면요?

저정찬우는 얼마 전 드라마를 한 편 했는데, 다양한 캐릭터를 표현하는 배우가 무척 매력적이더군요.

저김태균 같은 경우는 한때 저의 꿈이기도 했던 성우를 추천합니다. 개그맨이나 연기자가 온몸으로 캐릭터를 연기하는 반면에, 목소리 하나로 다양한 인물과 성격을 표현하는 것이 무척 매력적이거든요.

6 개그맨이 되기 위해 청소년기부터 준비해야 할 지식이나 기술에는 어떤 것이 있을까요?

기술이나 지식은 솔직히 필요 없어요.(^^) 그 시절을 충분히 즐기는 게 좋을 것 같네요. 공부를 할 거면 확실히 하고, 놀 거면 확실히 놀라고들 하잖아요? 그 말 속에 진리가 있는 듯합니다. 친구나 지인이나 다양한 사람들을 많이 만나고 사귀는 것도 중요해요. 사회에선 사람이 제일 큰 재산이니까요. 그리고 사회문제에 대해 항상 관심을 가져야 해요. 누구나 다 하는 말이지만 독서는 정말 중요해요. 자신이 직접 체험하면서 얻을 수 있는 것은 한계가 있잖아요. 하지만 독서를 통해 얻을 수 있는 것은 엄청나죠. 그러므로 놀 때 놀더라도 꼭 시간을 정해놓고 독서하는 습관을 갖기 바랍니다.

컬투의 정찬우 · 김태균은...

1994년에 MBC 공채 5기로 데뷔해 지금까지 13년간 한 몸처럼 일하고 있는 요즘 보기 드문 장수 콤비다. 노래와 개그를 접목시킨 'Live Gag Concert'라는 공연 방식을 최초로 도입해 매년 정기콘서트를 갖고 있는데, 지금까지 약 1200회에 이른다. 이 외에 뮤지컬 〈큐빅스 대모험〉, 〈아이언키드〉에도 출연했다. 8장의 음반을 발표했으며, 출연 중인 방송 프로그램으로는 SBS 〈웃찾사〉, SBS 라디오 〈두시탈출 컬투쇼〉, KBS 〈사랑도 리필이 되나요〉 등이 있다. 2005년 제41회 백상예술대상 남자 예능상을 수상했다. 현재 정찬우와 김태균은 각각 컬트엔터테인먼트와 컬트미디어의 대표이사를 맡고 있다.

고등학교

■ 제천디지털전자고등학교(충북)
디지털미디어과

■ 화성고등학교(경기)
디지털영상과

■ 부산산업학교(부산)
디지털영상과

■ 증평정보고등학교(충북)
디지털영상과정

■ 부산컴퓨터과학고등학교(부산)
멀티미디어과

■ 선린인터넷고등학교(서울)
멀티미디어과

■ 강릉정보공업고등학교(강릉)
멀티미디어과

■ 청도전자고등학교(경북)
멀티미디어과

■ 조일공업고등학교(대구)
멀티미디어과

■ 정선정보공업고등학교(강원)
멀티미디어과

■ 원주농업고등학교(강원)
멀티미디어과

■ 밀성정보고등학교(경남)
멀티미디어과

■ 미림여자정보과학고등학(서울)
멀티미디어과

■ 문학정보고등학교(인천)
멀티미디어과

■ 남해정보산업고등학교(경남)
멀티미디어과

■ 계성산업정보고등학교(부산)
멀티미디어과

■ 경성전자정보고등학교(부산)
멀티미디어과

■ 경남정보고등학교(경남)
멀티미디어과

■ 증평정보고등학교(충북)
멀티미디어과정

■ 법성고등학교(전남)
미디어정보과

■ 남원정보국악고등학교(전북)
방송연예과

■ 아현산업정보학교(서울)
방송영상

■ 전북제일고등학교(전북)
사이버멀티미디어과

■ 부산영상고등학교(부산)
영상디자인과

■ 충북인터넷고등학교(충북)
영상디자인과

■ 북원여자고등학교(강원)
영상디자인과

■ 경인여자고등학교(인천)
영상디자인과

■ 진천상업고등학교(충북)
영상미디어과

■ 영란여자정보산업고등학교(서울)
영상미디어과

■ 사천여자정보고등학교(경남)
영상미디어과

■ 대전동아공업고등학교(대전)
영상미디어과

■ 영락여자상업고등학교(서울)
영상미디어디자인과

■ 부산국제영화고등학교(부산)
영상연예과

■ 한국애니메이션고등학교(경기)
영상연출과

■ 울산컴퓨터과학고등학교(울산)
영상전자과

■ 부여전자고등학교(충남)
영상전자과

■ 광주정보고등학교(광주)

영상전자과

■ 부산국제영화고등학교(부산)
영상정보통신과

■ 부산영상고등학교(부산)
영상제작과

■ 부산디자인고등학교(부산)
영상출판디자인과

■ 부산영상고등학교(부산)
인터넷방송과

■ 전남여자상업고등학교(광주)
인터넷방송과

■ 경북인터넷고등학교(경북)
인터넷방송영상과

■ 세명컴퓨터고등학교(서울)
인터넷영상과

■ 동산여자전산고등학교(경북)
인터넷영상과

■ 아현산업정보학교(서울)
실용음악

■ 서서울생활과학고등학교(서울)
실용음악과

■ 리라컴퓨터고등학교(서울)
컴퓨터실용음악과

■ 부산컴퓨터과학고등학교(부산)
컴퓨터실용음악과

단체

■ 한국방송영상산업진흥원

■ 한국방송작가협회

■ 한국방송프로듀서연합회　　■ 한국기자협회
■ 방송위원회　　■ 한국케이블TV방송협회
■ 독립제작사협회

교육기관 방송전반

■ MBC방송아카데미　　■ 한국방송아카데미
■ KBS방송아카데미　　■ 서울국제방송아카데미
■ SBS방송아카데미　　■ 한겨레신문사 문화센터
■ CBS방송아카데미　　■ 한국영상작가교육원
■ 한국청소년방송아카데미

분장 / 메이크업아티스트 / 방송코디

■ 한국영상작가교육원(드라마작가)　　■ 동방뷰티아카데미(메이크업아티스트,방송코디)
■ 그린컴퓨터디자인학원(무대세트디자인)　　■ 세씨뷰티아카데미(방송코디,메이크업아티스트)
■ 이학재분장프로덕션(분장)　　■ 지오뷰티아카데미(방송코디,메이크업아티스트)
■ 씨네엑스특수분장학원(특수분장)　　■ 유노아카데미(메이크업아티스트,방송코디)
■ 수빈아카데미(방송코디,메이크업아티스트)　　■ 도도아카데미(메이크업아티스트)
■ F1 코디아카데미(방송코디)

엔터테인먼트 연기자/가수/개그맨 외

■ 서울재즈아카데미(대중음악전반)　　■ MTM(연기자)
■ 서울연극영화방송아카데미(연기자)　　■ MBC 아카데미 연극음악원(매니저양성)
■ 프로방송 연기아카데미(연기자)　　■ 모델센터인터내셔널(모델양성)
■ ACT(연기전공 입시전문)

저널리즘 신문기자

■ (사)미디어연대 미디어아카데미(저널리즘)　　■ (사)민주언론운동시민연합(저널리즘)
■ 고려기자아카데미(저널리스트양성)　　■ 평화아카데미(미디어 저널리즘)
■ 중앙저널아카데미(저널리스트양성)

성우

■ 수창엔터테인먼트(성우양성)　　　　■ 박일STA(성우)
■ MTA21(성우)

공연 산업

■ 문화예술원(공연산업)

만화

상상력이 이미지를 만났을 때

중학교 3학년인 남달리는 이름처럼 뭔가 다르게, 재미있게 살고 싶어하는 아이입니다. 꿈 많은 달리는 앞으로 무엇을 할까, 무엇을 할 수 있을까 하는 생각에 자주 빠지는데 요즘은 좋아하는 만화와 관련된 직업에 관심을 갖게 되었습니다. 달리는 만화책이 방 안에 한보따리인 자칭 '마니아' 입니다. 아름답고 멋진 그림과 흥미진진한 스토리…… 만화는 너무나 매력적이거든요. 그런 만화와 함께할 수 있는 직업을 가진다면 얼마나 신 날까요! 하지만 막상 생각해보면 자신이 무엇을 할 수 있을지, 지금부터 무엇을 준비해야 하는지 도무지 알 수 없었어요. 단순히 '좋아한다' 는 것과 그 분야에서 전문적으로 '일한다' 는 것은 분명 다르니까요. 순간 궁금증을 시원히 풀어줄 사람이 번뜩 떠올랐습니다. 만화잡지사에서 기자로 일하는 삼촌이었죠. 달리가 만화에 빠져들게 된 결정적인 이유도 삼촌이 가져다준 만화책들 때문이거든요. 달리는 삼촌에게 전화를 겁니다. 만화에 인생

상상력에 날개를 달고 풍덩

아이들은 그림책에서 시작해서 자연스럽게 만화를 보게 된다. 기호로만 이루어진 글이 아니라, 직접 눈으로 확인할 수 있는 그림을 더 좋아하는 것이다. 아주 코믹하거나, 아주 리얼한 그림과 함께 흥미진진한 스토리가 이어지는 사이에 독자들은 어느새 만화 속 주인공이 되어간다. 또한 그림이 가진 풍부한 상징과 표현력은 그 자체로 즐거움의 원천이기도 하다.

그런데 여전히 만화는 많은 오해를 받고 있다. 아직도 어른들 중에는 학습만화 외에는 공부나 교양에 별 도움이 되지 않는다고 생각하는 사람이 많은 것이다. 하지만 한 걸음만 물러서서 생각해보면 그런 오해들은 눈 녹듯이 풀린다. 현대는 이미지의 세계, 영상의 세계이다. 뭔가 창의적인 일을 하고 싶은 사람이라면 반드시 자신의 생각을 이미지화할 수 있어야 한다. 글을 쓰든, 영상을 만들든 간에 이미징 능력은 아주 중요하다. 어떤 이야기를 설득력 있고 흥미롭게 그려내는 것은 좋은 만화가의 능력이기도 하다.

그렇다면 훌륭한 만화작품을 보는 것만으로도 상상력이나 이미지 훈련에 도움이 되지 않을까. 게다가 요즘 만화들 가운데는 자극적인 즐거움을 주는 것뿐 아니라, 유용한 정보나 진지한 사유의 결과를 담은 것도 많이 있다. 만화를 보고 자란 세대는 어른이 되어서도 만화를 통해 정보와 즐거움을 얻는다. 만화의 긍정적 영향력을 만끽하는 것이다.

　자신이 좋아하는 만화를 그리는 일은 다른 일보다 비교적 쉽게 시작할 수 있다. 일단 종이에, 아니면 컴퓨터로 그리기 시작하면 되니까. 그러는 사이에 자기 안의 잠재력을 실감할 수 있게 될 것이다. 자신이 단편만화를 잘 그리는지, 아니면 장편만화를 선호하는지. 어쩌면 자신의 재능이 만화를 직접 그리기에는 뭔가 부족하다는 것을 깨닫게 될 수도 있다. 하지만 거기서 멈춰선 안 된다. 만화는 혼자 집에서 하는 개인 작업 같지만, 실은 무척 다양한 사람들이 참여하는 공동 작업이기도 하다. 이제부터 만화와 관련된 직업에 대해 알아보자.

　방과 후 달리는 삼촌이 일하는 만화잡지 출판사를 찾아갑니다. 출판사의 편집실은 마감이 다가와서인지 정신이 없군요. 아주 피곤한 얼굴로 모니터에 코를 박고 있던 삼촌이 쭈뼛거리는 달리를 반갑게 맞아줍니다. 달리는 너무 바쁜 시간에 찾아온 건 아닌지 걱정이 됩니다.

달리　너무 바빠 보여요. 나중에 다시 올까요?

삼촌　아냐. 마감이 가까워오면 항상 이렇지. 하지만 이럴 때 보는 것이 더 도움이 될 거야. 느긋한 분위기는 아니지?

달리　만화가들이 마감에 임박해서 고생한다는 말은 많이 들었는데, 회사도 이렇게 바쁠 줄은 몰랐어요. 당연한 거였나?

삼촌　물론이지. 우리는 만화가들의 원고로 책을 만들어야 하니까. 기획 의도에 맞게 편집도 해야 하고……. 참! 달리는 만화책의 종류에 어떤 게 있는지 알고 있니?

김윤희 씨죠? 이번에 만화공모전 출품하셨죠?
편 집 부
으음… 새 단행본 판형은 이게 낫겠어.
저번에 보내주신 초안들을 이번달 부터 싣는게 어떨까요?
그건 곤란해요. 아직 자료조사도 끝나지 않았고 스탭이 다 구성되지 않았어요.

김대리, 택배는 아직 도착 안했어?
그러니까 부수를 더 늘려야 한대두요.
일단 보고는 올릴게요.
네, 거기요, 봐요, 오타맞죠?
엇, 이런 실수를 …

달리　　단행본하고 만화잡지 정도?

삼촌　　맞았어. 하지만 그게 다가 아냐. 예전에는 만화가 주로 만화 전문 잡지나 만화가게에서 보는 것이었다면 요즘은 인터넷 만화도 전례 없이 호황을 맞고 있잖니. 또 매일 오는 신문에도 만화가 실려 있고…….

★다양해지는 종이 만화 시장

한국에서 만화의 개념은 압도적으로 일본만화의 영향을 많이 받았다. 만화 하면 만화잡지를 우선 떠올리게 되는 것도 이와 무관하지 않다. 즉, 만화가들의 작품을 월이나 주 단위로 모아 잡지에 싣고, 다시 잡지에 연재된 작품을 묶어서 단행본이나 전작으로 출판하는 형태이다. 〈아이큐점프〉나 〈보물섬〉의 발매일을 기다리던 두근두근한 기분…… 토막토막 연재되는 마지막 한 페이지를 들춘 후 다음 호를 기다리던 간절한 마음은 만화잡지의 가장 큰 매력이었다. 단행본으로 보겠다고 기다릴 수도 있지만, 당장 그 다음 이야기가 궁금하기 때문에 결국 잡지를 사고야 만다.

이와 달리 프랑스 등의 나라에서는 만화를 앨범이라고 해서 일반 단행본을 만들 듯 정성을 쏟는다. 그렇기 때문에 작가에 따라서는 만화책 한 권을 내는 데 1년씩 걸리기도 한다.

그런데 예전에 〈아이큐점프〉 같은 청소년 대상 만화잡지가 만화 시장을 주름잡았다면 요즘에는 만화를 싣는 매체의 종류와 독자층, 소재가 무척 다양해졌다. 먼저 매체를 살펴보면 기존의 만화 전문 잡지나 출판사 외에도 일반 출판사에서 단행본 만화책을 출판하는 경우가 압도적으로 늘어났다. 그 중 강풀의 〈순정만화〉^{문학세계사}, 홍승우의 〈비빔툰〉^{문학과지성사}, 심승현의 〈파페포포 메모리즈〉^{홍익출판} 사처럼 베스트셀러가 된 만화들도 적지 않다. 정연식의 〈달빛구두〉 ^{휴머니스트}, 장차현실의 〈엄마, 외로운 거 그만하고 밥 먹자〉^{한겨레출판} 등 인문·문학 전문 출판사들도 만화 출판에 점점 더 많은 관심을 갖고 있다.

만화 전문 잡지가 아닌 일반 매체, 즉 신문이나 잡지, 사보 등 만화를 발표할 수 있는 매체는 무수히 많다. 허영만의 〈식객〉은 동아일보에 연재했던 것을 김영사에서 묶어 단행본으로 출간했다. 이 외에도 지금 만화가를 꿈꾸는 청소년들이 현역으로 등장하는 미래에는 어떤 매체가 어떤 영향력을 갖게 될지는 누구도 단언할 수 없다. 현재의 시장구도가 뒤집어질 수도 있다. DMB가 활성화되어 기존 잡지시장보다 훨씬 커질 수도 있는 것이다. 앞으로 만화 분야에서 일하고 싶다면 이런 새로운 가능성에 항상 눈과 귀를 열어둬야 한다.

단행본에는 연재물을 모아서 만드는 경우 외에, 출판사 기획자가 구체적인 내용과 형식을 지정하고 만화가에게 의뢰해서 만들어지는 기획만화가 있다. 요즘 뜨고 있는 대표적인 기획만화가 학습만화다. 만화가가 기획해서 책을 낼 때는 대개 만화가가 기획부터 스토리, 캐릭터, 원고 제작까지 모든 일을 전담한다. 먼저 만화가는 기획, 스토리, 캐릭터, 샘플 원고를 담은 기획안을 만들어서 출판사나 여러 매체를 찾아다니며 가능성을 타진한 후에 조건이 맞는 곳과 계약을 한다. 계약이 이루어지면 만화가는 스토리와 만화원고를 제작하고 원고를 마감해서 넘기고, 출판사는 작가의 동의 아래 검토하고 수정하여 출판하게 된다.

출판사에서 기본적으로 기획과 스토리를 정하는 기획만화의 경우

출판만화 분야는 코믹 명랑물 외에도 학습만화, 카툰 에세이, 시사만화까지 다양하다. 왼쪽부터 〈파페포포 메모리즈〉, 〈순정만화〉, 한겨레에 연재 중인 장봉군의 시사만화.

에는 작가의 색깔이 감추어지거나, 전면에 드러나지 않고 평면화될 우려가 있다. 하지만 출판사의 기발한 기획을 통해 만화가의 개성이 십분 발휘된 결과물을 낼 수 있다면 이보다 좋은 경우는 없다. 이원복 교수의 베스트셀러인 〈먼 나라 이웃나라〉와 같은 것이 기획자와 만화가의 역량이 성공적으로 결합된 대표적인 작품이다.

테마와 대상 연령층의 다양화도 눈에 띄는 변화다. 학습만화 외에 장차현실의 〈엄마, 외로운 거 그만하고 밥 먹자〉나 홍승우의 〈비빔툰〉 같은 생활만화, 〈파페포포 메모리즈〉 같은 카툰에세이, 신문의 한 컷을 주로 그리는 시사만화, 김태권의 〈십자군 이야기〉까지 만화의 소재는 기존의 경계를 허물며 다양하게 발전하고 있다.

일본은 50대가 보는 만화, 기업만화, 샐러리맨을 위한 만화, 정치인을 위한 만화까지 대상과 테마가 무척 세분화되어 있는 데 비해, 한국은 지금까지 중고생을 대상으로 하는 코믹스가 주류를 이루었다. 하지만 의사 박성진의 〈진료실 엿보기〉처럼 앞으로는 각 분야의 마니아나 전문가를 위한 만화가 사랑받는 시대가 온다는 것이 관계자들의 시각이다. 그렇게 되면 군인, 교사 등 전문 직업인을 위한 만화가 등장할 수도 있다. 직업뿐 아니라 중고생, 초등학생, 아줌마,

종이 만화   만화 전문 잡지 연재
비만화전문 잡지, 신문 등에 연재
단행본

인터넷 · 모바일 만화   만화 전문 포털에 연재
일반 포털에 연재
홈페이지 · 블로그에 연재

노인들이 보는 만화 등 연령에 따라서도 점점 세분화될 것이다. 그런 점에서 만화책의 테마는 이루 다 헤아릴 수 없을 만큼 많다. 지금 나오고 있는 것뿐 아니라 우리 주변의 무한한 소재가 미래의 만화가들을 기다리고 있다.

★새롭게 떠오르는 인터넷의 파워

단행본과 만화 전문 잡지에 연재하는 방법 외에도 만화를 연재하는 길은 얼마든지 있다. 다양한 잡지나 화보, 신문에 만화를 연재할 수도 있고, 요즘은 인터넷을 통해 직접 독자와 만나는 경우도 많다. 특히 인터넷은 만화가를 꿈꾸는 많은 예비 만화가들이 독자와 직접 만날 수 있는 고마운 매체이기도 하다. 고필헌, 박수인 등이 인터넷을 통해 뜬 대표적인 스타 만화가들이다. 고필헌은 알타리라는 사이트를 열어 연재하는 한편, 〈카툰불패〉 등을 디시인사이드에 올려 네티즌들의 눈도장을 받았다. 특히 그의 만화에 등장하는 기상천외한 대사들은 이른바 '고필헌 어록'이라고 해서 네티즌들 사이에서 큰 화제를 모으기도 했다. 신인들뿐 아니라 요즘에는 정연식, 김동화

등 유명 만화가들도 다음이나 파란닷컴 같은 대형 포털사이트를 통해 작품을 발표하는 것이 일반적이다.

사실 인터넷에 대해서는 출판시장을 갉아먹고 있다는 비판여론도 적지 않다. 그러나 인터넷의 발전으로 출판만화 시장이 대폭 작아졌다고는 하지만, 만화를 담는 매체의 변화와는 별도로 콘텐츠 자체에 대한 수요는 앞으로도 더욱 커진다는 것이 전문가들의 공통된 견해다. 이런 상황에서 출판만화 종사자들도 독자들의 달라진 성향에 맞춰 인터넷을 적극적으로 이용하는 방향으로 생존전략을 구사하고 있다. 구체적으로 〈아이큐점프〉와 같은 잡지들은 포털사이트를 통해 유료 서비스를 한다.

인터넷 만화의 가장 큰 특징은 원한다면 누구나 자신의 만화를 공개할 수 있다는 것이다. 요즘에는 인터넷 카페나 동호회 등에서 만화가를 지향하는 사람들이 만나 서로의 작품을 평가해주고, 의견을 나누며, 격려를 주고받는 등 발전적인 관계를 맺고 있다. 강풀의

인터넷으로 먼저 독자와 만나서 큰 히트를 치는 만화들이 늘어가고 있다. 위에서부터 고필헌의 〈감격브라다쓰〉와 김풍의 〈폐인가족〉.

제1회 청소년 문화콘텐츠 창작 페스티벌 '공상이상' 대상 수상작 〈新 견우와 직녀〉.

〈순정만화〉처럼 인터넷에 연재했던 콘텐츠를 다시 책으로 만들어내는 인터넷과 출판의 동거도 만화시장에 하나의 새로운 가능성을 제시했다는 점에서 의미가 크다. 〈순정만화〉는 사실 인터넷이 없었다면 세상의 빛을 보지 못한 채 그대로 묻혀버렸을지도 모른다. 강풀은 자신의 홈페이지를 통해 연재하기 전에 200여 군데 출판사에 원고를 들고 갔지만 그림이 다듬어지지 않았다는 이유로 외면당했다고 한다. 그래서 별 기대 없이 홈페이지에 올렸는데, 그것이 얼마 안 가 방문자 수가 10만 명을 넘기는 등 공전의 히트를 친 것이다. 이른바 전문가의 눈이 찾지 못한 것을 독자들이 찾아낸 셈이다.

창작만큼 중요한 잉태기 | 기획과 계약

모든 창작물들이 그렇듯 만화도 기획이 아주 중요하다. 기획 단계에서 만화의 성공과 실패가 판가름된다고 해도 과언이 아니다. 왜냐하면 리모컨 버튼 하나만 누르면 바로 펼쳐지는 TV의 세계와 비교할 때 만화는 '수고스럽게 찾아서 보는' 매체이기 때문이다. 일상의 한 요소가 아니라, 일부러 찾아서 봐야 한다는 점에서 만화책은 타 매체보다 비교적 '마니악' 하다고 할 수 있다. 그런 만큼 독자들의 구미를 당기고 적극적으로 찾아서 보게 하기 위해서는 신선하고 흥미로운 기획이 중요하다.

인터넷에 연재하는 경우를 제외하면 대부분의 만화가들은 원고 작업을 시작하기 전에 출판사나 해당 매체와 계약을 맺는다. 만화 출판이라는 것이 혼자 처리하기에는 굉장히 복잡하기 때문이다.

구체적인 만화의 제작 단계와 과정을 여러 매체 가운데 출판사의 경우를 예로 들어 설명해보자. 만화가가 출판사와 원고 계약을 맺고 나면 비로소 실질적인 원고 작성에 들어간다. 이 초기 단계에서는 만화기획자, 만화잡지 기자, 만화 스토리작가, 만화가가 함께 작업을 시작하여 제작과 출판에 이르기까지 모든 작업에 관여한다.

★만화기획자

'좋은 만화'를 만드는 데는 만화가의 훌륭한 솜씨도 중요하지만, 첫 단추를 끼우는 기획자의 능력도 무시할 수 없는 요소다. 특히 〈마법천자문〉, 〈만화로 보는 그리스로마신화〉 등과 같은 학습만화에서는 기획이 성패를 좌우한다고 해도 과언이 아니다.

1990년대부터 아동전문 출판사에서 시작된 국내의 학습만화는 2000년 들어 최고의 베스트셀러를 기록한 가나출판사의 〈만화로 보는 그리스로마신화〉^{이하 그리스로마신화}의 성공을 시작으로 그 규모가 급상승하면서 출판만화 시장의 판도까지 바꿔놓았다. 지금까지 22권의 시리즈물로 출판된 이 만화의 성공 요인은 무엇보다도 기존의 것들과 차별화된 '기획'의 힘에 있었다. 교재는 재미없고 딱딱하다는 편견을 뒤엎고 흥미진진하고 재미있는 만화로 거듭난 결과물 덕분에 만화에 대해 일부 어른들이 갖고 있던 오해도 풀렸다. 동시에 만화가 교육 자료로서 아주 효과적이라는 사실이 널리 퍼지는 결정적 계기가 되었다. 그 후 다양한 교양만화들이 쏟아져 나왔고, 〈순정만화〉나 〈파페포포 메모리즈〉와 같은 만화책은 성인들 사이에서도 인기를 끌면서 장기 베스트셀러로 집권했다.

사실 출판계에서 기획자와 편집자가 전혀 다른 영역의 작업을 하는 것은 아니다. 군이 역할이라는 측면에서 구분하자면 기획자는 아이템의 발상, 원고의 요청과 입수까지의 작업을 관리하고, 편집자는 원고를 입수한 후에 교정교열부터 출판까지 책임지는 것이 주된 업무라고 볼 수 있다. 하지만 기획자가 편집을 할 수도 있고, 반대로 편집자가 기획자의 역할까지 하는 경우도 적지 않다.

기획자의 역할에서 가장 중요한 것은 아이템을 구상하고 스토리라인을 짜는 것이다. 이 작업이 끝나면 아이템에 맞는 작가를 섭외하고 원고를 요청하게 된다.

만화기획자가 갖추어야 할 가장 기본적인 소양은 만화를 좋아하고, 만화시장의 유행과 변화의 흐름을 읽을 수 있는 눈을 갖는 것이

만화

다. 아이디어가 번득이고 부지런한 성격이라면 누구나 만화 기획을 할 수 있다. 요즘엔 프리랜서로 활약하는 만화가나 스토리작가가 직접 기획한 내용을 출판사에 제안하는 경우도 있다.

만화기획자가 되는 데 특별한 방법이 있는 것은 아니다. 일반적으로 출판만화 기획자 양성 프로그램을 두고 있는 대학의 만화 관련 학과나 전문 교육기관에서 기초적인 지식을 쌓은 후에 만화출판 업계에 취업하는 경우가 많다. 이 외에 출판계에 익숙해지기 위해서 출판사의 만화편집자로서 먼저 경험을 쌓는 것도 좋은 방법이다. 무엇보다도 만화, 책, 영화 등을 두루 섭렵하여 작품을 보는 눈을 기르고 다양한 경험을 통해 창작의 밑거름을 마련하는 것이 중요하다.

달리　삼촌은 왜 '만화잡지 기자'라는 직업을 택했어요? 만화를 정말 좋아한다면 창조적인 일을 하는 것이 더 보람 있지 않나요?

삼촌　하하하, 기자가 보람 없는 직업 같니? 이거, 달리에게 실망인 걸.

달리　앗, 삐지셨어요? 그냥 느낀 대로 얘기한 건데…….

삼촌　아니, 너에게 좀더 자세히 가르쳐줘야겠다는 의지가 활활 타오르는 걸? 그럼 만화잡지 기자에 대해 알아보자.

★만화잡지 기자

하라 히데노리의 만화 〈언제나 꿈을〉에는 만화가 지망생이 주인공으로 나온다. 이 작품을 보면 만화가 어떤 배경으로 만들어지는지, 그 과정이 얼마나 힘들고 어려운지 짐작할 수 있다. 〈언제나 꿈을〉을 부정적으로 보는 시각도 있기는 하지만, 만화가와 만화잡지 기자의 관계에 관한 한 아주 현실적으로 묘사하고 있다.

먼저 만화잡지가 만들어지는 과정을 살펴보자. 우선 만화가가 그린 원고를 가지고 잡지사를 찾아가서 담당 기자와 상담을 한다. 내용 등 모든 면에서 잡지에 싣기에 적합한지 여부는 기자와 편집장이 회의를 통해 결정한다. 이 과정에서 그림이나 스토리를 조율하기도 한다. 수정된 원고가 잡지의 성격에 잘 맞는다는 결론이 나면 드디어 인쇄되어 지면에 실린다. 이렇게 해서 만화가는 연재가 끝날 때까지 일을 계속할 수 있고 어느 정도 양이 쌓이면 단행본으로도 출간된다. 만화가의 작품이 잡지에 실리기까지는 많은 노력이 필요하다. 특히 신인 만화가의 경우에는 잡지 데뷔가 큰 기회가 되기 때문에 모두 엄청난 노력을 기울인다.

만화잡지 기자와 만화가는 떼려야 뗄 수 없는 사이이다. 마치 연예인의 손발이 되어 움직이는 매니저와도 같이, 기자는 만화가의 생활과 심리 상태까지 관리해주고 용기를 북돋워주는 중요한 역할을 하고 있다. 이 직업을 좀더 정확한 용어로 바꾸면 '만화잡지 편집기자'로서 만화작가들을 관리하는 사람이다. 만화잡지사는 작가마다 각각의 담당 기자를 두고 있는데 보통 만화잡지 하나에 3~6명의 기자가 소속되어 있다. 대형 만화가가 많은 일본에서는 만화가 한 명을 관리하는 기자가 두세 명씩 있는 경우도 있다.

만화잡지 기자들은 만화가들이 마감을 잘 지켜 해당 페이지가 빈 채로 나가지 않도록 관리하며, 신인 작가를 발굴하고 육성하거나, 기성 작가와 함께 만화를 기획하고 만들어 나간다. 그런 점에서 작가들과 친밀한 유대관계를 유지하는 것이 중요한 업무 가운데 하나다.

일단 만화 연재가 시작되면 독자의 반응을 살피면서 스토리의 흐름이나 그림체의 변화 등을 만화가와 상의해 독자가 더욱 좋아할 만한 방향으로 유도하는 일도 한다. 만화 원고에 대사를 붙이고, 인쇄용 필름을 만드는 것도 만화기자의 중요한 업무이다.

이 외에 하루 종일 만화를 보는 것도 만화기자의 일이다. 물론 자기가 보고 싶은 것만 골라서 편식하는 것이 아니라, 출판하기에 적합한 만화들을 검토하는 것이다.

이런 이야기를 들으면 너무 편하고 재미있는 직업일 것 같지만 적어도 한 달에 일주일은 밤 10시 이후에 퇴근하고 밤샘도 밥 먹듯 한다. 또 마감을 위해 하루 종일 돌아다녀야 하는 일도 많기 때문에 육체적으로도 힘든 직업이다. 하지만 힘든 만큼 보람도 크고, 만화를 좋아하는 사람에게는 최상의 직업이라고 할 수 있다

만화잡지 기자가 되기 위해서는 잡지사의 입사 면접이 가장 중요한 관문이다. 면접에서는 지원자가 얼마나 만화를 좋아하는지 테스트한다. 면접에 대비해 준비할 것은 오직 한 가지, 만화에 대한 열정과 해박한 지식이다. 이 외에 업무상 작가와 친밀한 유대를 맺기 위해서는 대인관계도 좋아야 하고 과중한 업무를 이겨낼 수 있는 체력도 뒷받침되어야 한다.

달리 만화가와 만화잡지 기자는 아주 밀접한 관계에 있군요. 일은 힘들어도 만화가 나오면 뿌듯할 것 같아요.

삼촌 당연하지. 그리고 자신이 발굴한 신인 만화가가 성장하는 모습을 지켜보는 것도 보람 있는 일이지.

달리 삼촌. 만화 그리는 모습을 직접 보고 싶어요.

삼촌 안 그래도 지금 만화가 K씨의 작업장으로 갈 시간인데…….

달리 K씨요? 제가 정말 좋아하는 만화간데!! 너무 신나요.

달리와 삼촌은 인기 만화가 K씨의 작업실을 찾아갔습니다. 역시나 마감 전의 작업실은 정신이 없군요. 원고에 집중하고 있는 K씨와 스토리작가 M씨, 그리고 여러 명의 어시스트가 바쁘게 일을 하고 있습니다. 삼촌은 사람들과 인사를 나누고 방해가 안 되도록 주의하면서 달리에게 작업 현장 여기저기를 구경시켜주었습니다.

고통과 희열이 함께하는 창작기 | 원고의 제작

만화가 하면 아이디어가 떠오르지 않아서 머리를 쥐어뜯거나 애써

그린 원고를 구겨버리는 이미지를 먼저 떠올리는 사람들이 많을 것이다. 그만큼 창작은 힘들고 고독한 과정이다.

만화를 그리고 스토리를 만들어서 전개시키는 것은 온전히 작가의 몫이다. 만화가는 혼자서, 혹은 스토리작가와 함께 아이템을 설정하고 구성을 짠다. 이 과정에서 그리고 싶은 그림과 내용을 대략적으로 표현해보고 그것을 이용해 구체적인 스토리로 발전시켜 나간다. 그 후 캐릭터를 설정하게 되는데, 주인공을 비롯한 등장인물들의 특징이나 성격을 세밀하게 설정할수록 탄탄한 작품의 기반이 된다.

기획 단계가 끝나고 나면 잡지의 1회 연재분이나, 할당된 양만큼의 스토리에 따라 만화 콘티를 짜고 각 컷들을 나누어 본그림을 그릴 준비를 한다. 이 콘티를 바탕으로 등장인물들이 나오는 밑그림을 그리고 원고를 완성해 나가는 것이다.

★만화 스토리작가

영화에 시나리오 작가가 있듯이 만화책에도 스토리작가가 있다. 스토리작가는 만화를 구성하는 3요소인 그림, 연출, 스토리 가운데 '스토리'를 담당한다. 만화의 본질은 스토리에 있다. 아무리 그림이 좋아도 스토리가 엉성하면 독자들의 외면을 받을 수밖에 없다.

만화 산업의 발전과 더불어 만화가 혼자서 기획·구성·그림까지 모두 담당하던 이전 방식으로는 일을 하기가 무척 힘들어졌다. 특히 요즘은 기획만화가 인기를 끌면서 출판사가 원하는 스토리를 전문적으로 써낼 수 있는 스토리작가의 수요가 훨씬 더 커지고 있다. 이런 시대적 니즈에 부응해 탄생한 직업이 바로 '만화 스토리작가'이다. 즉 이전 만화가의 역할이 그림작가와, 기획 및 스토리 구성을 담당하는 스토리작가로 분화된 것이다. 만화책 표지에 두 명의 작가 이름이 실린 것들은 거의 그림작가와 스토리작가가 따로 있다고 생각하면 된다.

　일본의 유명한 기획만화 〈맛의 달인〉은 음식을 소재로 한 만화책의 대명사라고 할 수 있다. 이 만화는 단순히 흥미를 끄는 소재로서 음식 이야기를 다루는 것이 아니라 세계의 문화를 음식으로 설명해 주는 대단한 역할까지 자처하고 있다. 그런 방대한 양의 정보와 내용으로 볼 때 스토리작가와 그림 작가가 따로 작업하는 현재의 분업이 적절하다. 탄탄한 스토리로 해외에서도 인정받고 있는 인기 만화 〈신암행어사〉윤인완, 양경일도 스토리작가가 따로 존재한다. 우리나라에도 많은 팬을 거느리고 있는 일본의 만화가 우라사와 나오키도 〈몬스터〉나 〈21세기 소년〉 등에서 스토리작가와 함께 작업했다.

　만화 스토리작가들은 대부분 프리랜서로 활동하기 때문에 작업을 하는 데 사공간의 제약이 덜한 편이다. 다만 출판사나 잡지사의 편집부와 함께 일할 때는 일정 주기마다 마감 시간과 작업실이 정해지기도 한다. 스토리작가는 자유를 보장받는 대신 능력에 따라 수입도 천차만별이므로 부지런히 연구하고 연습해서 좋은 결과물을 만들어내는 것이 중요하다.

　만화 스토리작가가 되는 방법에는 어떤 것이 있을까? 가장 기본적이고 많은 사람들이 택하는 방법은 유명 작가의 문하생으로 들어가는 것이다. 이 길은 많은 경험을 할 수 있다는 장점이 있다. 작가뿐 아니라 먼저 들어온 선배 문하생에게 배울 수 있는 것도 엄청나다. 만화 자체의 기술적인 측면은 물론이고 직업에 대한 마음가짐이나 태도를 배울 수 있는 좋은 기회다. 그렇게 인연을 맺은 사람들이 귀중한 재산이 되기도 한다.

현재 우리나라에 글로 모든 것을 표현하는 만화 스토리를 전문적으로 교육하는 만화학원은 거의 없다. '우리만화연대' 등에서 주최하는 만화 스토리작가 교육 과정 정도가 전부이다. 하지만 스토리작가에 대한 수요가 커지면서 청강문화산업대 등 관련 학교에 앞으로 전문 교육 과정이 개설될 예정이다.

스토리작가로 일하겠다는 결심이 단단히 섰다면 대학의 문예창작과나 극작과에 가서 공부하는 것도 도움이 될 것이다. 시나리오 교육원도 마찬가지 맥락에서 추천할 만하다. 하지만 글만 잘 쓴다고 되는 것은 아니기 때문에 그림에 대한 영상적인 감각을 동시에 기를 필요가 있다.

스토리작가가 되려면 탄탄한 스토리의 배경을 구성할 수 있는 인문학적 소양이 풍부해야 한다. 그러므로 끊임없이 공부하고 사회 전반의 현상에 대해 항상 안테나를 세워둬야 한다. 특히 만화의 소재에 대해서는 전문가가 못지않은 식견을 가질 필요가 있다. 요즘 애니메이션이나 만화의 수준이 떨어지고 있다고 한탄하는 목소리가 높은데, 그 이유는 바로 스토리가 엉성하기 때문이다. 가리야 데쓰의 〈맛의 달인〉 같은 경우도 스토리가 탄탄하기 때문에 장장 60여 권까지 나오기까지 수년씩 독자들의 식지 않는

요즘은 만화가와 스토리작가가 따로 있는 만화들이 많다. 탄탄한 스토리로 인기를 얻은 〈신암행어사〉도 스토리작가와 그림작가가 따로 존재한다.

관심을 받을 수 있었다.

　아직까지 우리나라에서 스토리작가로서 누구나 인정할 만한 역량을 갖춘 사람은 극소수다. 그런 만큼 만화계는 지금 능력 있는 신인 스토리작가의 탄생을 애타게 기다리고 있다.

★ 만화가

　만화가는 만화를 그리는 사람이다. 하지만 만화가가 하는 일은 그리 단순하지 않다. 스토리작가가 따로 존재하는 경우도 있지만 아직도 대부분의 만화가는 자신의 이야기를 자기가 직접 그려서 표현하고 싶어한다. 그런데 만화가는 슈퍼맨이 아니다. 만화가 1인 체제에서도 완벽한 작품을 만들어낼 수 있다면 최고의 만화가이겠지만, 모든 만화가가 그래야 한다는 법칙은 있을 수 없다. 그런 이유로 요즘은 만화 제작 과정에서 분업이 활발하게 이루어진다. 이현세, 허영

만화

만 등 중견 만화가들 가운데는 문하생을 두는 경우도 흔하다.

만화가는 점점 선망의 대상이 되고 있다. 성공에 따른 막대한 물질적 보상보다 자신이 좋아하는 분야에서 능력을 마음껏 펼칠 수 있다는 점에 끌리는 것일 테다. 그러나 겉으로는 화려해 보이지만 현실은 결코 그렇지만은 않다. 만화가는 창작을 하는 사람이다. 당연히 창작의 고통이 뒤따른다. 머릿속을 떠도는 숱한 이미지들이 원고로 나오기까지 몇 백 장의 구겨진 종이들이 작업실 바닥을 채운다. 원고를 작성하는 데 걸리는 시간은 작가마다 천차만별이다. 다작으로 유명한 박봉성 만화가의 경우는 거의 기업형으로 만화책을 '찍어내는' 것에 가까웠다. 반면 작가의 개인적인 사정 때문에 몇 년에 한 권씩 간신히 책이 나오는 경우도 있다.

그나마 단행본의 경우는 시간적 제약이 덜하지만, 일주일, 혹은 한 달에 한 번씩 실리는 매체의 경우에 마감마다 겪게 되는 정신적·육체적 스트레스는 엄청나다. 장차현실의 만화 〈별 아이, 현실엄마〉를 보면 마감 때마다 머리털이 꼿꼿이 설 정도로 신경이 팽팽해지는 작가 자신의 모습이 종종 등장한다. 거의 대부분의 만화가들이 이런 '마감 증후군'을 겪는다고 하니 만화가를 택하고자 하는 사람이라면 웬만한 스트레스에는 꿈쩍도 하지 않을 만큼 강한 정신력을 키워야겠다.

어떻게 하면 만화가가 될 수 있을까? 단지 그림을 잘 그린다고 해서 만화가가 될 수 있는 것은 당연히 아니다. 우선 만화라는 매체를 이해할 필요가 있다. 만화는 단순한 그림책이 아니다. 영화와 마찬가지로 컷과 컷이 나누어져 있고, 만화만의 엄연한 문법도 존재한다. 만화를 좋아하고 이해해야만 그런 규칙들을 파악하고 이용할 수 있다. 거기에 상상력도 필요하다. 특히 연재되는 만화를 애타게 기다리는 독자

만화는 육체적·정신적으로 무척 고되고 힘든 작업이다. 또 그만큼 보람 있는 작업이기도 하다. 장차현실의 〈작은 여자 큰 여자〉(왼쪽)와 〈별 아이, 현실 엄마〉 중.

들의 마음을 몇 년씩 사로잡으려면 신선한 내용의 만화를 계속해서 그려 나가야 하는 것이다. 이때 그림보다 중요한 것은 창의적인 스토리이다. 작가의 상상력과 창의력이야말로 독자를 매혹시키는 가장 큰 요소다. 〈순정만화〉로 대박을 터트린 강풀의 그림은 200여 군데 출판사가 외면할 정도로 '못 그렸다'는 평가를 받았다. 그런데도 엄청난 인기를 끌 수 있었던 이유는 스토리가 매력적이었기 때문이다.

많은 팬을 확보하고 있는 만화가 천계영은 순정만화를 그리고 있지만, 내용 면에서는 기존 순정만화의 공식을 넘어선 자신만의 독특한 개성을 보여준다. 〈언플러그드 보이〉나 〈오디션〉에 등장하는 캐릭터들은 겉모습은 힙합패션이나 피어싱 같은 파격적인 스타일에 가볍고 유머러스하지만, 속으로는 끊임없이 철학적인 고민을 한다. 바로 요즘 세대의 구미에 맞는 스타일을 보여주는 것이다. 이들의 생활이나 가치관은 단순히 연애보다 자신의 꿈을 이루는 과정에 초점이 맞추어져 있다. 주인공들의 쿨한 모습은 식상한 만화에 지겨워진 독자들의 마음을 사로잡았다. 작가의 창의력이 독자에게 얼마나 큰 영

그림 실력보다 중요한 것은 창의력이다. 〈오디션〉의 작가
천계영은 기존 순정만화의 틀을 벗어나 신세대가 원하는
것을 잘 짚어냈다는 평을 받고 있다.

향을 끼치는지 잘 보여주는 예라고 할 수 있다.

　또 하나, 끈기를 빼놓을 수 없다. 아무리 재능이 뛰어난 작가라도 창작 과정이 길어지면 슬럼프를 겪을 수 있다. 훌륭한 작가가 되려면 그런 역경을 견뎌내는 끈기가 필요하다. 어쩌면 재능보다 끈기가 마지막 승부의 결정타가 될 수도 있다. 힘들다고 쉽게 포기해버리는 성격이라면 아무리 빛나는 재능이라도 소용이 없는 것이다. 훌륭한 만화가가 되려면 무엇보다도 만화를 사랑하고 세상과 사람에 대해 애정 어린 관심의 끈을 놓지 말아야 한다.

　이런 마음가짐이 섰다면 만화가가 되는 방법은 의외로 많이 있다. 만화학원에 등록하거나 대학의 만화 관련 학과로 진학하는 방법, 아마추어 만화동아리에서 동인지를 제작하며 경험을 쌓는 방법, 작가의 문하생으로 들어가 경험을 쌓거나 혼자 독학하는 방법까지. 특히 요즘 많이 생겨나고 있는 대학의 애니메이션이나 만화 관련 전공학과들은 교육 여건이 좋아서 큰 도움이 된다. 대학의 만화학과에서는 색채학, 만화 재료학, 조형 예술론, 미학과 같은 학문적인 영역의 이론수업과 소묘, 정밀 묘사, 일러스트, 컴퓨터 그래픽 같은 실기수업을 병행한다. 작가의 문하생이 되는 것도 실무를 경험할 수 있는 좋은 방법이다. 이 외에 만화학원에서는 만화가가 되는 기본적인 과정뿐 아니라 만화영화의 영역에 해당하는 동화, 선화, 채색, 애니메이터 과정과 출판 부문의 편집, 삽화 등을 배울 수 있다. 단, 학원에서는 대부분 스킬 위주의 수업을 하기 때문에 학원에서 배울 경우에는 스스로 창작해보면서 창의력을 키워 나가야 한다.

그런데 만화에 대한 기본적인 소양을 쌓았다고 해서 곧바로 만화가가 될 수 있는 것은 아니다. 어느 정도 습작을 통해 자신감이 쌓였다면 프로 만화가나 출판 편집자, 기자 등 만화 관련 전문가에게 자문을 구하는 것이 좋다. 그래야 자신에게 어떤 점이 부족한지, 어떤 점을 보충해야 하는지 파악할 수 있고, 습작의 방향을 제대로 잡을 수 있는 법이다.

이런 과정을 거쳤다면 이제 남은 것은 만화가로서의 데뷔다. 자신의 작품을 사람들이 읽게 된다는 것은 작가로서 정말 즐거운 경험이다. 먼저 공모전을 통해 데뷔하는 경우다. 공모전은 출판사가 주최하는 것과 만화행사에서 주최하는 것이 있다. 공모전에 당선되면 출판사의 전폭적인 지지를 받으며 데뷔할 수 있다. 그러나 곧바로 만화가로 활동할 수 있는 것은 아니다. 일정 기간 동안 트레이닝 과정을 거쳐야 한다. 이 과정에서 만화가는 출판사로부터 담당 기자를 배정받고, 원고에 대한 코멘트를 받으면서 작품을 만들어 나간다.

공모전을 통하지 않더라도 작품을 직접 출판사에 가져가 의뢰하는 방법이 있다. 출판사 역시 재능 있는 신예들을 발굴하는 데 관심이 많기 때문에 기회의 문은 언제나 열려 있다. 작품에 자신만 있다면 이런 방법으로 기회를 잡는 것도 좋다. 이 외에도 사보, 신문, 잡지 연재 등 다양한 경우의 수가 존재한다. 요즘엔 강풀의 경우처럼 홈페이지나 블로그, 각종 인터넷 사이트를 통해 등단하는 작가들도 많다. 또 만화가로 전업하지 않고 다른 일을 하면서도 얼마든지 만화를 그

대회명	주최	응모 대상	응모 시기
열린만화 공모대전	Daum 만화	제한없음	1~2월
대원 수퍼만화대상	대원씨아이(주)	제한없음	2~5월
상명공모전	상명대학교	전국 중고교생	4월
전국학생만화공모전	부천만화정보센터	초중고교생	4월
서울문화사 신인만화가 대공모전	서울문화사	제한없음	4~6월
신한캐릭터공모전	(주)신한화구	전국 중고교생	5월
세계청소년만화대전	세종대학교	전국 중고교생	5월
청강전국만화 · 애니메이션 경진대회	청강대학교	전국실업계 및 관련 고교 재학생	5월
세종만화대전	세종대학교	일반 및 학생	5월
청소년 문화콘텐츠 창작 페스티벌 공상이상	한국문화콘텐츠진흥원 · 한겨레	전국 중고교생 및 일반 청소년	5월
한국애니메이션 실기대회 및 공모전	홍익대학교	전국 중고교생	6월
부천만화스토리공모전	부전만화정보센터	제한없음	7월
전국학생게임공모전	공주대학교	중고교생, 대학(원)생	8~9월
가고싶은학교만들기 공모전	행정자치부	초중고교생, 일반 청소년	8~11월
대한민국 창작만화 공모전	한국만화가협회 · 일간스포츠	제한없음	9월
전국 중 · 고등학교미술공모전	예원대학교	전국 중고교생 및 재수생	9월
PASAF 전국 고교 만화애니메이션 대전	부천대학	전국 고교 및 재수생	9월
전국애니캐릭터아산공모전	한양대학교	제한없음	10월
호서대공모전, 실기대회	호서대학교	고3 재학생 및 졸업생	10월
전국캐릭터공모전	광주여자대학	전국 중고교생 및 재수생	11월
전국만화대전	인덕대학	전국 중고교생 및 재수생	11월
대한민국 애니메이션대상 공모전	문화관광부 · 한국문화콘텐츠진흥원	제한없음	11월
일러스트레이션전국공모전	한국일러스트레이터 협회	일반인, 고교생	11월

릴 수 있다. 〈파페포포 메모리즈〉의 심승현은 평범한 회사원으로 일하면서 틈틈이 그린 만화를 자신의 블로그에 소개한 것이 대박으로 이어진 경우다. 가능성은 무한한 것이다.

달리   만화가가 되는 길도 꽤 길고 험난한 과정이군요. 재능도 필요하고요. 그런데 스토리작가가 하는 일도 만화가만큼이나 독특하고 매력 있어요! 그림에는 별로 자신 없지만, 재미있는 만화 속 스토리들을 만들어보고 싶거든요. 그런 점에서 스토리작가가 저한테 딱 맞을 것 같아요.

삼촌   보통 만화가가 스토리까지 다 생각해내지만, 스토리작가가 함께했을 때 더욱 완성도 높은 작품이 만들어질 수 있단다. 예를 들어 네가 좋아하는 우라사와 나오키의 만화도 스토리작가와 함께 작업했을 때 또 다른 색깔의 매력을 보여주었잖아. 한 사람이 모든 것을 다할 수 없기 때문에 각자 자신이 잘할 수 있는 분야에서 최선을 다하는 것이 결과적으로 플러스 효과를 낳는 거지.

만화가 K씨와 스태프는 마감을 향해 마지막 열정을 불사르고 있습니다. 그 모습이 달리의 눈에는 아주 근사해 보였습니다. 정말로 좋아하는 일을 하는 사람들의 표정이랄까요. 달리와 삼촌은 작업실을 나와 다시 잡지사로 돌아왔습니다. 들어가는 길에 예쁜 언니가 삼촌에게 아는 척을 합니다. 만화 번역을 하는 분이라는군요.

달리   만화 산업도 분야가 정말 다양한 것 같아요. 만화가의 작품이 책으로 나오기까지 아주 많은 사람들의 힘이 필요하군요. 저 언니처럼 번역하는 사람도 있어야 하고……. 그 밖에 많은 일들이 있겠죠?

삼촌 당연하지. 지금까지 기획과 제작 단계의 직업들을 살펴보았으니, 이제 출판의 과정과 그 밖의 직업들을 알아볼까?

짜릿한 터치의 쾌감기 | 출판

만화책을 출판하는 과정은 다른 책을 출판하는 것과 비슷하다. 먼저 작가가 원고를 완성하면 출판사는 독자들이 읽기 편하게 교열과 교정을 보고, 표지 디자인 등의 포장 작업을 마친 후 인쇄에 들어간다. 그리고 책을 홍보하는 마케팅 과정이 있는데, 인터뷰를 통한 홍보 전략이 가장 많이 쓰인다. 기타 신문, 방송, 잡지 등의 매체를 통해 홍보하기도 하며, 요즘엔 인터넷을 이용한 홍보도 큰 비율을 차지하고 있다.

이 단계에서 활약하는 사람으로는, 만화편집자, 외국만화 번역가, 만화평론가, 만화가 매니저 등이 있다.

★만화편집자

만화편집자는 만화가에게서 원고를 받은 후 책으로 출판되기까지의 모든 과정을 책임진다. 즉 만화책 제작에서 후반 과정의 총책임자라고 할 수 있다. 만화잡지사에서 편집자는 기자들이 낸 의견들을 총괄하여 전체적인 편집 방향을 조율하고 홍보에도 참여한다. 또한 만화가의 원고료를 책정하는 일을 하기도 한다.

만화 편집자가 되려면 우선 만화잡지 기자로 일하면서 적어도 수년간 경험과 노하우를 쌓아야 한다.

★외국만화 번역가

〈20세기 소년〉, 〈베가본드〉, 〈반항하지 마〉 등 최고의 인기를 누리고 있는 일본만화들을 번역한 서현아 씨는 요즘 만화 출판사들이 무척 선호하는 번역가들 가운데 한 명이다. 진정한 만화 마니아를 자청하는 사람들 중에는 번역가를 염두에 두고 만화를 선택하는 경우도 있는데, 그런 독자들이라면 '서현아' 라는 이름이 낯설지 않을 것이다. 서현아 씨는 원래 만화가 지망생이었지만 사정이 여의치 않아포기할 수밖에 없었다. 하지만 만화에 대한 애정만은 버릴 수 없어결국 만화 번역가의 길을 선택했다고 한다.

서현아 씨의 경우처럼 만화에 대한 애정만 충분하다면 만화가가아니라도 만화와 관련된 직업을 찾아서 자신의 재능을 발휘하는 것은 얼마든지 가능하다. 만화 번역가란 말 그대로 외국 만화를 우리나라의 여건과 상황에 맞게 적절한 언어로 번역하는 사람이다.

번역자가 누구냐에 따라 같은 작품이라도 번역된 결과물은 180도달라질 수 있다. 특히 그림과 대사로 이루어진 만화에서 번역 작업은매우 중요하다. 단순히 외국어를 잘 읽고 이해한다고 해서 누구나 번역가가 될 수 있는 것이 아니다. 만화 번역은 단지 글의 내용을 사전적으로 해석하는 것이 아니라 원작자의 의도를 잘 전달할 수 있도록우리말로 바꾸는 과정에서 작품에 숨결을 불어넣어야 하기 때문이다.

번역 일을 하는 방법에는 일반적으로 출판사에서 개인적으로 일을 받는 프리랜서와 번역회사에 소속돼 회사에서 따온 번역물을 맡아서 하는 두 가지 경우가 있다. 뿐만 아니라 직접 번역할 만한 가치가 있는 만화를 찾아 능동적으로 출판사에 제안할 수도 있다.

외국만화 번역가는 기본적으로 유창한 외국어 실력과 그에 못지않은 한국어 실력을 갖고 있어야 한다. 외국어를 우리말로 바꾸는 과정은 '제2의 창작'이므로 상황에 맞게 적절한 우리말을 찾는 노력이 필수이다.

외국만화 전문 번역가가 되는 특별한 방법은 없으며, 인맥을 통해 출판사와 인연이 닿아 일을 시작하거나 직접 만든 번역 샘플을 출판사에 들고 가서 스스로를 어필하고 일감을 찾을 수도 있다. 현재 만화 번역가를 교육하는 전문 기관이나 학과는 없지만, 기본적으로 만화를 많이 보고, 번역 습작을 지속적으로 해나가는 것이 중요하다.

번역가 서현아 씨는 만화 번역에서 어학능력보다 중요한 것은 그 나라의 문화에 대한 이해라고 말한다. 극 전개의 기반이 되는 문화적 배경들을 틈틈이 공부하고, 독자들에게 제대로 전달할 수 있어야 좀 더 부드럽고 품위 있는 번역이 가능하며 좋은 만화책이 탄생할 수 있는 것이다.

★만화평론가

어떤 창작물에든 평론가는 존재한다. 평론가는 독자보다 먼저 작품을 경험하고 독자를 대표해 그에 대한 평가를 내린다. 그런 평가들은 작가나 독자 모두에게 큰 도움이 된다. 단순한 혹평이나 칭찬 일색이 아닌 객관적인 눈으로 바라본 결과물로서의 평론에 한해서 말이다. 그런 좋은 평론을 쓰기 위해서는 많은 노력이 필요하다.

　만화평론가가 되기 위해서는 먼저 만화와 만화가에 대해 관심을 가져야 한다. 당연히 작품도 읽어봐야 한다. 동시대의 만화는 기본이고 예전 만화와 외국의 만화에도 골고루 꾸준한 관심을 갖는 것이 매우 중요하다. 만화에 대한 관심이 몸에 배어 있다면, 그 다음으로 준비할 것이 인문학적 소양을 갖추는 일이다. 그런 점에서 대학에서 인문사회 계열의 언어학, 기호학, 영상학, 미디어 이론, 미학 등을 학습하는 것이 훌륭한 평론 쓰기에 도움이 된다. 미술작법과 소재 등에 대해서도 기초적인 지식과 관심이 필요하다. 또한 문화 산업과 콘텐츠, 미디어 기기 등에 대한 폭넓은 이해도 중요한 요소다.

　만화평론가의 주 업무는 집필이지만 때로는 각종 자문, 연구, 관련 행사 기획 등을 주관하기도 한다. 만화평론은 일반적으로 신문, 잡지, 서적 등의 매체를 통해 발표된다. 최근에는 웹진, 인터넷 커뮤니티, 블로그, 개인홈페이지 등 인터넷을 매개체로 적극적인 활동을 펼치는 이들도 많다

　만화가에 대한 치밀한 분석과 이해가 필요하다는 점에서 만화 기자 등 관련 분야 일을 하다가 만화평론가로 데뷔하는 것도 권장할 만하다. 대표적인 예가 일본의 유명한 나쓰메 후사노스케夏目房之介다. 그는 만화잡지 기자였다가 만화가가 된 사람으로, 기자 일을 하면서 틈틈이 썼던 칼럼들이 인기를 얻으면서 평론가의 길을 걷게 되었다. 그는 정식으로 평론을 공부한 사람도 아니었다. 그럼에도 평론가로서 높은 평가를 받게 된 이유는 만화에 대한 무한한 애정이 있었고, 만화의 표현 양식이나 사상에 대한 이해가 매우 깊었기 때문이다. 나쓰메의 저서들 가운데 1970년대에 기고했던 칼럼을 모은 《나쓰메

후사노스케의 만화학夏目房之介の漫畵學》에는 그의 초기 연구들이 집대성되어 있다. 주로 만화 '경향'의 변화와 당시 급변했던 컷 분할 양식에 대한 이야기들이 실려 있는데, 이 책은 지금까지도 만화학 분야의 훌륭한 참고자료로 쓰이고 있다.

★만화가 매니저

직접 만화가가 되지 않고, 만화가와 친구가 되는 방법이 있다. 바로 만화가 매니저의 길을 걷는 것이다. 만화가 매니저는 신인을 발굴하고 그들이 성장할 수 있게 도와주면서, 작품에 대한 사업적 부분을 담당한다. 작가의 인터뷰나 스케줄을 조정하고 관리해주는 일을 하기도 한다. 매니저가 이런 일들을 처리해주기 때문에 만화가는 다른 일에 신경 쓰지 않고 작품에 몰두할 수 있다. 요즘에는 만화 콘텐츠가 드라마나 방송, 캐릭터 산업에까지 진출하는 경우가 많기 때문에 매니저의 일은 점점 더 중요해지고 있다. 매니저는 작가와 인간적 교류를 갖는 동시에 사업적인 수완을 갖추어야 한다.

우리나라에서 현재 전문적인 만화가 매니저로 활동하는 사람은 극소수다. 몇몇 소규모 매니지먼트사만이 활동하고 있는 실정이다. 만화가 매니저가 되고 싶다면 일단은 매니지먼트사에 취업하여 실무 경험을 쌓는 것이 가장 빠른 방법이다.

끝으로 만화 산업을 지탱하는 핵심 요소로 빼놓을 수 없는 것이 독자이다. 만화를 사랑하고 끊임없이 관심을 가져주는 대중이 없다면 만화 산업은 성립될 수 없다. 설사 만화를 직업으로 삼아 생계비를 벌진 못하더라도, 진정으로 만화를 좋아한다면 독자로서 평생 즐기면서 사는 방법도 있다.

달리 외국어를 잘하고 만화를 좋아한다면 번역가도 너무 재미있을 것 같아요. 국내의 독자들에게 작품을 소개한다는 점에서 보람도 크고요.

삼촌 그렇지. 하지만 외국어에 능통하다고 해서 모두 훌륭한 번역가가 될 수 있는 것은 아니야. 외국어 실력보다는 문학적인 소양이 더 중요하지. 그만큼 우리말로 얼마나 자연스럽게 표현할 수 있느냐가 관건이니까.

달리 아! 만화평론가들도 많이 있잖아요? 그분들도 글을 아주 잘 쓰던 데요.

삼촌 평론가는 글로 자신을 표현해야 하니까. 그리고 그들은 만화를 단지 재미로 보는 것이 아니라 하나의 문화 현상으로, 연구하는 자세로 바라보지.
자. 대강 네가 좋아하는 만화와 관련된 직업에 대해 알아보았는데 기분이 어때?

달리 지금까지 제가 직업에 대해 너무 피상적으로만 알고 있었던 것 같아요. 만화가 좋긴 하지만 그림에는 자신이 없어서 망설였는데, 마음만 먹으면 제가 잘할 수 있는 일이 어딘가에는 꼭 있다는 걸 알게 됐고요. 앞으로 멋진 스토리작가가 되기 위해 구체적인 노력을 할 거예요.

삼촌 그래. 구체적인 꿈을 품는 것이 그 꿈에 한발 다가가는 시작일 거야.

달리 삼촌, 오늘 정말 고맙습니다!

만화가 정연식

1 만화가가 되신 특별한 계기가 있나요?

사실 맨 처음엔 영화감독이 되려고 서울로 올라왔어요. 그런데 단편영화 한 편이라도 제대로 만들려면 돈이 많이 들잖아요. 그래서 고심하고 있던 차에 마침 친구의 제안으로 CF 일을 하게 되었어요. 35mm 카메라를 들고 영화와 비슷한 것을 찍으면 대리만족이라도 얻을 수 있지 않을까 해서요. 그런데 잠도 거의 못자고 육체적으로 일이 너무 힘든 거예요. 더구나 영화하곤 많이 틀리다는 걸 알고 결국 그만뒀어요.

그즈음 결혼도 했고, 현실적으로 영화는 힘들겠다 싶어 영화와 가장 비슷한 걸 찾기 시작했어요. 그러다 만화를 접했는데 이야기를 짜는 게 영화와 비슷하면서도 펜과 종이만 있으면 되니까 비교적 쉽게 시작할 수 있었어요.

마침 만화를 그리던 친구의 권유로 나간 공모전에 붙으면서 일거리도 금세 생겼어요.

2 그럼 궁극적인 꿈은 아직도 영화감독이시군요?

영화와 만화는 결국 이야기라는 점에서 통하잖아요. 이야기 만드는 걸 개인적으로 좋아하는 것 같아요. 한국 사람들은 어려서 할머니에게 안겨서 듣던 옛날이야기의 기억들을 누구나 갖고 있어요. 우리나라 사람들 고유의 천성이 아닐까 싶네요. 저 역시 옛날이야기를 좋아했어요.

원초적 꿈이 영화였으니까 언젠가는 공부를 다시 시작해서 영화 한 편 꼭 만들고 싶어요. 아직도 꿈을 찾아가는 여정인 셈이죠.

3 일을 시작하셨을 때 힘들었던 점은 없나요?

날마다 마감에 쫓기면서 사는 동안이 제일 힘들어요. 만화공모전에 당선되고 운 좋게 신문 연재를 시작했어요. 일주일에 일요일만 빼고 4년간 날마다 마감을 했죠. 마감에 쫓기다 보면 개인생활도 없고 누구를 만나기도 힘들어요. 신문 연재를 하는 동안은 명절에도 고향에 내려가지 못할 때가 많았어요. 올 추석에는 다른 마감 때문에 내려가더라도 차례만 지내고 올라와야 하지 않을까…….

4 만화를 그리시는 데 큰 영향을 끼친 사람이나 작품 등이 있다면 소개해주세요.

특별히 제 만화가 어떤 분의 영향을 받았다곤 생각하지 않아요. 다만 어렸을 때 윤승운 선생님, 고우영 선생님, 이런 분들의 작품을 많이 봤어요.

5 만화를 그리시면서 가장 기뻤던 순간이 있다면 언제인가요?

처음으로 만화가 저의 직업이 될 수 있다는 것을 알았을 때요. 즉 원고료를 받았을 때^^. 만화를 통해 내 가족이 일용할 양식을 벌 수 있다는 사실에 무척 감사합니다.

6 청소년들에게 만화가 이외의 직업 가운데 하나를 추천해주신다면요?

같은 분야는 아닌데 콘티라이터라는 직업이 있어요. 궁극적으로 만화가나 스토리작가가 되고 싶다면 콘티라이터 일을 해보는 것도 도움이 많이 될 거예요. CF나 영화의 콘티를 전문적으로 그리는 사람인데요, 이야기의 진행 과정이나 카메라 앵글, 컷의 레이아웃 잡는 일 등을 배울 수 있거든요.

7 만화가가 되기 위해 청소년기부터 준비해야 할 지식이나 기술에는 어떤 것이 있을까요?

무엇보다 책을 많이 읽고 영화도 많이 보고, 여행도 많이 하고, 경험도 많이 쌓으세요.

만화에서 제일 중요한 게 스토리예요. 아무리 그림을 잘 그려도 스토리가 엉성하면 아무 소용없어요. 그림은 못 그려도 탄탄하고 재미있는 스토리를 쓸 수 있는 사람이 이 세계에서 성공할 수 있어요. 만화가 그림이라고만 생각하는 사람들은 차라리 일러스트레이터가 되라고 말씀드리고 싶군요. 그림을 먼저 생각해선 매너리즘에 빠질 수 있어요. 자기가 표현하고 싶은 게 뭔지를 정확히 알아야 해요. 그러기 위해선 다방면의 지식과 경험이 우선 축적되어 있어야겠죠.

만화가 정연식은...

대학에서 서양화와 산업디자인을 공부했고, 졸업 후 일러스트레이터로 활동하다가 CF 감독으로 변신. 1999년 국민일보 만화공모전에 입상하면서 만화와 인연을 맺었다. 그해 스포츠신문에 연재하던 〈또디〉로 대중적인 성공을 거뒀다. 그의 작품은 일상에서 벌어지는 소박한 사랑과 행복, 슬픔 등을 유머 있고, 따스한 시선으로 바라보고 있다. 1993년 '대한민국 현대미술대전' 본상, '한국출판미술협회전' 특선을 수상했고, 〈또디〉로 '대한민국 출판만화대상과 오늘의 우리만화상을 동시에 수상했다. 2003 앙굴렘 국제만화페스티벌의 한국만화 특별전에 초청작가로 선정되기도 했다.

고등학교

■ 아현산업정보학교(서울)
만화과

■ 인천산업정보학교(인천)
만화애니메이션과

■ 은일정보산업고등학교(서울)
만화영상과

■ 송곡여자정보산업고등학교(서울)
만화영상과

■ 서서울생활과학고등학교(서울)
만화영상과

■ 대전신일여자고등학교(대전)
만화예술과

■ 경기예술고등학교(경기)
만화창작과

■ 한국애니메이션고등학교(경기)
만화창작과

■ 충남애니메이션고등학교(충남)
만화창작과

■ 부산영상고등학교(부산)
만화캐릭터과

■ 울산애니원고등학교(울산)
창작만화과

단체

■ 노동만화네트워크
■ 만화규장각
■ 부천만화정보센터
■ 여성만화인협의회
■ 우리만화연대

■ 전국아마추어만화동아리연합
■ 한국만화가협회
■ 한국만화애니메이션학회
■ 한국문화콘텐츠진흥원

교육기관

■ 사이버문화콘텐츠아카데미

■ 한겨레신문사 문화센터

도발하라, 거장을 꿈꾸어라!
생명력을 불어넣는 정교함의 예술 – 프리 프로덕션
매력적인 주인공의 비상이 시작된다 – 메인 프로덕션
진짜 비상은 여기에서 시작된다 – 포스트 프로덕션
제작과정 밖의 직업들
INTERVIEW with 프로듀서 이혜원

조아라 학생은 이번 코스프레 행사에 참여할 준비로 며칠 밤을 새 워가며 의상을 만들고 있습니다. 애니메이션의 주인공과 가장 비슷 하게 보이는 옷을 직접 천을 사다 만들기 때문에 시간이나 노력이 많 이 듭니다. 하지만 힘들기보다는 무척이나 그 과정이 즐겁습니다.

애니메이터가 꿈인 아라는 그림 공부도 열심히 하고 있습니다. 어 릴 때부터 그림 그리기를 좋아했고 주변 사람들에게도 재능을 인정 받았기 때문에, 자신의 꿈에 대해 한 번도 의심하거나 불안해하지 않았죠. 앞으로 미야자키 하야오의 작품들과 어깨를 나란히 할 만큼 멋진 애니메이션을 만들게 될 미래가 눈만 감으면 펼쳐집니다.

그런데 문제가 하나 생겼습니다. 고등학교 진학을 1년 앞두고 아 라는 애니메이션 고등학교로 지원하려고 하는데, 어머니께서 걱정 스러워하십니다. 다른 아이들처럼 일반 고등학교에 진학해서 평범 한 과정을 밟는 것이 좋지 않을까, 하는 우려죠. 아라의 아버지는 재

능을 키워 적성에 맞는 일을 찾는 것이 좋다며 아라를 응원해주시지만, 어머니는 조금 반대이십니다. 다른 사람과 '다른 길'을 걸어가는 것이 좋은 점도 있지만 힘든 일도 많이 있을 것이라고 말씀하십니다. 그래서 아라네 가족은 아라가 앞으로 하고 싶어하는 애니메이션이 정확히 무엇이며, 어떻게 만들어지는지 알아보기로 했습니다. 자세한 설명을 듣기 위해 아라의 코스프레 동료이자 현재 애니메이터로 일하고 있는 영주 언니를 집으로 초대했습니다.

아라   언니, 이렇게 와주셔서 감사해요.

영주   아냐. 그런데 나도 일을 시작한 지 얼마 되지 않아서 도움이 될지 모르겠네. (아라 부모님께) 그럼 궁금하신 것들 먼저 알아볼까요? 제가 아는 한에서 최대한 말씀드릴게요.

아라 아버지 아라가 좋아한다고는 하지만 우리 어른 세대는 애니메이션이 그냥 만화영화라고 생각하지, 다른 개념이 없거든요. 그쪽에서 일한다는 것은 그냥 그림이나 그리는 게 아닐까 생각되기도 하고……. 아라 엄마가 걱정하는 것도 그런 이유에서죠.

아라 어머니 그래요. 아라가 정확히 어떤 일을 하고 싶어하는 것인지 알고 싶어요.

영주 네. 그럼 우선 애니메이션이 무엇인지 알아보도록 하죠.

도발하라, 거장을 꿈꾸어래!

애니메이션을 직업으로 삼고 싶다면 먼저 무엇을 하면 좋을까? 단순히 '보는 것'을 넘어서 실질적인 업무를 익히고 배워 '언젠가는 내 손으로 멋진 애니메이션을 만들어보겠다'는 꿈을 가진 사람들이 많을 것이다. 무엇이든 많이 좋아하게 되면 자신이 직접 실현시키고픈 욕망이 생기는 것이 당연한 순서니까. 그렇지만 무작정 열정만 가지고 덤빈다고 제2의 미야자키 하야오가 될 수 있는 것은 아니다. 애니메이션 계통은 업무의 분야가 다양하기 때문에 천천히, 세심하게 살펴보는 것이 중요하다. 애니메이션이 너무 좋고 하고도 싶은데 그림에 소질이 없어 꿈을 포기한다? 혹은 그림에는 자신이 있는데 시나리오 쓰는 것이 힘들어서 그만둔다? 그럴 필요가 없다. 물론 애니메이션을 하면서 드로잉 솜씨가 뛰어나다면 여러모로 도움이 되겠지만 꼭 그림을 잘 그려야만 애니메이션 관련 직종의 일을 찾을 수 있는 것은 아니다. 시나리오도 마찬가지다. 그리고 모든 것은 일을 하면서도 얼마든지 발전시킬 수 있다. 애써 찾아든 꿈을 외면하기에 세상은 너무도 넓다. 그 넓은 세상에서 우리는 꿈을 위해 무엇을 해야 할까? 우선 그 분야에 대해 충분히 알고 그 속에서 자신이 무엇을 해낼 수 있는지 파악해야 한다.

★한국의 애니메이션, 도약 준비 완료!

일반적으로 애니메이션 하면 떠올리는 작품은 거의 대부분 일본에서 만들어진 것들이다. 먼 옛날 〈마징가 Z〉, 〈들장미소녀 캔디〉, 〈짱구는 못 말려〉 같은 TV시리즈 방송용 애니메이션부터 〈이웃집 토토로〉를 비롯한 미야자키 하야오의 극장용 애니메이션이 어린 시절 추억의 한 컷을 채우고 있다. 애니메이션에 관한 한 일본이 최대강국임에는 의심의 여지가 없다.

하지만 일본 못지않게 우리나라도 생산량이나 기술력 면에서 세계 5대 강국에 꼽힌다. 애니메이션은 자본 집약적 산업이기 때문에 기본적으로 돈이 없으면 발전하기 힘들다. 그 밖의 여러 가지 이유로 일본, 미국, 영국, 프랑스, 한국 등이 현재 전 세계 애니메이션 산업을 주도하고 있다. 그런데도 일본에서 만들어진 애니메이션이 한국의 안방극장과 영화관을 휩쓰는 이유는 아직까지 일반 관객들의 관심을 끌 만한 재미있는 콘텐츠가 부족하기 때문이다. 우리나라의 애니메이션 산업은 역사도 짧고 대중들에게 널리 알려진 유명한 애니메이션도 상대적으로 적은 편이다. 〈홍길동〉, 〈태권V〉, 〈아기공룡 둘리〉 등 나름대로 흥행에 성공한 작품들도 있지만, 관객들의 입맛을 사로잡는 이른바 '대박'을 터트리지 못하고 있다.

하지만 가능성은 얼마든지 있다. 많은 선배들이 실패하고 도전하고 또 도전하면서 노하우를 축적하고 있고, 다른 나라 사람들이 부러워할 만큼 국가 차원에서 대대적인 지원을 아끼지 않고 있다. 그만큼 앞으로의 세대가 도전해서 얻어낼 것이 많다는 말도 된다. 도약할 준비를 마친 한국 애니메이션 산업에서는 먼저 자리를 잡은 거장이 아닌, 우리가 주인공이 되는 것이다.

애니메이션은 인간의 손으로 만들어낸 특별한 존재에 움직임의 표현을 입히는 것이다. 이런 표현 기법은 현대의 산업구조 안에서 매우 유용하게 쓰일 수 있

한국의 애니메이션은 아직까지 관객들이 갖고 있는 마이너적 이미지에서 벗어나지 못했지만, 앞으로의 발전 가능성은 무궁무진하다. 이성강 감독의 〈천년여우, 여우비〉.

고, 그 효과도 무척 크다. 움직이는 캐릭터는 영화뿐 아니라 상업적인 광고나 인터넷, 뮤직비디오 또는 순수예술의 표현 수단으로도 활발하게 쓰이고 있다. 응용 분야는 거의 무한대라고 할 수 있다. 국가인권위원회가 기획·제작한 옴니버스 장편 애니메이션 〈별별 이야기〉 같은 것도 애니메이션의 다양한 가능성을 보여주었다. 이 영화는 우리 사회에 만연해 있는 차별의식을 지적하고, 차별과 차이를 구별하는 인권감수성 향상을 위해서는 문화적 접근이 필요하다는 판단

에 따라 제작되었다. 이성강, 박재동, 권오성 등 여섯 명의 감독이 참여한 〈별별 이야기〉는 2005년에 극장에서 상영되기도 했다.

★혼자 만들고 여럿이 즐길 수 있는 무대

애니메이션에는 우리가 주로 알고 있는 극장용 장편이나 TV시리즈 장편 외에도 KBS의 〈TV동화 행복한 세상〉 같은 TV시리즈 단편, 개인이 주로 단편영화제에 출품할 목적으로 만드는 단편 애니메이션이 있다. 단편은 대개 5~10분짜리로 만들어진다.

이처럼 엄청난 자본을 투자해야 하는 초대형 애니메이션도 있지만, 혼자서 기획부터 편집까지 전 과정을 해낼 수도 있는 것이 애니메이션의 특징이다. 오히려 감독의 창의력과 의도를 충분히 드러낼 수 있다는 점에서 단편영화야말로 눈여겨봐야 하는 분야이다. 실제로 많은 감독들이 처음부터 회사에 소속되어 일을 하는 게 아니라, 혼자서 단편 애니메이션을 만들다가 차츰 대중들의 인기를 얻어 정식 감독으로 데뷔한다. 이성강 감독도 혼자서 단편 애니메이션을 꾸준히 만들다가 우연한 기회에 정식 감독으로 데뷔해 〈마리 이야기〉를 세상에 선보이게 되었다.

그런 점에서 애니메이션에 소질이 있고 앞으로 직업으로 삼고 싶은 사람이라면 혼자서 직접 단편영화를 만들어보는 것도 도움이 될 것이다. 더구나 요즘은 컴

제2회 청소년 문화콘텐츠 창작 페스티벌 '공상이상' 대상 수상작 〈제비전〉.

퓨터와 인터넷의 발전으로 누구든 마음만 먹으면 애니메이션을 만들고 보급할 수 있는 환경이 갖추어져 있다. 심지어 초등학생이 만든 애니메이션이 인터넷에 등장하는 일도 흔해졌다.

애니메이션의 종류

용도에 따른 분류

상업적 애니메이션	극장용 장편 애니메이션
	TV시리즈용 장편 애니메이션
	TV시리즈용 단편 애니메이션
비상업적 애니메이션	단편 애니메이션

제작 방식에 따른 분류

종이 애니메이션(Paper Animation)	종이 한 장에 배경과 캐릭터를 그리고 캐릭터의 움직임에 따라 또 다른 종이에 배경과 조금 변화된 캐릭터를 그려서 촬영한다.
클레이애니메이션(Clay Animation)	찰흙 등으로 인형을 만들어서 촬영한다.
흙, 모래 애니메이션	유리 위에 모래를 뿌려놓고 밑에서 조명을 비추어 촬영한다.
절지 애니메이션(Cut-out Animation)	종이를 오려서 관절을 만들어 조금씩 움직이게 하고 촬영한다.
실루엣 애니메이션(Silhoutte Animation)	종이를 오려서 만든 캐릭터를 유리판에 펴놓고 밑에서 조명을 비추고 그 실루엣을 조금씩 움직여가면서 한 컷씩 촬영한다.
핸드메이드 애니메이션(Hand Animation)	펜, 송곳 등을 이용하여 필름 표면을 긁어 그림을 그리고 채색한다.
디지털 애니메이션(Digital Animation)	컴퓨터 그래픽 소프트웨어를 이용해서 제작. 동화까지 셀 작업 후 스캔한 다음 채색 이후 작업을 컴퓨터로 하는 경우와, 원화 작업부터 컴퓨터로 직접 그리는 것이 있다.
합성 애니메이션(Sythetic Animation)	실사영화와 애니메이션을 합성한 것이다.

혼자 만든 애니메이션을 홈페이지나 블로그에 소개하면 맨 처음 관객은 친구들 몇몇이겠지만, 진짜 재미있는 요소를 갖추고 있다면 입소문을 통해 네티즌들이 방문하게 될 것이다. 처음 10명 정도였던 네티즌이 50명이 되고 100명으로 늘어나면서 점점 더 많은 대중들이 관심을 갖는다. 그 다음엔 애니메이션을 방영하는 TV 프로그램이나, 영화제작사에서 연락이 오는 순서이다.

도전할 수 있는 여건은 충분하다. 문제는 자신의 의지다. 어떤 애니메이션을 보고 무작정 따라 만들어보고 싶다는 단순한 생각에만 머무르지 말고 다양한 애니메이션 분야에서 일할 수 있는 가능성을 향해 항상 시야를 열어두어야 한다.

아라 어머니 요즘 TV 광고에 애니메이션이 많이 등장하던데, 점점 애니메이션이 활용되는 비중이 늘고 있는 증거라고 볼 수 있겠군요.

영주 네. 특히 일본처럼 애니메이션 산업이 대중문화의 큰 부분을 형성하면 경제적 부가가치가 엄청나게 증가하는데요, 우리나라도 그런 추세를 따라가고 있습니다. 물론 아직까지는 초기 단계이기 때문에 여러 가지 시행착오도 겪고 있죠. 하지만 저는 그런 시행착오들이야말로 발전 단계에서 체험할 수 있는 귀중한 실패라고 생각해요.

아라 아버지 이야기를 들으니 점점 규모가 커지는 만큼 파생되는 직업들도 많을 것 같은 데요.

영주 그럼 이제부터 구체적인 애니메이션의 제작 과정과 직업들을 알아보죠. 우선 프리 프로덕션 과정을 살펴볼까요?

애니메이션의 제작 과정은 크게 세 단계로 나눌 수 있다. 실사영화를 만드는 과정도 이와 비슷하다. 단계별로 프리 프로덕션Pre-Production, 메인 프로덕션Main Production–그냥 프로덕션이라고도 한다, 포스트 프로덕션Post Production이 있다.

먼저 프리 프로덕션Pre-Production은 말 그대로 프로덕션의 전pre 단계를 의미한다. 사전 기획 단계라고도 하는데 본격적인 제작에 들어가기 전에 먼저 필요한 것들을 준비하고 결정한다. 예를 들어 한 제작사에서 이번에 새로 애니메이션을 만들기로 했다고 하자. 무턱대고 제작에 들어가는 것은 불가능하다. 어떤 성격의 애니메이션을 만들 것인지, 어떤 사람들이 보게 될지 논의해야 한다. 즉 어린이를 위한 명랑물인지, 청소년들을 위한 공상과학물인지, 순정 로맨스인지, 아니면 성인을 위한 액션물인지 기획 단계에서 결정하는 것이다. 그리고 그에 맞게 투자자를 구하고, 감독을 비롯한 제작진을 구성하며, 스토리를 짜고, 밑바탕이 될 콘티를 작성한다. 이야기를 구성하는 과정에서 캐릭터의 특징이 정해지고 시나리오가 완성된다.

일반적인 애니메이션 회사의 프리 프로덕션 과정에서 활약하는 사람들에는 기획자, 감독, 연출가, 시나리오 작가, 캐릭터 디자이너, 메카닉 디자이너, 배경과 미술감독, 보딩스토리보드 작가, 작화감독원화작감, 동화작감 등이 있다.

★ 기획자

기획자는 백지 상태에서 애니메이션의 기초를 구축하는 프리 프로덕션 단계의 총책임자이다. 먼저 작품을 구상하고 하나하나 구체화시켜 나간다. 만들고자 하는 애니메이션의 주제를 설정하고, 작품을 선정하거나 시나리오를 의뢰하여 이야기를 결정한 다음 그에 맞는 스태프를 조직한다. 그리고 제작 일정표를 만들어 전체 진행 단계를 체크하고 예산 집행부터 홍보까지 광범위한 분야를 전부 관리한다.

아직까지 우리나라에서 기획자의 역할은 주로 프로듀서나 감독이 하는 경우가 대부분이다. 하지만 디즈니 사처럼 애니메이션의 규모가 커지고 전문화될수록 담당하는 분야들은 분업화될 수밖에 없다. 그런 점에서 기획을 전문으로 하는 사람들의 수요는 점점 늘어날 것이다.

기획자가 되기 위해서는 경영이나 마케팅 지식뿐만이 아니라 좋은 시나리오를 골라내는 참신한 감각이 있어야 한다. 하는 일의 분야가 워낙 광범위하기 때문에 딱히 하나의 전공을 꼽기는 힘들지만, 그만큼 다방면에 관심이 있고 성격이 활기찬 사람이 유리하다. 또한 직접 제작에 참여하지는 않지만 애니메이션의 탄생과 앞으로의 방향에 큰 영향을 미치기 때문에 좋은 애니메이션을 만들겠다는 굳은 의지가 필수다.

★ 애니메이션 감독, 연출가

기획자가 전반적인 계획을 세우면 감독은 정해진 계획에 맞추어 일을 진행시키는 실제 제작 과정의 총책임자라고 할 수 있다. 대규모의 작업에서는 애니메이션, 즉 동화감독과 제작의 총연출자가 나

뉘기도 하지만 이 둘은 분야만 다
를 뿐 하는 일은 비슷하다. 감독
역시 프리 프로덕션의 과정부터
시작해서 전 과정에 걸쳐 제작의
실무를 담당한다. 먼저 프리 프
로덕션 과정에서는 시나리오를
조정하고, 콘티 작업에 관여한
다. 프로덕션 과정에서는 감독의
지시에 따라 원화와 동화가 만들
어진다. 캐릭터의 모습도 프리
프로덕션 과정에서 결정이 난다.

우리가 흔히 특정 감독이 연출
한 애니메이션은 전부 그림들이
비슷하다고 생각하게 되는 것은
보통 연출자가 기획 단계에서 캐
릭터를 설정하기 때문이다. '미
야자키 하야오' 하면 떠오르는
둥글둥글하고 귀여운 그림체, 자
연 지향적인 이미지들은 그가 처
음에 원화를 그리는 사람이었기
때문이기도 하지만, 더 큰 이유
는 감독의 입장에서 프리 프로덕

감독이 캐릭터를 결정하는 애니메이션에는 감독의
영혼이 잘 드러나 있다. 애니메이션의 거장 미야자
키 하야오 감독의 작품들. 위에서부터 〈센과 치히
로의 행방불명〉, 〈이웃집 토토로〉, 〈하울의 움직이
는 성〉.

션 과정부터 캐릭터의 결정에 큰 영향을 미치기 때문이다. 현재 그
는 연출만 할 뿐 원화작업은 다른 스태프들이 하고 있지만 캐릭터나

이미지만큼은 그의 의도대로 가는 것이다. 그런 점에서 완성된 애니메이션은 감독의 영혼이 가장 잘 드러난 결정체라고 할 수 있다. 결국 연출이란 애니메이션에 감독 고유의 독특한 개성을 입히는 일인 것이다.

애니메이션 감독이 되는 방법 역시 여러 가지가 있지만 주로 원화를 그리는 사람들이 우연한 기회에 감독 데뷔를 하는 경우가 많다. 감독은 실무에 익숙하고 노련해야 하며, 무엇보다 자신만의 세계를 구축하고 있으면서 자신만이 들려줄 수 있는 이야기를 갖고 있는 사람이 유리하다. 단지 의뢰받은 시나리오대로 생명력 없는 애니메이션을 기계적으로 만들 게 아니라면 말이다.

애니메이션은 만화를 원작으로 해서 만들어지는 경우가 많다. 하지만 이 경우에도 감독의 역할은 대단히 중요하다. 평면의 프레임에 정지 상태로 갇혀 있는 그림들을 살아 움직이는 존재로 펼쳐놓아야 하기 때문이다. 이 과정에서도 여지없이 감독의 개성이나 세계관이 녹아들기 때문에 미적 감각과 스토리텔링 능력이 아주 중요하다. 여러 동료들의 작업을 조율할 수 있어야 하므로 그만큼의 리더십 역시 필요하다.

★시나리오 작가

애니메이션에서는 화려하고 아름다운 영상도 중요하지만 우선 흥미로운 이야기가 있어야 한다. 보는 사람으로 하여금 웃음과 눈물을 자아내는 것은 애니메이션이 갖고 있는 이야기가 얼마나 설득력 있고 공감할 수 있느냐에 달려 있다. 시나리오 작가는 바로 이런 애니메이션의 스토리를 짜내는 사람이다.

　　영화 시나리오 작가에 비해 애니메이션 시나리오 작가는 이야기할
수 있는 세계가 훨씬 넓다. 상상력이 풍부하고 애니메이션을 사랑하
는 사람이라면 도전해볼 만하다. 동물들의 귀여운 모험담부터 우주
와 미래의 모습을 예견하는 이야기까지 소재는 무궁무진하다. 시나
리오는 감독이 직접 자신의 작품용으로 쓰기도 하고 전문적인 작가
가 쓰기도 한다. 요즘에는 애니메이션 시나리오의 수요가 대폭 증가
하고 있고 관련 공모전도 많이 있기 때문에 굳은 마음으로 열심히 도
전해본다면 꿈은 그다지 멀지 않은 곳에 있을 것이다. 또한 대학의
문예창작과나 시나리오교육협회 같은 곳에서 전문 교육을 실시하고
있으므로 배움의 기회 역시 의지만 있으면 얼마든지 찾을 수 있다.

★ 캐릭터 디자이너

애니메이션에 등장하는 캐릭터들은 제작자의 손끝에서 생명력을 얻는 완전한 창작물이다. 평면의 정지 상태에서 살아 움직이는 모습으로 거듭나는 데는 캐릭터 디자이너가 중요한 역할을 한다. 그들은 생김새나 표정, 패션에 이르기까지 캐릭터에 대한 모든 것을 디자인한다. 원작이 존재할 경우에는 보통 원작의 캐릭터를 디자인한 사람이 애니메이션에서도 캐릭터 디자인을 맡게 된다. 캐릭터는 애니메이션을 대표하는 아이콘이기 때문에 영화를 벗어나 상업적인 면에서도 큰 파워를 지닌다.

캐릭터 디자이너는 디자인 작업을 하기 때문에 예술적 감각이 있어야 한다. 독특하고 개성 있는 캐릭터를 창조하려면 그만큼의 독창성도 필요하다. 요즘 캐릭터 사업이 점점 발달하면서 관련 교육기관도 증가하는 추세다.

★ 배경미술감독

〈이웃집 토토로〉에서 보던 한가롭고 아름다운 시골의 정경, 〈공각기동대〉에 등장하는 황폐하고 차가운 미래의 도시들……. 애니메이션이 관객의 시선을 사로잡는 데는 이와 같은 훌륭한 배경 묘사도 큰 몫을 한다.

애니메이션 영화의 질이 점점 상승하면서 주인공의 캐릭터나 동작뿐 아니라, 실사영화에서는 좀처럼 만나기 힘든 더없이 아름다운 풍경들이 애니메이션만의 독특한 특징으로 자리 잡게 되었다. 특히 일본에서는 전통적인 회화 전공자들이 애니메이션의 배경미술감독으로 대거 진출하면서 예술적으로도 큰 발전을 거두었다.

배경에서 점점 사실적이고 풍부한 묘사가 많이 쓰이고 있기 때문에 배경미술 감독이 되려면 그에 걸맞는 미술 지식과 실력을 갖춰야 한다. 배경은 주인공에 비해 주목을 못 받는 것은 사실이지만 잘 보이지 않는 곳에 존재하면서도 애니메이션을 빛내는 보조자로서 아주 중요한 몫을 해낸다. 그런 점에서 배경미술을 담당하는 사람으로서 자긍심과 열정을 가져야 한다.

요즘은 배경미술감독과는 별도로 기계나 로봇 등을 전문적으로 디자인하는 메카닉 디자이너를 두는 경우도 있다. 기계나 로봇 등이 이야기의 중요한 역할을 담당하는 SF 장르의 청소년물에서 메카닉 디자이너가 많이 활약하는 편이다. 얼마나 사실적이고 정교하게 표현했느냐에 따라 애니메이션의 분위기가 180도 달라지기 때문이다. 메카닉 디자이너는 아무래도 기계의 구조나 묘사에 능한 사람이 유리하다.

아직까지는 메카닉 디자이너라는 직업이 단독으로 존재하는 경우는 드물다. 그 방면에 능한 애니메이터가 일시적으로 제작에 참여하는 것이 대부분이다. 한 예로 〈신세기 에반게리온〉의 안노 히데아키 감독이 〈반딧불의 묘〉에 등장하는 군함을 디자인했다.

★ 스토리보드 작가

콘티를 짜는 사람이다. 기본적인 연출과 구도는 물론이고 어떤 캐릭터들이 어떤 위치에서 어떻게 움직이고, 다음 신으로 어떻게 넘어갈지 전체적인 호흡과 흐름을 잡는 대단히 중요한 역할이다.

스토리보드란 한마디로 애니메이션 제작의 계획표 또는 지도라고 할 수 있다. 영화나 방송, 광고 촬영에서도 사용되는 스토리보드는

영상의 주요 장면을 정지 상태의 그림으로 형상화하는 것으로, 촬영이나 제작 전에 미리 만들어놓는다. 스토리보드 역시 감독들이 직접 짜는 경우가 많다.

스토리보드 작업은 시나리오를 처음으로 이미지화하는 과정이기 때문에 스토리보드 작가혹은 감독의 창의력과 구성 능력은 애니메이션의 전체적인 재미를 결정하는 중요한 요소가 된다. 이 과정에서 화면의 배경이나 인물의 위치, 움직임이 결정된다. 스토리보드가 훌륭하면 원화나 동화도 그에 따라 매끄럽게 그려지지만, 그렇지 못하면 다른 단계에서 아무리 열심히 해도 소용없다.

스토리보드는 제작 과정이 만화와 비슷하고, 많은 사람들이 스토리보드를 보며 작업을 한다. 그렇기 때문에 스토리작가가 되려면 드로잉 솜씨가 좋은 편이 유리하다. 하지만 절대적인 요건은 아니므로 독창성만 탁월하다면 보기 좋고 깔끔한 그림으로도 충분하다.

★작화감독 (원화작감, 동화작감)

작화감독은 애니메이터들이 그린 원화 또는 동화를 감독한다. 여기서 원화와 동화는 애니메이션의 기본이 되는 그림들이다. 원화는 움직이는 동화의 원본이라고 할 수 있다. 원화들의 움직임은 띄엄띄엄 그려지는데 그 사이에 세밀한 변화들을 그리는 것이 바로 동화이다. 예를 들어 밥을 먹는 장면을 그린다고 하자. 이때 밥숟가락을 뜨는 장면과 입에 넣은 장면 두 개가 원화에 해당한다. 그리고 그 사이에 숟가락이 올라갔다 내려갔다 하는 과정을 그리는 것이 동화다. 그림이 한 장 한 장 넘어가면서 살아 움직이는 것처럼 보이는 것은 바로 정교한 동화 작업을 통해서 가능한 것이다.

영주 프리 프로덕션 과정에서는 기획부터 시작해서 캐릭터를 디자인하고, 애니메이션의 원안이 되는 그림들을 그리게 되는데요, 가장 창의력이 필요한 작업이기도 하죠. 특히나 애니메이션은 기획에서 승패가 갈리는 장르거든요. 영화의 경우에는 줄거리 외에도 스타 효과와 같은 여러 변수들이 존재하지만, 애니메이션은 내용 자체가 무기가 되어야 하니까요. 일본의 지브리스튜디오처럼 제작사 자체가 브랜드가 되는 특수한 경우를 제외하고는 말이죠.

아라 언니는 원화 그리는 일을 하고 있죠?

영주 응, 처음부터 원화를 그린 것은 아니고, 어느 정도 동화에서 경력을 쌓고 나서 이 일을 하게 되었지. 스토리보드 작업도 같이 하고 있고.

아라 생각보다 분야가 무척 세분화되어 있는데, 그러다 보면 여러 가지 일을 경험하긴 힘들지 않을까요?

영주 하하! 아라가 욕심이 많구나. 해보고 싶은 욕심이 있다면 다른 일에도 얼마든지 도전할 수 있지. 누구도 작업의 경계를 한정하지는 않는단다. 애니메이터 출신 연출자들도 많고 기획을 하다가 디자인 쪽으로 가는 사람들도 있지. 나 역시 가능한 한 여러 가지 일들을 경험해보려고 노력하고 있거든. 이 분야는 분업화가 잘 이루어져 있는 만큼 융통성도 크다고 할 수 있어. 자, 그럼 이제부터 메인 프로덕션 과정으로 가볼까?

레이 아웃

원 화

동 화

체 킹

일반적인 애니메이션의 제작 과정

배경
선화
채화
합성

메인 프로덕션Main Production 과정은 프리 프로덕션에서 애니메이션 제작의 사전 준비를 끝내고 본격적으로 애니메이션을 제작하는 단계를 말한다.

기본적인 애니메이션의 원리는 미세한 동작의 변화를 나타내는 과정을 전부 그림으로 표현한 다음, 그것들을 한 장씩 빠르게 넘겨서 움직임과 스토리를 만들어내는 것이다. 이때 초당 사용하는 프레임[1] 초에 몇 장의 종이를 넘기느냐이 늘어날수록 제작단가도 비싸고 캐릭터의 움직임도 더욱 정교하고 사실에 가까워진다. 실사영화와 마찬가지로 1초에 24프레임씩 넘기는 것을 풀 애니메이션Full Animation, 8~16프레임씩 넘기는 것을 리미티드 애니메이션Limited Animation이라고 한다. 처음에 리미티드 애니메이션이 등장한 것은 제작비 절감을 위해서였지만, 지금은 하나의 효과적인 연출방법으로 자리매김을 했다. 경우에 따라서는 8~16프레임으로도 표현하는 데 전혀 문제가 없기 때문이다. 미국의 디즈니 사는 풀 애니메이션 기법을 주로 사용하지만, 일본이나 우리나라에서는 리미티드 애니메이션 기법이 대세다.

전통적인 셀 애니메이션은 드로잉부터 전 과정에서 반드시 사람의 손을 거쳐야 하는 아날로그 방식으로 제작되는 만큼 긴 제작시간과 많은 인력이 필요하다. 이런 문제 때문에 요즘은 전통적인 셀 애니메이션이 거의 사라졌다. 대신 시간과 비용을 고려해 상당 부분에 컴퓨터를 도입하는 것이 일반적이다. 최근의 추세로 보면 드로잉은 사람 손으로 하되 채색부터는 컴퓨터를 많이 이용한다.

이 외에 처음부터 끝까지 모든 과정을 컴퓨터로 작업하는 디지털 애니메이션도 많이 만들어지고 있다. 디지털 애니메이션은 아날로그인 방식의 셀 애니메이션보다 적은 인력으로도 작업이 가능하다. 작가 혼자서 제작하는 것도 불가능한 일은 아니다. 실제로 일본의 신카이 마코토 감독은 〈별의 목소리〉라는 극장용 중편 애니메이션을 거의 혼자 제작하기도 했다. 전체적으로 볼 때 아날로그에서 디지털로 갈수록 제작비가 줄어들고, 디지털 3D로 갈수록 비용을 더욱 줄일 수 있다. 그런 이유로 점점 디지털 3D 제작이 늘어나는 추세다.

일반적인 애니메이션의 메인 프로덕션 과정은 레이아웃 작업 후 배경과 동화의 두 갈래로 나뉘고, 이 둘의 작업은 동시에 이루어진다. 먼저 동화 라인은 레이아웃→원화→동화→채색의 순서로 제작된다. 배경은 레이아웃→배경의 순으로 제작된다. 두 라인의 작업이 전부 끝나면 마지막에 합쳐서 편집을 하게 된다. 메인 프로덕션에서 활약하는 사람으로는 애니메이터, 어시스턴트 애니메이터, 동화맨, 선화맨, 채색맨, 배경화가, 컴포지터, 디지털 애니메이터 등이 있다.

★ 애니메이터

말 그대로 애니메이션을 '만드는' 사람이다. 주로 애니메이션의 원화를 담당해서 '원화맨'이라고도 불리며, 감독이나 원화작감이 연출하고 작성한 콘티에 따라 그림을 그린다. 원화맨은 동화맨보다 상대적으로 탁월한 미술적 소양이 필요하다. 우리가 결과물로 만날 수 있는 애니메이션은 바로 애니메이터의 손끝에서 탄생한다고 해도 과언이 아니다.

요즘은 부쩍 애니메이터에 대한 관심이 증가하고 있어 관련 학원이나 대학, 협회 등에서 교육 프로그램을 활발하게 운영하고 있다. 특히 디지털 애니메이터 교육은 혼자서 애니메이션을 만들어보려는 꿈을 가진 이들에게 아주 인기가 많다.

애니메이터의 보조 역할을 하는 사람을 어시스턴트 애니메이터라고 하는데, 애니메이터가 그린 기본 그림에 추가로 나머지의 그림들을 그려넣어 원화를 완성시키고 동화맨에게 넘겨주기 전까지의 모든 과정을 정리한다. 특히 셀 애니메이션에서는 그림의 숫자가 매우 많기 때문에 효과적인 분업이 반드시 필요하다.

★ 동화맨

동화맨은 '움직임'을 만들어내는 역할을 한다. 어린 시절 교과서 한 귀퉁이에 뛰어가는 사람의 모습을 조금씩 동작을 바꿔가며 그린 다음 스르륵 넘겨본 경험이 있을 것이다. 이것이 바로 애니메이션의 기본 원리다. 동화맨은 원화맨이 그린 기본 그림들 사이에 동작이나 움직임의 변화를 보여주는 사이그림을 그린다. 미리 그려놓은 그림이 존재하기 때문에 원화맨에 비해 상대적으로 창의성이 덜 요구된다. 하지만 동화맨의 역량에 따라 더욱 자연스럽고 아름다운 애니메이션이 탄생할 수 있다는 점에서 원화맨 못지않게 중요한 작업을 한다고 할 수 있다.

★ 선화맨

동화까지 완성되고 나면 그림의 외곽선과 컬러 선을 그리는 사람이다.

★ 채색맨

선화까지 마치고 나면 채색을 한다. 프리 프로덕션 과정에서 칼라 코디네이터가 지정한 색채를 입히고, 때로는 효과를 넣기도 하면서 애니메이션의 분위기에 맞게 세밀하게 채색 작업을 한다.

★ 배경화가

배경의 그림들을 담당하며, 배경미술 감독이 연출한 대로 작화한다.

★ 컴포지터

주로 디지털 3D 애니메이션 작업에서 쓰인다. 완성된 그림을 순서대로 나열하여 자연스러운 움직임을 찾아내는 일을 한다. 작품의 질을 한층 높이는 단계라고 볼 수 있다.

★ 디지털 3D 애니메이터

셀 방식 애니메이션 제작이 철저한 분업에 의한 작업이라면 디지털 애니메이션은 여러 분야의 일을 혼자서 처리할 수 있다는 점이 특징이다. 물론 대규모의 작품을 제작한다면 그 안에서도 분업이 이루어지긴 한다. 디지털 3D 애니메이터는 캐릭터를 만드는 모델링부터 분위기에 맞는 색깔과 질감을 주는 맵핑 작업, 움직임을 만들어내는 애니메이션 작업까지 여러 가지 역할을 수행한다. 또 영화나 인터넷, TV 광고, 방송 프로그램에서 볼 수 있는 동영상을 제작하기도 한다.

아라 아버지 와, 정말 복잡하네요. 전문용어도 많고요.

영주 어렵게 생각하시지 마세요. 애니메이션이 기본적으로 '움직이는 그림'이라는 개념만 갖고 있으면 아주 간단한 원리니까요. 프리 프로덕션 과정에서 움직이는 그림들의 원안을 만들었다면 메인 프로덕션 과정에서는 그 그림들을 움직이게 하는 거예요. 움직임의 동작들을 하나하나 세밀하게 그려서 자연스럽게 이어지게 만드는 것이죠.

아라 프리 프로덕션 과정에 비해 일이 조금 재미없고 지루할 것 같은 데요.

영주 상대적으로 자신의 창의력을 많이 발휘할 수 없긴 하지만, 전체적인 맥락에서 보면 정말 중요한 작업이란다. 앞서 말했듯이 애니메이션의 생명력은 자연스러운 움직임에 있으니까. 이제 후반 작업인 포스트 프로덕션 과정을 알아보자.

진짜 비상은 여기에서 시작된다 | 포스트 프로덕션

포스트 프로덕션 과정은 메인 프로덕션 과정, 즉 실질적인 애니메이션 제작이 끝난 후에 거기에 더해지는 후처리를 말한다. 효과적인 편집을 하고 소리와 음악을 입히면서 완성의 단계를 거치는 것이다. 이 과정 역시 셀 애니메이션과 디지털 애니메이션으로 나누어 살펴보자. 셀 방식 애니메이션의 포스트 프로덕션 과정은 스캔→합성^{편집}→녹음→완성의 순서로 진행된다. 순수 디지털 애니메이션은 오디

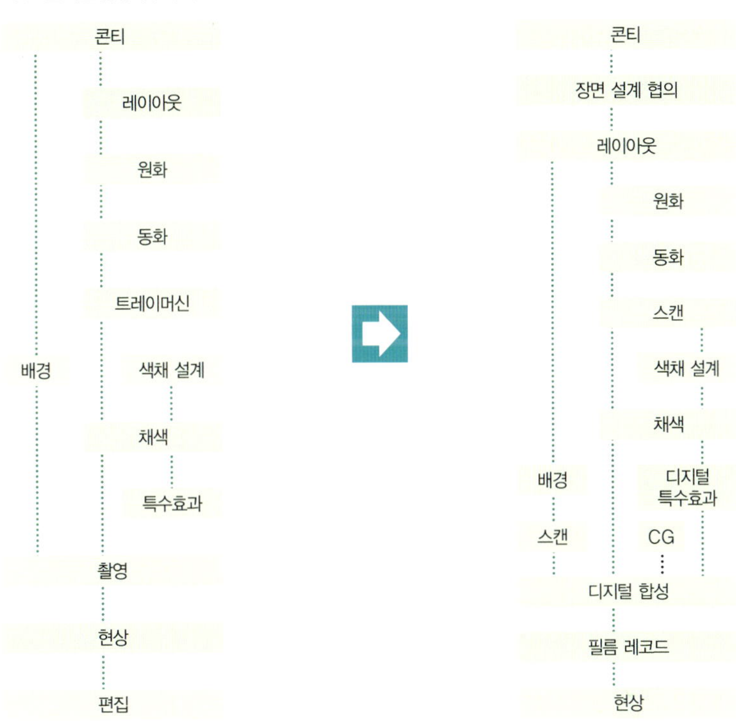

오 합성→비디오 합성→최종 편집→완성의 순으로 진행된다.

전통적인 셀 애니메이션 방식에서는 종이에 그린 원화를 셀로판지에 복사한 다음 배경, 인물 등이 따로따로 그려진 각각의 셀룰로이드 판을 여러 개 겹쳐서 35mm 스탠드 카메라로 찍었다. 즉 투명한 셀룰로이드 판이 여러 장 겹쳐지면서 배경과 인물이 같이 들어 있는 하나의 장면을 만들었던 것이다. 그래서 촬영기사가 별도로 필요했지만, 지금은 셀룰로이드에 복사하는 과정이 스캔으로 바뀌고 스캔한 장면들은 컴퓨터상에서 합성을 하게 된다.

합성 단계에서 실사와 애니메이션을 겹쳐서 감독이 원하는 미장센을 만드는 사람이 합성 엔지니어다. 다양한 컴퓨터 툴을 가지고 CG 작업을 통해 합성하면 영상 과정은 끝난다. 이 단계에서 여러 번 합성 작업을 거치면서 편집까지 끝낸다.

전통적인 셀 애니메이션에서는 촬영 및 현상기사가 중요한 역할을 했다. 극의 긴장을 조정하는 화면의 구도나 앵글이 촬영 과정에서 결정되었기 때문이다. 하지만 지금은 스캔을 하기 때문에 촬영 단계를 거칠 필요가 없어졌다. 영화필름과 같은 네거티브필름으로 촬영했을 경우에는 촬영이 끝난 후 필름에 맺힌 상을 고체화하는 과정이 필요한데, 이 작업을 하는 것이 현상기사의 역할이었다. 이 역시 촬영 단계가 생략되면서 불필요해졌다.

최근 들어 전통적인 셀 애니메이션 방식은 특별한 경우를 제외하고는 거의 쓰이지 않고 있다. 요즘은 셀 애니메이션의 제작 과정에서도 일부 디지털 방식의 방법을 차용하는 추세다. 촬영하지 않고 스캔해서 바로 컴퓨터 작업을 하는 편이 비용이나 시간 면에서 훨씬 저렴하고 효과적이기 때문이다. 전통적으로 셀 애니메이션을 고집해온 지브리스튜디오도 1999년 〈이웃의 야마다군〉부터 디지털 방식을 도입하고 있다.

포스트 프로덕션 과정에서는 합성 앤지니어, 녹음기사, 편집편집감독, 보조 편집인, 음악 편집, 음악작곡자, 편곡자, 음악가, 효과인 등이 활약하게 된다.

★ **합성(엔지니어, 영상 편집, 음악 편집)**

실사영화와 마찬가지로 각각의 독립적인 장면을 미리 만들어놓은 시나리오와 콘티에 맞게 편집하는 것이다. 편집은 감독이 하는 경우도 있지만, 편집만을 전문으로 하는 사람도 있다. 편집의 총책임을 맡고 있는 편집감독이 연출을 하면, 보조 편집인이 편집감독의 지시에 따라 세부적인 편집에 들어간다. 이 과정에서 이야기가 짜임새 있게 완성되면서 생동감 있는 컷들이 만들어진다.

실사영화보다 콘티에 더 많은 영향을 많이 받는다는 점이 애니메이션의 큰 특징이라고 할 수 있다. 애니메이션 편집을 하기 위해서는 이야기를 어떤 식으로 풀어갈 것인지, 어떻게 컷을 붙여야 좀더 효과적일 것인지 판단할 수 있는 감각이 필요하다.

특히 애니메이션에서는 극의 장면에 맞게 흐르는 적절한 음악이 아주 중요한데 음악 편집은 그런 점에서 애니메이션에 생명력과 개성을 부여하는 작업이라 할 수 있다. 슬픈 장면에는 그에 맞춰 애절하면서도 아름답게, 신나거나 긴박한 장면에는 또 그에 맞게 적절한 음악을 사용하여 관객들로 하여금 더욱 작품에 빠져들게 할 수 있다. 하지만 음악이 아무리 좋아도 이야기나 극중의 상황과 어울리지 않으면 아무 소용이 없다. 그런 점에서 음악 편집자는 적절한 곳에 적절한 음악을 안배하는 것에 주력해야 한다. 그러기 위해서는 작품에 대한 탁월한 이해와 분석 능력이 필요하다.

★ **녹음기사, 성우, 효과인**

애니메이션에는 당연히 동시녹음이 존재하지 않는다. 편집이 끝나고 나면 음악과 함께 성우의 목소리가 애니메이션에 입혀진다. 단순히 움직이는 그림자에서 말하고 노래하는, 정말 살아 숨 쉬는 존재로 거듭나는 것이다. 애니메이션의 목소리 더빙은 일반적인 영화의 더빙보다 표현이 과장되어 있다. 그 편이 동화 속 주인공의 성격을 더욱 잘 표현할 수 있기 때문이다. 인기 있는 애니메이션일수록 주인공 못지않게 주인공의 목소리를 담당한 성우들도 유명세를 치른다. 그만큼 녹음 과정에서 애니메이션의 매력이 극대화된다고 할 수 있다. 요즘은 애니메이션의 규모가 커지고 대중화하면서 유명 슈퍼스타들도 성우로 대거 참여하고 있다. 〈슈렉〉에서는 유명한 코미디언인 마이크 마이어스가 재기 넘치게 슈렉의 역할을 하고, 피오나 공주 역할은 할리우드 스타인 카메론 디아즈가 맡았다. 또 우리나라의 〈마리이야기〉에서는 이병헌, 안성기, 배종옥의 등 연기자들이 극중인물의 성우로 등장해서 많은 관심을 끌었다. 글로벌 스타인 보아는 신동엽

애니메이션의 대형화·대중화 추세에 따라 많은 인기 스타들이 성우 역할에 도전하고 있다. 왼쪽부터 류승범, 현영, 임창정이 출연한 〈아치와 씨팍〉과 카메론 디아즈가 출연한 〈슈렉2〉.

과 함께 〈헷지〉에 출연하기도 했다. 또 현재 제작 중인 〈천년여우, 여우비〉의 여주인공 역을 손예진이 맡는다고 하니 앞으로도 인기 스타와 애니메이션 주인공들의 동거는 더욱 가속화할 듯하다.

녹음기사는 성우의 대사를 녹음하고 더빙하는데, 거기에 음악과 효과를 집어넣어 같이 어우러지게 한다. 그리고 효과인은 필요에 따라 효과음을 만들어내는 일을 한다. 이런 녹음기사나 성우, 효과인은 단지 애니메이션에만 국한된 직업이 아니기 때문에 실사영화나 방송 등 활동 영역이 아주 넓다.

★ 음악감독(작곡자, 편곡자)

애니메이션에 들어갈 음악을 담당한다. 음악 작업은 애니메이션에

독특한 매력으로 사랑받고 있는 클레이애니메이션들.

국한된 것은 아니지만 특별히 애니메이션에서 매우 큰 역할을 한다. 애니메이션에 들어가는 음악들은 영화음악과 마찬가지로 작품용으로 직접 만들기도 하고 기존의 음악을 사용하기도 한다. 사용된 음악은 따로 오리지널 사운드트랙이 제작되어 많은 사랑을 받기도 한다.

지금까지 제작 과정과 관련된 직업들에 대해 살펴보았다. 주로 셀 방식 애니메이션과 디지털 애니메이션을 중심으로 알아보았는데 실제로는 이 밖에도 다양한 방식으로 애니메이션들이 제작되고 있다. 우리나라의 〈아치와 씨팍〉 같은 플래시 애니메이션도 인터넷의 발전으로 활발하게 생산되고 있다. 또 〈월래스와 그로밋〉이나 〈치킨 런〉처럼 찰흙 등 점성이 있는 소재로 인형을 만들어서 쓰는 클레이애니메이션도 독특한 매력으로 꾸준히 사랑을 받고 있다. 특히 요즘 화두

'조아라 프로덕션'의 애니메이션 제작 도전기

아라는 영주 언니에게 배운 과정대로 방학 동안 친구들과 단편 애니메이션을 제작해보는 작은 도전에 나섰다. 디지털카메라와 컴퓨터만 있으면 누구나 손쉽게 애니메이션을 만들 수 있다는 말에 자신감을 갖고 일단 부딪쳐보기로 한 것이다. 실제로 도전해보고 자신의 진로를 결정한다면 어른들도 아라의 선택을 믿어주실 것이다. 조아라 프로덕션이라는 그럴듯한 이름도 정했다. 먼저 테마를 정해야 한다. 뭘로 하면 좋을까? 아, 아롱이에 대한 이야기가 어떨까? 아롱이는 몇 달 전 길가에 버려진 강아지를 아라가 데려다 키우면서 붙여준 이름이다.

자, 이제 어떤 방식으로 만들 것인지, 아롱이에 대해 어떤 이야기를 몇 분짜리로 할 것인지, 각자 어떤 역할을 맡고 성우는 누구를 쓸 것인지, 애니메이션 제작에 들어가는 비용은 어떻게 충당할 것인지, 그리고 어떤 식으로 배포할 것인지 결정해야 한다. 기획 단계 돌입이다. 다음은 함께 도전에 나서는 친구들과 하루 종일 머리를 맞대고 고민한 끝에 결정한 내용이다.

〈기획노트〉
· 애니메이션의 종류: 셀 방식 애니메이션
· 테마: 아롱이의 일상(아롱이, 아라네 식구, 아라 친구들)
· 애니메이션의 길이: 3분짜리 단편
· 준비물: 집에 있는 디지털카메라와 컴퓨터, 그림도구(새로 구입)
· 총프로듀서: 조아라
· 투자: 아라 삼촌
· 감독 및 시나리오: 김미영
· 그림작업(원화 · 선화 · 배경): 조아라
· 촬영 및 편집: 이루다
· 사운드: 음대에 다니는 아라 언니
· 성우: 실제 인물에게 맡김
· 배급: 각자의 블로그와 애니메이션 동호회를 통해 공개.
        애견협회 주최 애니메이션 경진대회에 응모.

위와 같이 계획을 세우고 아라 프로덕션은 오늘부터 본격적인 작업에 들어간다. 물론 난관은 있을 것이다. 그때마다 영주 언니나 동호회에 문의하고 의견을 구하면서 반드시 헤쳐 나가리라 다짐한다. 이번 애니메이션 작업이 성공적으로 끝나면 그 다음엔 좀더 긴 내용으로 애니메이션을 꾸며 방송사나 영화사에도 보내볼 참이다. 그렇게 커나가다 보면 '조아라 프로덕션'이라는 번듯한 애니메이션 회사의 간판을 세울 날이 오지 않을까? 어쩌면 5년 후에 조아라 프로덕션이 제작한 애니메이션 〈아롱이의 꿈〉이 관객 수 100만 명을 돌파했다는 기분 좋은 소식이 들려올지도 모를 일이다. 또한 작품이 성공한 후에 책으로 출판될 수도 있고, 아롱이가 하나의 캐릭터 상품으로 큰 인기를 끌 수도 있다.

가 되고 있는 것이 디지털 3D 애니메이션인데, 현실과 똑같은 3D 세상은 애니메이션 영화에서뿐 아니라 실사영화의 특수효과에서도 빛을 발한다. 이에 따라 앞으로 인력의 수요도 증가할 전망이다. 종이나 헝겊으로 만든 그림을 잘라내어 배경 위에 겹쳐놓고 제작하는 절지 애니메이션도 요즘 광고 등에서 많이 쓰이는 기법이다.

이처럼 기존의 애니메이션 산업뿐 아니라 새롭게 시도되는 분야에서 자신의 꿈을 찾아보는 것도 경쟁력을 키우는 하나의 방법이다. 애니메이션은 무엇을 가지고 모델을 만드느냐, 컴퓨터 기술을 어떻게 활용하느냐에 따라 작가의 상상력을 끝없이 자유롭게 펼칠 수 있는 장르인 것이다.

제작 과정 밖의 직업들

★애니메이션 관련 잡지 및 출판사

최근 애니메이션의 마니아층이 두터워지면서 관련 잡지와 서적이 많이 발행되고 있다. 비록 직접 제작에 참여하지는 않더라도 애니메이션 작품에 대한 여러 정보와 그에 따른 비평, 여론들을 창출해낼 수 있다는 점에서 제작과는 또 다른 매력이 있다. 글쓰는 일에 관심이 많다면 이 분야에서 활동하는 것도 무척 흥미로울 것이다. 구체적으로는 직접 출판사를 경영하는 방법도 있고 관련 잡지사나 출판사에 기자나 편집자로 취업할 수도 있다. 잡지사의 기자가 되기 위해서는 일정 수준 이상의 글재주는 물론이고 애니메이션에 대한 관심과 기본적인 지식을 가지고 있어야 한다. 그리고 관련 서적을 집필할 수도 있는데, 애니메이션에 대한 전문적인 소개부터 개인적인 감상까지 글쓰기에 따라서 분야도 다양하다.

★애니메이션 교육 전문가

애니메이션에 대한 인기가 높아질수록 교육의 필요성을 역설하는 목소리도 커지고 있다. 실제로 많은 곳에서 교육이 이루어지고 있으며 이런 경향은 점점 가속화하는 추세다. 현재 우리나라에서는 전국적으로 애니메이션 고등학교가 설립되어 애니메이션에 관심이 있는 청소년들에게 수준 높은 교육의 장을 제공하고 있다. 애니메이션의 인재들을 일찍부터 육성하고 있는 셈인데 특목고인 만큼 실기교육이 주가 된다. 애니메이션 업계의 전문가가 된 후에는 이런 특목고나 일반 중·고등학교의 애니메이션 교사로 활동하는 것도 보람 있는 일일 것이다. 요즘에는 방학 동안 초등학생을 위한 연수 프로그램을 운영하는 곳도 점점 늘어가고 있다. 더불어 애니메이션 교육 전문가의 수요도 증가할 전망이다.

★애니메이션 전문 TV 프로듀서

케이블방송이 대중들에게 많은 사랑을 받으면서 수십 개의 채널이 생겨나고 여러 특수한 영역의 방송들이 안방 시청자들을 만나고 있다. 애니메이션 채널도 그 중 하나다. 현재 투니버스를 비롯한 몇 개의 애니메이션 방송이 인기를 끌고 있는데, TV는 접하기 쉽다는 점에서 애니메이션을 더 한층 가깝게 느낄 수 있는 매체이다. 특히 지금까지 잘 볼 수 없었던 애니메이션을 방영한다거나, 보고 싶었던 작품을 자주, 몇 번이고 볼 수 있다는 점에서 방송은 애니메이션을 사랑하는 사람들에게 큰 기쁨을 주고 있다. 애니메이션 전문 방송의 프로듀서는 방영할 애니메이션을 선정하고 적절하게 편집하는 일을 한다.

★ 애니메이션 평론가

영화평론가와 마찬가지로 애니메이션 전문 평론가도 존재한다. 한 작품이 나오면 무엇이 훌륭하고 어떤 점이 나쁜지 전문적으로 평가하는 사람이 필요한 것이다. 평론가는 더욱 좋은 애니메이션 작품이 나오는 데 긍정적인 자극을 주는 사람이다. 감독은 평론을 통해 자신의 작품이 어떤 평가를 받는지, 그리고 자신이 앞으로 어떤 방향으로 작품을 제작할지 고민하게 된다. 이런 건설적인 상호교류는 더욱 좋은 애니메이션이 탄생하는 밑거름이 된다. 평론은 단순한 감상문과는 다르기 때문에 작품이 가지고 있는 역사적·사회적 의미와 그것들을 표현하는 데 사용된 기법들을 올바로 분석할 수 있어야 한다. 그런 판단을 내리기 위해서는 정확한 이해와 논리가 뒷받침되어야 한다. 구체적으로 애니메이션에 대한 많은 공부와 무한한 애정이 필요한 일이다.

이 외에도 애니메이션 작품이 만들어지고 관객의 눈과 귀를 사로잡기까지 수많은 작업들이 필요하다. 그 일들은 하나하나가 전부 소중하고 가치 있다. 단지 감독만이 원하는 작품을 만들 수 있어서 멋져 보인다고 생각하는 것은 잘못된 판단이다. 자신만의 전문 분야에서 좀더 완성도 높은 작품이 탄생할 수 있도록 지원하는 것도 충분히 의미 있는 일이다. 또한 전문적인 위치에서 많은 애니메이션 작품들을 접해볼 수도 있으니 이보다 좋은 일이 없다. 문화는 그 전파의 파장이 아주 넓기 때문에 관련된 일은 얼마든지 찾아볼 수 있다. 정말 좋아하는 마음이 있다면, 그리고 꼭 해보고 싶다면 지속적인 관심을 갖고 자신이 어떤 일을 할 수 있을지 생각해보자. 너무나 멀리 있어서 손에 닿지 않을 것 같은 뜬구름이 아니라, 자신의 자리에서 꿈을 이룰 수 있는 일들이 얼마든지 있을 것이다.

아라 어머니 제작 과정 외의 영역에도 다양한 관련 직업들이 있군요. 단순히 예술 계통이라고만 생각해서 불안했는데 그렇지만도 않네요.

영주 앞으로 파생될 직업들은 더욱 많아질 거예요. 경쟁률도 높아질 거고요. 많은 청소년들이 창조적이고 재미있는 일을 하고 싶어하고, 애니메이션은 그런 욕구를 채우기에 이상적인 분야거든요. 당장의 경제적인 이익을 위해서가 아닌, 진짜 꿈을 가지고 도전해볼 만한 일이라고 생각해요.

아라 저는 애니메이션 교육에도 관심이 있는 데요, 후배들을 양성하는 것도 보람이 클 것 같아요. 물론 제 작품도 만들면서 말이죠. 이렇게 언니가 설명해주는 것을 들으니 제 꿈에 대한 확신이 더욱 굳어지네요. 고맙습니다.

영주 아라와 같은 열정만 있다면 무슨 일이든 해낼 수 있을 거야.

아라 아버지 저희도 이렇게나마 딸의 꿈에 대해서 이해할 수 있게 되어 안심입니다.

영주 아라처럼 야무진 아이는 부모님 걱정 안 끼쳐드릴 거예요. 저도 아라의 열정을 배우고 싶을 정도거든요. 너무 걱정 마시고 항상 격려해주세요.

프로듀서 이혜원

1 프로듀서로 일하시게 된 특별한 계기가 있나요?

원래의 전공은 '무대미술'로 학교를 졸업할 즈음부터 무대감독으로 일했습니다. 그러다 12년 전 우연히 불법 애니메이션 비디오^{당시에는 국내에 공식 수입된} 것이 없었기 때문에-.-;를 동생을 통해 접하게 되었는데, 그때 애니메이션의 다양한 표현 방식에 일종의 문화적 충격을 받았습니다. 더 많은 사람들과 애니메이션의 재미를 공유하고 싶은 욕심에 주위의 친한 친구 네 명과 함께 1994년 늦가을에 대학로의 소극장 '오늘'에서 보름 동안 애니메이션 영화제를 기획, 상영했습니다. 그 영화제의 소제목은 '한국 애니메이션의 길 찾기'였습니다. 그 후 애니메이션의 매력에 빠져 '스튜디오 마루'를 만들었습니다. 스튜디오 마루는 없어졌지만 지금까지 즐겁게 작업하고 있습니다.

2 일하시면서 가장 힘들었던 점은 무엇인가요?

스튜디오 마루는 뜻 맞는 친구들과 만든 동아리의 성격이 컸기 때문에 짧은 단편 한 편을 만드는 데도 많은 돈이 필요했어요. 주위의 도움을 받거나 아르바이트 등을 하며 힘들게 일했던 기억이 나네요. 그때는 돈 때문에 몸은 힘들었지만, 마음은 뭔가를 해내겠다는 열정으로 가득 차 힘든 줄 몰랐었죠. 그로부터 12년이 지난 지금, 장편 애니메이션을 만들면서는 50명이 넘는 스텝들과 정확한 의사소통을 해내는 것이 아주 중요하다는 것을 깨닫게 되었습니다. 같이 작업을 하는 사람들과의 상호 신뢰를 위해 정확한 의사소통을 하는 것은 매우 중요하면서도 힘든 일이라고 생각합니다.

3 일하시는 데 큰 영향을 끼친 사람이나 작품 등이 있다면 소개해주세요.

애니메이션을 시작하게 된 계기를 제공했던 다카하다 이사오 감독의 〈반딧불의 묘〉, 〈첼로 켜는 고슈〉, 그리고 프레드릭 백의 〈크랙!〉과 〈나무 심는 사나이〉.

4 일하시면서 가장 기뻤던 순간이 있다면 언제인가요?

긴 시간 동안 작업한 결과물을 작업에 참여한 스태프가 모여 처음으로 시사할 때가 아닐까요.

솔직히 늘 일 속에서 여러 가지 기쁨을 느끼며 살기 때문에(^^) 가장 기뻤던 순간을 꼽으라면 고민스러울 때가 많아요. 그래도 그 중 기쁠 때라고 하면 10여 년 이 바닥에서 일하는 동안 만났던 여러 후배들이 처음으로 자신의 작품을 만들었다며 단편 애니메이션을 보내올 때, 그리고 내가 참여한 작품이 어두운 극장에서 상영되는 첫 순간. 만드는 동안 지긋지긋, 징글징글했던 모든 순간이 어느새 망각 속으로 사라지고, 정말 떼려치우겠다고 다짐하던 모든 고생스러웠던 나날도 잊게 됩니다.

인간이 신에게 받은 커다란 축복 가운데 하나가 망각이라더니, 숱한 고생을 어느새 잊어버린 나의 바보스러움에 혼자 킥킥대기도 하지만, 그 고통과 기쁨의 순간을 넘어 다시 저를 현장으로 돌아가게 하는 힘이 애니메이션이라는 사실이 저는 즐겁습니다.

5 **애니메이션 분야에서 프로듀서 이외의 직종 하나를 추천해주신다면요?**

약간은 이기적인 이유로 감독을 추천합니다. 저는 여전히 감독에 목말라 하고, 허기져 합니다. 더 많은 감독을 만나고 싶고, 그 중에 나와 함께 일할 수 있는 감독들을 계속 찾고 싶고, 그리워합니다. 프로듀서와 감독, 두 사람은 떼려야 뗄 수 없는 관계입니다. 전생의 원수 같기도 하고, 은인 같기도 합니다. 서로 잡아먹을 듯이 으르렁대다가, 어느 순간 완벽한 조화를 이루며 다시 서로 마주 보며 웃기도 하는 2인 3각의 묘한 관계라고 할 수 있죠. 그 즐거움을 함께 누릴 사람이 아직도 많이 그립습니다. 여러분들 중에서 그런 감독이 탄생할 때까지 기다려볼게요.

6 **애니메이션 분야에서 일하기 위해 청소년기부터 준비해야 할 지식이나 기술에는 어떤 것이 있을까요?**

애니메이션은 종합예술이며, 자기가 표현하고 싶은 것을 영상으로 구현해내는 예술입니다. 작품을 만들고 싶은 사람이라면 자신이 무엇을 하고 싶고 어떻게 할 것인지 구체적인 밑그림을 갖고 있어야 한다고 생각합니다. 그런 밑그림을 분명하게 그릴 수 있는 시점이 언제가 될지는 알 수 없습니다. 빨리 찾아올 수도 있고, 조금 느리게 올 수도 있습니다.

다만 청소년기에 다양한 분야의 책을 많이 읽어서 사고를 유연하고 폭넓게 키워놓기를 바랍니다. 개인적으로 권하고 싶은 독서 분야는 인문학, 즉 철학, 역사, 문학 등입니다. 본인의 호기심이 국내에만 머무는 게 아니라면 여러 나라의 언어를 익혀놓는 것도 좋겠죠. 또는 컴퓨터가 좋아서, 3D가 좋아서, 그림이 좋아서 등 호기심이 미치는 분야가 뚜렷하다면 그 분야에 대해 다양한 각도에서 탐색해볼 필요는 있습니다.

전문 분야의 지식이나 기술을 습득하는 일은 본인이 무엇을 하고 싶은지가 그려졌을 때 시작해도 늦지 않을 것이라고 생각합니다. 여러분, 열독熱讀! 그리고, 꿈을 위해 노력하십시오.

프로듀서 이혜원은...

'스튜디오 마루'의 창립 대표. 1994년에 〈공사중〉(40분 중편, 정원구 감독), 〈착한 비디오〉(10분 단편, 한영리 감독), 〈야하니의 하루〉(16분 단편, 김원 감독) 등 점토 애니메이션을 3편 제작했다. 1996년과 1997년 두해 동안 서울국제만화애니메이션 페스티벌의 애니메이션 프로그래머로 일했다. 1998년 〈날아라 슈퍼보드 4탄〉의 라인프로듀서로 일했으며, 이후 한국애니메이션 제작자협회에서 정책간사로 2년간 근무하면서 애니메이션 정책연구를 수행했다. 현재 선우엔터테인먼트의 기획개발부 부장으로 있으면서 이성강 감독의 장편 〈천년여우, 여우비〉의 프로듀서를 맡고 있다.

고등학교

- ■ 영상고등학교(서울)
  멀티미디어애니메이션

- ■ 고명정보산업고등학교(서울)
  멀티미디어애니메이션

- ■ 아현산업정보학교(서울)
  애니메이션

- ■ 신정여자상업고등학교(서울)
  애니메이션(만화)과

- ■ 부산컴퓨터과학고등학교(부산)
  애니메이션과

- ■ 울산애니원고등학교(울산)
  애니메이션과

- ■ 충북인터넷고등학교(충북)
  애니메이션과

- ■ 한국애니메이션고등학교(경기)
  애니메이션과

- ■ 충남애니메이션고등학교(충남)
  애니메이션과

- ■ 장성생활정보고등학교(전남)
  애니메이션과

- ■ 은평웹미디어고등학교(서울)
  애니메이션과

- ■ 영동인터넷고등학교(충북)
  애니메이션과

- ■ 삼일공업고등학교(서울)
  애니메이션과

- ■ 부산대연정보고등학교(부산)
  애니메이션과

- ■ 병천고등학교(충남)
  애니메이션과

- ■ 문성정보미디어고등학교(인천)
  애니메이션과

- ■ 마산무학여자고등학교(경남)
  애니메이션과

- ■ 논산여자상업고등학교(충남)
  애니메이션과

- ■ 춘천실업고등학교(강원)
  애니메이션만화과

- ■ 포항정보여자고등학교(경북)
  컴퓨터디자인과/애니

- ■ 경남애니메이션고등학교(경남)

- ■ 서울애니메이션센터
- ■ 한국애니메이션제작자협회
- ■ 한국애니메이션예술인협회
- ■ 서울국제만화애니메이션페스티벌
- ■ 춘천애니타운페스티벌
- ■ 부천국제대학애니메이션페스티벌
- ■ 전국애니메니메이션노동조합
- ■ 서울애니메이션센터졸업작품 DB

- ■ 사이버문화콘텐츠아카데미
- ■ 한겨레신문사 문화센터
- ■ 디자인 정글 아카데미

* 애니메이션과 만화는 하나의 줄기로 인식되기 때문에 대부분의 관련 기관이 두 분야를 함께 취급한다.

게임

웰컴 투 게임랜드

이루다 학생은 게임에 관심이 많습니다. 어렸을 때부터 '슈퍼마리오'를 비롯한 많은 게임에 홀리듯 빠져들었고 너무 집중한 나머지 하루 종일 게임만 한 적도 있을 정도예요. 이런 루다를 부모님은 너무나 걱정하셨죠. 게임하느라 숙제를 빼먹기도 하고, 학교 공부에도 소홀해졌으니까요. 그런데 고등학교에 진학한 후 루다는 게임보다는 컴퓨터 프로그램 짜는 일에 더 큰 관심이 생겼습니다. 직접 명령어 프로그램을 짜서 몇 가지 간단한 게임을 만들어보았는데 거기서 맛볼 수 있는 기쁨이 아주 컸거든요. 그렇게 해서 완성한 게임과 기획안이 벌써 10개가 넘습니다. 그뿐이 아닙니다. 청소년 대상 게임 공모전에서 입선하면서 적잖은 상금도 탔고, 루다가 구상한 게임 아이디어들을 게임회사가 인수하면서 학업에 방해되지 않는 선에서 같이 일해보자는 제안도 받았습니다. 루다는 그저 즐거워서 해온 일이 이토록 커다란 일상의 변화를, 진로의 변화를 가져올 수 있다는 것이

놀랍고 신기했습니다.

직접 게임회사에 가서 앞으로 자신이 할 수 있는 일들과 게임 산업에 대한 전반적인 얘기를 들어보기로 한 날, 루다는 설레는 맘으로 집을 나섭니다.

게임으로 하나 되는 세상

인터넷의 발달과 함께 온라인게임이 발전하면서 게임은 마니아의 오락에서 누구나 좋아하는 문화로 변신했다. 국내 게임 업체 넥슨이 개발한 카트라이더가 출시된 지 9개월 만에 회원 수 1100만 명을 넘어섰다는 것이 게임의 대중화를 잘 대변해준다. 카트라이더는 오랫동안 PC방 온라인게임 점유율 1위를 차지하던 스타크래프트를 밀어내고, 2005년 3월부터 줄곧 1위를 차지하고 있다

이렇듯 게임 산업은 21세기형 지식산업으로 선진국들의 막대한 투자와 관심 속에 한국뿐 아니라 전 세계적으로 급속하게 발전하고 있다. 또한 인간의 감성을 풍부하게 하고, 아이디어의 창출과 영상 디자인 및 컴퓨터기술의 결합이 가능한 무공해 정서 서비스 산업으로 각광받고 있다.

최근 국내 게임업계의 두드러진 경향 가운데 하나는 해외진출에 대한 관심이 높아졌다는 점이다. 특히 중국은 인구가 10억 명이 넘는 광활한 시장을 지니고 있는데다 지난 2000년 이후 온라인게임 유저와 시장 규모가 가파르게 상승하고 있다. 그런 점에서 게임 분야에

서 직업을 갖는다면 세계를 상대로 가장 새롭고 전도유망한 분야에서 일하게 되는 셈이다.

그러나 직업으로서 게임을 바라보는 자세는 단순히 오락으로 즐길 때의 마음가짐으로는 당연히 부족하다. 우선은 자신이 원하는 것을 정확히 알고 있어야 한다. 단순히 게임하는 것을 좋아한다면 일단은 취미활동 정도로 생각하는 것이 여러모로 낫다. 게임을 '잘하는' 것과, '잘 만드는' 것은 차이가 크기 때문이다. 다른 일도 마찬가지지만 게임 산업에 종사하기 위해서도 많은 공부와 자기계발이 필요하다. 진지한 애정과 노력이 바탕이 되어야 신나고 멋진 게임을 만들 수 있는 것이다.

물론 개발자가 아니라도 게임 산업 속에는 여러 가지 직업이 있기 때문에 자신의 능력을 얼마든지 발휘할 수 있다. 게임 마케팅이나 저작권과 관련된 법률적인 업무도 있고, 온라인게임 자체가 점점 더 큰 영역을 차지하고 있는 만큼 인터넷 관련 지식이 필요한 직업도 많다.

게임은 이제 게임이라는 하나의 영역에 머무르는 것이 아니라, 모든 문화산업의 중심이 되어가고 있다. 그만큼 게임 속 다양한

중국에 수출된 한국의 온라인 게임들. 미르의 전설 2(위), 리니지 시리즈.

직업들이 인재를 기다리고 있다. 게임업계에서 일하고 싶은 사람이
라면 먼저 자신이 무엇을 할 수 있을지 지금부터 고민해보자.

　게임회사는 최근 출시된 게임을 홍보하는 포스터와 캐릭터 인형들
로 꾸며져서인지 사무실 분위기도 상상했던 것보다 부드럽고 화기애
애했습니다. 몇 번 통화한 적이 있는 개발팀의 김선호 팀장님이 루다
를 반갑게 맞아주셨습니다.

김선호 팀장 잘 왔어요. 루다 군이
　　　　만든 게임이 인상 깊어서
　　　　어떤 학생인지 궁금했거
　　　　든요.

출시 9개월 만에 회원 수 1100만 명을 자랑하며
게임 대중화의 문을 연 카트라이더.

이루다 네, 저는 취미로 몇 번 만들다가 별 기대 없이 출품해본 건데, 결과가 너무 좋아서 도무지 실감이 안 나요. 어안이 벙벙하기도 하고요.

김 팀장 루다 군의 게임에서 프로의 냄새는 안 나지만 아기자기하고 창의적인 부분들이 눈에 띄어서 흥미로웠어요. 말 그대로 즐기면서 만들었다는 느낌이 든다고 할까?

루다 그렇게 봐주시니 감사합니다. 게임회사는 처음 와보는데 분위기가 자유롭고 좋네요.

김 팀장 물론 고등학생이고, 앞으로 하고 싶은 일도 다양하게 바뀔 수 있겠지만, 게임을 좋아하고 만드는 것에 흥미를 느낀다면 이 방면으로 진로를 생각해보는 것도 좋을 거예요. 우리나라의 게임 산업은 지금 활발하게 발전하고 있고, 그 시장성도 무시할 수 없을 만큼 성장하고 있거든요. 특히 인터넷 기반 게임은 세계 최고라고 해도 과언이 아니죠. 자신의 상상력과 기술로 만들어낸 게임이 전 세계로 퍼져 나간다고 생각하면 꽤나 근사하지 않나요?

루다 말만 들어도 멋지네요. 하지만 제가 당장 무엇을 할 수 있을까요? 저는 단지 게임을 좋아할 뿐 진로 쪽으로 생각해본 적은 한 번도 없거든요.

김 팀장 벌써부터 그렇게 자신 없어 할 필요는 없어요. 아직 잘 모르니까 더욱 많은 가능성이 있는 거죠. 모르는 것은 차근차근 배워 나가면 되고. 그럼 이제부터 게임이 어떻게 만들어지는지, 보급되는 과정을 따라 어떤 직업들이 존재하는지, 그 직업을 갖기 위해서 어떤 능력을 갖추어야 하는지 알아볼까요?

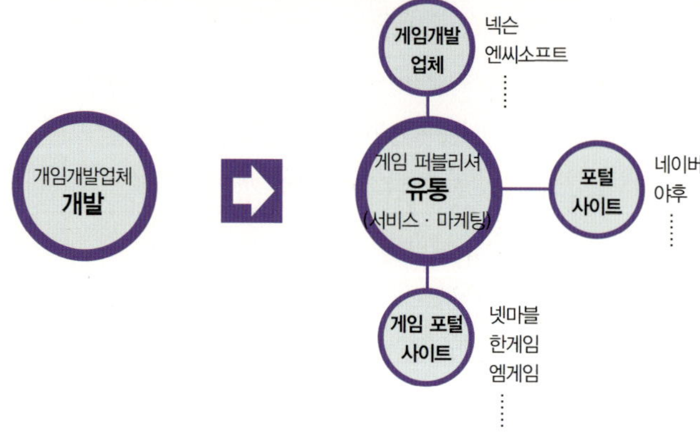

게임 산업은 크게 게임 퍼블리셔와 게임개발사의 이중적 구조로 이루어져 있다. 예전에는 제작사가 서비스까지 담당했지만, 게임 산업의 규모가 커지면서 영화 분야의 '제작사'와 비슷한 게임 퍼블리셔가 등장한 것이다. 게임 퍼블리셔는 외부의 게임개발사를 통해 경쟁력 있고 수익성 있는 게임들을 소싱하고 지원하며, 계약 업무를 통해 실질적인 게임 서비스를 담당한다. 구체적으로 게임 소싱, 계약, 개발 지원, 게임 서비스, 게임 마케팅에 이르기까지 전·후반 단계의 많은 부분을 아우른다. 해외 퍼블리셔의 경우 현재 중국, 일본, 동남아, 유럽, 미주 지역의 해외 기업들이 담당하고 있는데 온라인게임에 대한 관심이 계속 높아지면서 해외 기업들의 한국인 채용이 더욱 늘어나고 있는 추세다.

국내의 게임 퍼블리셔들은 한게임, 넷마블과 같은 게임 포털사이트와 게임개발업체가 주로 맡고 있다. 특히 게임개발업체들은 자사가 개발한 게임 외에 국내외 게임의 판권을 확보하고 서비스하는 것을 차세대 수익모델로 내세울 만큼 적극적이다.

현재 국내에서 게임 퍼블리셔를 전문적으로 교육하는 기관은 따로 없다. 게임 퍼블리셔가 되면 외국기업에서 근무할 수도 있으므로 영어와 해당 국가의 언어, 마케팅을 배워두면 도움이 될 것이다. 게임 퍼블리셔는 기본적으로 다양한 사람들과 끊임없이 부딪쳐야 하는 만큼 대인관계가 원만하고 사교적인 사람에게 적합하다.

게임이란 저택의 기둥을 세우다 | 사전 제작 단계

이제부터 게임 산업의 다른 한 축인 게임개발사의 직업 구성에 대해 자세히 살펴보자.

게임개발 과정은 시나리오, 그래픽, 애니메이션, 음악, 프로그램 등이 긴밀하게 연결되어 있어서 매우 복잡하고 어렵다. 크게 사전 제작 단계, 제작 단계, 후반 작업 단계로 나눌 수 있는데, 그 중 게임개발의 기본 틀을 마련하는 것이 사전 제작 단계의 일이다. 구체적으로 게임의 동기나 목표, 소재에 대한 아이디어를 생각해내고 회의를 통해 게임의 윤곽을 잡는다. 그 다음에는 게임 제목, 장르, 스타일, 플랫폼, 유저, 그리고 스토리에 대한 내용을 명확하게 정리한다. 그렇게 정리된 게임 시나리오를 가지고 실제 게임이 진행되는 데 필요한 것들을 세밀하게 계획하고 설계한다.

이 과정에서 활약하는 사람으로는 디렉터, 게임 시스템 디자이너, 레벨 디자이너 등이 있다.

★ 디렉터

디렉터의 역할은 영화에서 감독과 비슷하다. 즉 좋은 시나리오와 아이디어를 가공해서 개발에 참여하는 사람들이 각자의 자리에서 최선을 다할 수 있는 여건을 마련해주는 사람이 게임 디렉터이다. 디렉팅의 경우 개발 초기부터 서비스 개시, 그 후의 지속적인 업데이트에 이르기까지 게임의 개발과 서비스 전반을 고루 지휘하게 된다.

먼저 개발 단계에서는 시나리오 제작, 게임 시스템의 세부 설계와 데이터 밸런스의 조절, 프로그램팀과 그래픽팀 사이의 개발상의 문제를 조율하는 일 등을 맡는다. 게임의 난이도나, 제작 과정에서 각 전문 분야의 특성과 상호관계 등 게임과 관련된 모든 정책을 결정한다. 이 외에 출시될 게임의 매뉴얼을 디렉터가 직접 제작하는 경우도 많다.

때때로 전문성을 높이기 위해 스토리 제작과 게임 시스템 설계 부문을 나누기도 하지만, 결국 게임개발의 총책임은 디렉터가 맡는다. 그러므로 게임 디렉터에게는 참신한 아이디어를 떠올리고 구체적으로 구현해내는 능력, 다른 사람들과 함께 프로젝트를 이끌어가는 리더십, 그리고 여러 팀 간의 업무를 조율할 수 있는 코디네이터 능력이 필요하다.

게임 디렉터가 되기 위해서는 우선적으로 게임의 본질을 이해하고 있어야 한다. 게임이란 현대사회에 맞게 진화된 놀이인 만큼 게임을 즐기는 것은 기본이고 남들에게도 재미를 줄 수 있는 사람일수록 디렉터의 역할을 잘 소화해낼 수 있다. 디자이너와 프로그래머에게 프로젝트의 콘셉트를 명확하게 전달해야 하기 때문에 디자이너적 · 프로그래머적 마인드와 지식도 갖추어야 한다. 게임뿐 아니라 영감과 자극을 받을 수 있는 문화 전반에 대한 관심이 있어야 하고, 글쓰기 같은 작업을 통해 자신의 생각을 조리 있게 정리할 수 있는 능력도 필요하다. 이 외에 미적인 것을 볼 줄 아는 눈과 사운드에 대한 감각, 독창성과 분석력을 갖추는 것도 매우 중요하다. 사물에 대한 무한한 호기심과 자유로운 발상, 표현 능력도 빼놓을 수 없다. 무엇보다도 기획자의 기본 요건은 커뮤니케이션 능력과 다양한 직접 혹은 간접 경험, 모든 분야의 게임에 대한 이해이다.

　현재 게임 디렉터로 일하는 사람들은 프로그래머, 그래픽 디자이너 등 게임개발 부문에서 근무하다가 전체를 총괄하는 디렉터로 나선 경우가 대부분이다. 이처럼 게임 디렉터가 되려면 우선 게임업체에서 한 가지 이상 전문적인 일을 하면서 차근차근 경력을 쌓아가는 것이 유리하다. 부지런히 게임업체의 홈페이지를 방문하고, 인터넷 동아리나 동호회에서 만난 인맥을 활용하는 것이 게임업체에 입사하는 방법 가운데 하나이다.

★게임 디자이너

　게임 디자이너는 크게 시스템을 맡는 시스템 디자이너와, 내용이나 디자인적 측면을 담당하는 레벨 디자인으로 나눌 수 있다. 구체적으로 게임 시스템 디자이너는 게임 속에서 각종 요소를 어떤 방식으로 움직이게 할지 설계하는 사람이다. 즉, 레벨 디자이너와 함께 하나의 아이디어를 사람들이 가지고 놀 수 있는 게임의 형태로 구현하는 일이라고 할 수 있다. 치프 디자이너로도 불리는 시스템 디자이너는 레벨 디자인 등의 업무를 거쳐서 게임개발 전반에 대해 많은 경험을 쌓은 후에 할 수 있다.

시스템 디자인이 좀더 총체적인 업무라면 레벨 디자인은 유저의 흥미를 자극하기 위해 무엇이 필요한지 연구하는 일이라 할 수 있다. 게임의 난이도를 조정하는 것도 이 영역에 속한다. 레벨 디자이너의 실질적인 작업은 전체 게임개발의 중반부부터 시작되지만, 그 시점에서 기본적인 토대는 이미 마련되어 있는 상태여야 한다. 게임의 재미를 극대화하면서 템포를 조절하는, 이른바 게임에서 가장 중요한 일이 레벨 디자인이기 때문이다. 레벨 디자인을 하려면 먼저 게임의 특징적인 요소들을 파악하고 시나리오의 흐름과 구성을 이해해야 한다. 즉 어느 부분에서 어떤 이벤트가 발생하고, 어떤 대화가 오가고, 그로 인해 캐릭터에 어떤 변화가 생기는지 전체적인 흐름을 파악하는 것이다.

게임 디자이너는 게임개발회사 혹은 네트워크 게임개발회사에서 일하거나, 프리랜서 게임 디자이너, 게임 프로듀서, 게임 그래픽 디자이너, 캐릭터 디자이너, 멀티미디어 디자이너로 활약할 수 있다. 이 분야는 특히 전문 인력이 많이 부족한 실정이다. 무한가치를 창출하는 소프트웨어 산업의 발전 추세로 보아 게임 디자이너의 채용 기회는 앞으로 더욱 늘어날 것으로 보인다.

김 팀장 사전 제작 단계에서는 주로 기획과 디자인을 하게 되는데요, 구체적인 예상 유저를 미리 선정하고 계획을 세워야 더욱 부가가치가 높은 상품을 만들 수 있습니다. 즉, 어린이를 대상으로 하는 교육용 게임부터 성인 대상의 자극적인 시뮬레이션 게임까지 다양한 고객의 니즈와 성향을 연구해야 하는 것이죠. 대상을 정한 다음에는 그들이 원하는 이야기와 관심사를 설문조사 등을 통해서 알아보고, 어떤 콘셉트가 더 많은 유저를 끌어올 수 있을지 회의를 거듭해서 결정짓습니다. 게임은 완성도를 높이는 것도 중요하지만 시장성 역시 무시할 수 없으니까요. 무슨 뜻인지 알겠죠?

루다　네. 인기 있는 게임들을 보면 정말 대중의 심리를 훤히 꿰뚫고 있다는 느낌이 들어요. 조금 거창하게 말하면 지구상의 모든 문화권이 갖고 있는 공통된 정서 같은 것을 보여주는 듯하거든요.

김 팀장　맞아요. 게임 시나리오의 소제들 가운데 보편적 정서를 담은 신화에서 유래된 것들이 많은 걸 봐도 잘 알 수 있죠. 오늘날 게임은 사람들이 욕망할 수 있는 가장 근원적인 것들을 많이 담고 있어요. 그리고 사람들은 게임을 통해 그 욕망을 발산하고 있고요.

루다　저는 개인적으로 게임 디자이너의 일이 흥미롭게 느껴지네요. 자신의 머릿속에 있는 어떤 것들을 구체화시키는 첫 관문이니까요.

김 팀장　디자이너는 크게 시스템을 맡는 시스템 디자이너와, 내용이나 디자인적 측면을 담당하는 레벨 디자인으로 나눌 수 있어요. 그 중 레벨 디자인은 게임을 하는 유저의 입장에서 어떤 부분이 재미와 흥분을 불러일으키는지 연구하는 일을 하죠. 게임을 하다가 느끼는 소소한 즐거움들이 레벨 디자이너의 손끝에서 만들어진다고 할 수 있죠. 자, 그럼 본격적인 제작 단계로 들어가볼까요?

제3회 스타 PC 방
카트라이더 대회

허걱!
거기서 그런
고급 기술을!
어제 약속시간에
늦게 온 복수닷!
흥!
커플끼린 그렇게 노시지.
난 PSP로 놀테니까.

사전 제작 단계에서 디자인 등에 대한 기본적인 계획을 세웠다면 제작 단계는 본격적으로 게임을 만들어가는 과정이다. 이 단계에서는 제작 일정에 따라 기술 검증을 받는 데 필요한 스테이지 데모와 게임 기능을 함께 담은 정식 알파 버전을 제작한다. 또한 구상 단계에서 설정한 여러 가지 콘셉트를 바탕으로 본격적인 시나리오를 작성하게 된다. 이 시점에서 소재 및 주제, 게임의 세계관, 배경 스토리, 등장인물, 아이템과 유닛, 시나리오 구조, 그리고 세부 시나리오 등이 전부 명확해진다.

시나리오가 완성되면 그에 따라 그래픽 디자인의 원화를 그리고, 맵 디자인, 캐릭터 디자인, 배경 디자인, 아이템 디자인, 오브젝트 디자인, 게임 현상 디자인^{의도적 자연현상 등}, 게임 음악과 배경음악, 효과음, 특수음악, 음성, 자연의 소리, 환경음 등을 작업한다. 또한 게임 프로그래밍, 메인 프로그래밍, 서브 프로그래밍, 인공지능, 가상현실, 네트워크 프로그래밍, 게임개발 툴 개발, 게임기획서에 따른 게임 편집, 그래픽 데이터, 캐릭터, 사운드 데이터, 배경 편집, 오브젝트 편집 등의 작업도 이 단계에서 이루어진다.

쉽게 말해서 제작 단계에서는 글로 작성된 게임 기획안을 눈에 보이는 게임으로 구현하는 작업을 하는 셈이다.

★게임 시나리오 작가

게임 시나리오 작가는 최근 급성장하고 있는 게임 시장에서 게이머들의 욕구와 흥미 요인을 읽어낸 후 게임을 제작하기 위해 치밀하고 탄탄한 게임 시나리오를 작성하는 일을 한다. 게임 시나리오 작가의 업무는 게임의 주제 및 방법을 선정하고 전체적인 스토리를 창작하는 것이다. 다시 말해서 건설에서의 설계와 같은 것으로 게임개발 과정을 관리·감독하며, 컴퓨터 게임 소프트웨어를 기획하고 설계한다. 그런 점에서 게임 시나리오 작가는 게임이나 만화를 즐기고 컴퓨터에 관한 충분한 지식과 문학적 소양을 갖춘 사람에게 적합한 직업이다.

구체적으로 살펴보자. 먼저 게임 시나리오를 쓸 때는 다양한 게이머들의 요구를 수용하고 프로그래머가 안정적으로 게임개발을 할 수 있도록 계속해서 신경 써야 한다. 따라서 무엇보다 컴퓨터에 대한 기본적인 이해와 게임에 대한 지식을 필요로 한다. 또한 업무가 프로그래밍, 그래픽, 사운드 작업 등 게임개발의 모든 과정과 관련이 있으므로 각각의 일을 파악하는 업무 인지 능력과 게임의 배경 스토리를 작성하는 데 기초가 되는 문학적 소양도 갖춰야 한다. 게임의 종류에 따라서는 다양한 분야의 지식이 필요하기 때문에 자료 취득에 필요한 상식 및 정보 취급 능력도 갖추어야 한다. 결국 게임 시나리오 작가는 게임개발과 관련 있는 모든 분야의 지식과 경험을 쌓을 필요가 있다.

게임 시나리오 작가는 학력, 성별, 나이에 제한 없이 누구나 도전할 수 있다. 아직까지 게임 시나리오 작가를 전문적으로 양성하는 기관은 없으며, 전문대의 게임학과에서 부분적으로 관련 교육을 실시하고 있다.

★ 프로그래머

　프로그래머의 역할을 정의하면 '게임 디자인을 현실화시킬 수 있는 소프트웨어 도구를 만드는 사람' 이라고 할 수 있다. 프로그래머는 다른 팀원들이 작업할 프로그램과, 다른 팀원들이 작업한 데이터를 받아서 그것을 게임의 형태로 구현해주는 프로그램을 만든다. 먼저 기획이 일단락되어 넘어오면, 프로그래머는 각 팀과 상의해서 데이터와 관련된 전반적인 사항을 결정한다. 그런 다음 프로그래밍 팀 내에서 역할을 나누고 스케줄을 짜서 본격적인 프로그래밍을 시작한다.

　우선 게임의 기본 뼈대를 잡아 가장 안정적이고 확장성을 갖는 구조로 설계를 하고 엔진을 만드는 것과 동시에, 레벨 에디터 등의 툴을 만든다. 프로그래밍팀에서 엔진을 만드는 동안 다른 팀에서는 만들어진 툴을 가지고 이미지 리소스 등의 데이터를 만든다. 데이터가 어느 정도 진행되었을 즈음에 엔진 작업을 끝낸 프로그래밍 팀은 이제 메인이 되는 게임 프로그래밍에 들어간다. 여기서부터가 바로 눈에 보이는 형태로 게임이 만들어지기 시작하는 단계이다. 이미지를

화면에 띄우는 것부터 시작해서 이동, 전투, 인공지능, 인터페이스, 효과 등 조각조각 나누어진 부분들을 하나씩 기본 구조에 덧붙여 나간다. 이 과정을 마치면 비로소 게임의 첫 완성판이라고 할 수 있는 알파판이 탄생한다.

한편, 최근 3D 온라인게임 개발이 대세를 이루면서 프로그래머의 역할도 세분화·다양화되고 있다. 구체적으로 클라이언트 프로그래머, 서버·네트워크·DB 관리자, 게임 툴 프로그래머, 게임 엔진 프로그래머, 모바일 게임 프로그래머, 게임 서버 프로그래머 등의 분야로 나뉘기도 한다.

프로그래머가 되기 위해서는 무엇보다 논리력과 분석력을 갖추는 것이 중요하다. 또한 최신 기술을 따라가고 자신의 능력을 끌어올리기 위해 끊임없이 노력해야 한다. 이 외에 게임개발에는 여러 분야의 사람들이 서로 의견을 조율해야 하는 일이 많기 때문에 사회성과 타인과의 커뮤니케이션 능력이 타 분야에 비해 더욱 중요하다. 기획, 그래픽, 프로그래밍이라는 전혀 다른 부문의 사람들이 짧지 않은 개발 기간 동안 함께하는 만큼 사회성이 모자라서 팀원들과 잘 지내지 못하거나, 자신의 의사를 명확히 전달하지 못해서 다른 사람들이 이중으로 작업하게 만들어서는 환영받기 어렵다.

프로그래머가 되기 위해서는 기본적으로 컴퓨터공학과 수학, 물리학 분야의 기초과학 지식을 쌓아놓아야 한다. 대학의 관련 학과로 진학하는 것이 이런 기초지식을 쌓기에 가장 좋은 방법이라 할 수 있다. 또한 게임개발이라는 특성과 취직 문제를 생각하면 관련 교육기관에서 공부하는 것도 하나의 방법이 될 수 있다.

★ 그래픽 디자이너

게임 그래픽 디자이너는 쉽게 말해서 게임상에 나타나는 모든 것을 만드는 사람이다. 즉, 이들은 게임의 배경과 인터페이스, 캐릭터, 아이템 등 게임에 필요한 모든 것을 창조해낸다. 게이머가 조종하는 캐릭터부터 배경, 메뉴와 옵션 등이 뜨는 인터페이스에 이르기까지 그래픽 디자이너가 만드는 것은 참으로 다양하다. 그래픽 디자이너는 기획된 시나리오의 콘셉트에 맞게 그림을 만들고, 게임 그래픽에 필요한 배경, 캐릭터 디자인, 2D 및 3D 그래픽, 애니메이션까지 게임개발 과정의 전반적인 그래픽 작업을 수행한다. 하는 일에 따라 게임 그래픽 디자이너는 크게 2D와 3D 디자이너로 구분할 수 있다. 2D 디자이너에는 원화 디자이너, 인터페이스 디자이너, 픽셀 아티스트가 있으며, 3D 디자이너에는 모델러, 맵퍼, 애니메이터, 동영상 CG 디자이너가 있다.

게임 그래픽 디자이너가 되기 위해서는 우선 컴퓨터 그래픽을 이해해야 한다. 컴퓨터 그래픽은 전자 붓으로 컴퓨터 화면에 그림을 그리는 것으로 색의 조화에 대한 기본적인 지식을 갖고 있어야 능숙하게 다룰 수 있다. 따라서 게임 디자이너는 사물의 특징을 포착, 재현해낼 수 있는 데생 능력과 연속 동작을 표현하는 애니메이션 지식을 갖출 필요가 있다. 기본적으로 컴퓨터 그래픽과 관련된 툴을 다루는 능력도 중요하지만, 무엇보다도 게임은 모든 영역을 총망라하는 분야이기 때문에 고도의 창의력과 풍부한 아이디어가 없으면 살아남을 수 없다. 따라서 기본 툴을 마스터하는 것은 물론이고 인체의 근육과 골격에 대한 이해, 창의적인 사고, 상상력과 연출력 등을 향상시키기 위한 노력을 게을리 해서는 안 된다.

그래픽 디자이너에는 학력, 경력, 성별, 연령 등의 제한이 없으므로 게임에 대한 관심과 소질이 있는 사람이라면 누구나 도전해볼 수 있다. 실제로 현재 국내에서 활동 중인 상당수의 게임 디자이너가 컴퓨터 그래픽을 공부하다 디자이너로 변신한 경우다. 게임 그래픽 디자인을 배우려면 기본적으로 순수미술, 즉 드로잉과 채색 연습을 많이 하는 것이 좋다. 요즘에는 그래픽 교육 과정을 두고 있는 전문 게임학원이나 아카데미 등이 많이 있다. 이런 곳에서 기초적인 지식을 배우는 것도 추천할 만하다.

★ 2D 디자이너

원화(밑그림) 디자이너 원화 디자이너는 게임의 기본 콘셉트를 제시하고 전반적인 분위기를 만들어내는 가장 기본적이면서도 가장 중요한 역할을 맡고 있다. 원화 디자이너가 제시하는 콘셉트에 따라 게임에 들어갈 캐릭터, 배경, 인터페이스 등의 방향이 결정되기 때문이다. 그런 점에서 기본적으로 뛰어난 그림 실력과 풍부한 아이디어, 그리고 창의력을 요하는 직업이다.

인터페이스 디자이너 게임상의 구성도, 즉 인터페이스를 제작한다. 인터페이스 디자인은 게임을 하는 유저의 편의와 디자인적인 요소를 동시에 만족시켜야 하는 까다로우면서도 중요한 작업이다.

픽셀 아티스트(도터) 2D 게임에 올라가는 도트^{dot} 그래픽을 그린다. 3D 게임의 대세로 예전보단 주춤해졌지만, 모바일게임이 강세를 띠면서 여전히 도터를 필요로 하는 곳이 많이 있다.

★ 3D 디자이너

모델러 게임에 등장하는 캐릭터와 아이템 등의 오브젝트를 3D 프로그램을 이용하여 만들어내는 역할을 한다. 기본적인 디자인 콘셉트가 정해지면 그것을 토대로 입체적인 형상을 만들어내야 하기 때문에 조소에 대해서도 어느 정도의 전문 지식이 있으면 많은 도움이 된다.

맵퍼 모델러가 만들어놓은 입체 오브젝트에 텍스처를 그려넣는 사람이다. 맵핑을 할 때는 입체감과 형태감이 살아날 수 있도록 맵핑 소스 제작과 조명 작업에 세심한 주의를 기울여야 한다.

애니메이터 캐릭터에 움직임을 입히는 역할을 한다. 캐릭터가 모션을 취할 수 있도록 애니메이션 작업을 하는데, 이때 인체공학과 운동

역학에 대한 이해와 더불어 세심한 관찰력과 연출력 등이 뒷받침되어야 한다. 최근에는 모션 캡쳐를 받아 직접 오브젝트에 입히는 경우도 늘고 있다.

동영상 CG 디자이너 규모가 큰 게임에는 멋진 동영상이 들어가게 마련인데, 이런 동영상 CG를 제작하는 디자이너이다. 실시간 3D를 제작하는 팀과는 별도의 팀에서 제작하는 것이 상례다. 대규모 회사에는 동영상팀을 따로 두는 경우가 많으며, 그 외에 대부분의 업체들은 외주제작을 한다.

★게임 사운드 디자이너

게임 사운드 디자이너가 하는 일은 배경음악, 효과음 등 게임 속에 등장하는 '소리'를 제작하는 것이다. 이들은 게임에 필요한 음악을 작곡하거나 음악 편집 소프트웨어 등을 이용하여 소리를 녹음하고 디지털화하여 화면에 맞게 편집하는 작업을 한다. 이 분야를 세분화하면 뮤직 컴포저와 사운드 엔지니어로 나눌 수 있다. 뮤직 컴포저는 음악을 작곡·편곡하는 뮤지션이다. 단순히 악보를 쓰는 것뿐 아니라 신디사이저를 사용하여 음악을 만들기도 한다. 한편 사운드 엔지니어는 뮤직 컴포저가 작곡한 음악을 음원 드라이버를 사용하여 프로그램에 정확히 이식하는 일을 한다. 여기에는 음악적 지식은 물론 컴퓨터 프로그램에 대한 기초지식과 이해도 필요하다. 최근에는 게임 전문 사운드 디자이너를 따로 쓰기보다는 뮤지션이라 불리는 사람들에게 의뢰하는 경향이 있다.

사운드 디자이너가 되려면 프로 뮤지션과 어깨를 나란히 할 수 있을 정도의 실력이 필요하다. 게임의 본질적인 특성에 대해 충분히 이해하고 있어야 하며, 여러 가지 제한된 상황에서 좋은 음악을 만들 수 있는 능력도 필요하다. 무엇보다도 '게임'의 특성상 반복해서 들어도 식상하지 않는 음악을 만들 수 있어야 한다. 사운드 디자이너가 되는 특별한 방법은 없다. 대개는 기본적인 작곡 실력과 악기를 다룰 수 있는 능력을 바탕으로 게임 프로젝트에 참여하면서 게임 사운드 디자이너로서의 이력을 쌓기 시작한다.

루다 제가 게임을 만들 때 가장 아쉬웠던 점이 디자인이었어요. 좀 더 예쁘고 아기자기하게 만들고 싶었는데, 실력이 워낙 모자라다 보니……. 앞으로 그래픽 디자인을 배워야겠어요.

김 팀장 한 사람이 모든 것을 잘할 수는 없죠. 루다 군의 게임에서 훌륭한 점은 연출과 프로그래밍이었어요. 그래픽 디자인의 경우 많은 전문가들이 게임회사에 포진해 있어요. 좋은 기획과 연출, 프로그래밍이 선행되면 그 다음에 비로소 그래픽 작업이 시작됩니다. 게임의 주제와 소재에 잘 맞고 분위기에 어울리는 그래픽들이 이때 만들어지죠. 아름답고 신비로운 이미지를 보여주는 시각적 효과야말로 게임이 가질 수 있는 최고의 무기 중 하나니까요. 그래서 작업하는 데 시간도 많이 걸리고. 가장 공을 들이는 단계가 아닐까 싶네요. 과정이 복잡하기도 하고요. 물론 그래픽 디자인을 배워두는 것도 나쁘지는 않아요. 게임제작에 대한 감각을 익히는 데 도움이 되거든요. 관련 교육기관도 요즘에는 많이 생기고 있고요. 하지만 너무 배움에 대한 강박관념을 지닐 필요는 없어요. 할 수 있는 부분들을 서로 인정해주는 것이 중요하죠.

루다　작업들이 효과적으로 세분화되어 있기 때문에 여러 분야 가운데 자신만의 전문성을 찾을 수도 있겠군요.

김 팀장　그렇다고 할 수 있죠. 자신이 잘할 수 있는 것들을 찾아서 매진하다 보면 전문적인 기술과 위치를 얻게 되는 것은 당연한 순서니까요. 예컨대 우리나라에서는 아직 생소한 '사운드 디자이너'의 경우도 그 희소성 때문에 수요가 많거든요. 게임에서 실감 나는 소리도 아주 중요한 요소니까요. 이처럼 아직 개척되지 않은 분야에 도전해서 자신만의 입지를 다지는 것도 진로를 결정하는 좋은 방법이에요. 그럼 이제 후반 작업 단계에 대해 알아볼까요?

유저와의 행복한 만남을 기다리며 | 후반 작업 단계

이 단계에서는 모든 제작 공정을 거쳐 완성된 게임을 최종적으로 수정, 보완하여 소비자에게 판매하기까지의 전 과정을 다룬다. 우선 그래픽과 사운드를 프로그램과 연결하고 통합된 데모 버전을 만들어 테스트 한 후 수정과 보완 작업을 거쳐 하나의 상품으로 완성한다. 완성된 게임은 비로소 홍보와 마케팅을 통해 게임 시장에 판매된다. 때때로 이 단계에서 게임의 다양한 플랫폼화, 게임 캐릭터의 상품화가 이루어지기도 한다.

하지만 온라인게임의 경우 오픈 베타 테스트나 정식 서비스를 시작한 이후에도 지속적인 콘텐츠 업데이트를 진행하기 때문에 현실적인 의미에서 개발과 서비스의 마지막 단계는 그 게임이 온라인 세상에서 사라지지 않는 한 있을 수 없다.

★게임 QA(Quality Assurance)

어느 산업에나 품질관리 부서QA: Quality Assurance는 존재한다. 특히 24시간 살아 숨 쉬는 온라인 세상 속 게임에서 품질관리의 중요성은 아무리 강조해도 지나치지 않을 것이다. 최근 한국에서도 '게임 QA'가 온라인게임의 부흥과 함께 전성기를 맞고 있다. 게임 QA는 제작된 게임의 품질보증 업무를 맡는다. 게임이 정상적으로 돌아가는지 테스트하는 것이다. 이들은 기획팀과 개발팀을 거치고도 절묘하게 살아남은 오류를 샅샅이 밝혀내 개발팀에 전달한다.

게임 QA는 팀워크가 필수이며 상당한 수준의 인내력을 요구하는 매우 까다로운 작업이다. 때로는 개인생활을 전부 포기해야 할 정도로 결코 쉽지 않은 일이다. 그러나 자신이 잡아낸 버그가 훌륭하게

수정됐을 때 맛보는 희열은 일을 계속해 나가는 데 큰 힘이 된다. QA
를 통해 게임 전반에 대한 넓은 안목을 키울 수 있고, 훌륭한 개발자
가 되는 지름길이란 점에서도 매력적인 직업이다.

　게임 QA가 되기 위해서는 개발자와 끊임없이 의사소통을 하고 설
득시켜야 한다는 점에서 무엇보다 커뮤니케이션 능력이 중요하며,
섬세하고 꼼꼼한 성격이면 더욱 좋다.

　게임이 좋고 컴퓨터가 재미있다면 한번 도전해볼 만한 직업이다.
게임 QA에겐 컴퓨터를 설치 · 조립하고, 데이터베이스를 구축할 수
있는 능력과 웹 관리에 대한 전반적인 지식이 필요하다. 또한 맵 디
자이너로서 시뮬레이션 게임 프로젝트에도 관여한다. 그런 점에서
컴퓨터와 게임에 관한 전문 지식을 갖고 있는 사람이 유리하다.

★ 게임 마케터

　게임 마케터는 작품과 상품 사이의 간극을 메우는 역할을 한다. 즉
게임 마케터는 소비자가 선택할 수 있도록 게임 작품을 상품으로 포
장하고 전달한다. 특히 온라인게임 열풍으로 게임 시장이 급속히 확
대됨에 따라 고려해야 할 소비자의 입맛도 무척 까다로워졌다. 그만
큼 게임 마케터의 역할이 매우 중요해진 것이다.

　최근에는 게임 마케터의 역할이 후반 작업에만 그치지 않고 있다.
게임업체가 늘어나면서 시장의 경쟁이 더욱 치열해지고 게임의 종류
도 세분화되고 있는 상황이어서 단순히 기획자가 떠오르는 대로 게
임을 만들어선 경쟁에서 살아남기가 매우 힘들어진 것이다. 만들어
진 게임을 시장에 판매하고 서비스만 하던 예전의 게임 마케터가 이
제는 시장의 요구와 소비자의 니즈에 맞는 게임을 완성해야 하는 필

요성에 따라 기획 단계에서부터 매우 중요한 역할을 담당하고 있는 것이다. 구체적으로 기본적인 시나리오, 기획 요소, 독창성, 시스템 등의 전반 작업 단계에서 시장성을 갖추고 있는지 여부와 경쟁 게임들과 차별화되는 우위 요소를 갖고 있는지 하나하나 파악해야 하는 막중한 임무가 있다.

게임 마케팅은 맡고 있는 지역에 따라 국내와 해외로 나눌 수 있다. 국내 마케터는 국내시장에서의 전반적인 마케팅 업무기획, 프로모션, 홍보, 제휴, PC방, CRM 등를 수행한다. 해외 마케터의 경우 게임의 수출, 해외 퍼블리셔 계약, 라이선스 수출 등의 업무 전반을 담당한다.

게임 마케터가 되는 특별한 길이 있는 것은 아니다. 전문 교육기관이나 일반 대학에서 경영이나 게임을 전공한 후에 게임업체에 입사하여 일을 시작하는 경우가 대부분이다.

게임 마케터가 되기 위해서는 무엇보다도 대중문화에 대해 꾸준히 관심을 갖고 시시각각 변화하는 소비자들의 다양한 취향을 분석할 수 있어야 한다. 게임 유저의 절대 다수를 차지하는 젊은 층의 라이프사이클을 분석하고, 이들의 관심사와 트렌드가 어디로 흘러가는지 기민하게 파악하는 것도 중요하다. 그리고 이런 분석 능력을 실제 업무에서 풀어내기 위해서는 게임 산업에 대한 지식과 경영 능력도 필요하다. 마케팅 전략, 시장 분석, 마케팅 커뮤니케이션 등 마케팅 업무에 대한 기본적인 실무 능력은 물론이고, 게임 산업에 대한 충분한 이해를 바탕으로 관련 팀과 원활히 커뮤니케이션을 할 수 있어야 한다. 무엇보다 전체적인 업무를 조율할 수 있는 리더십이 필요하다.

이 외에 해외 마케팅에 관심 있는 사람이라면 당연히 영어를 비롯한 제2외국어는 필수일 것이다.

★게임마스터(GM: Game Master)

게임의 운영을 맡고 있는 이들을 GM^{Game Master}이라 부른다. 유저와 가장 가까운 곳에서 이야기를 듣고 게임을 진행하는 사람으로, 게이머들의 불평불만에 대한 해결법을 제시한다. 게임마스터는 온라인게임의 태동과 함께 본격적으로 등장했다. 실시간으로 수만 명이 접속하는 온라인의 특성상 게임의 안정적 운영과 불만사항을 동시에 해결할 인력이 필요했던 것이다. 게임마스터는 게이머들이 원활하게 게임을 즐길 수 있도록 도와주는 일부터 불평불만이나 의견을 모아 개발자들에게 전달하는 일까지 게임 운영의 전반적인 업무를 담당한다. 또 서버 관리 등 관리자 역할도 한다. 이 외에 공지사항 전달, 게시판 관리, 게임에 대한 정보 전달, 이벤트 진행 등 다양한 일을 한다. 요즘에는 넥슨을 비롯해 많은 온라인게임 업체들이 사내에 다수의 GM을 구성하고 있다.

게임마스터가 되기 위해서는 게임에 대해 얼마나 뜨거운 열정과 날카로운 감각을 갖고 있느냐가 중요하다. 게임에 대해 많이 알고 있고, 지속적으로 스스로를 노출해서 감각을 유지하고 있는 사람이 게임마스터 업무를 맡기에 적합하다. 운영자들의 불평불만을 잘 이해하고 다룰 수 있는 원만한 대인관계 능력에 더해 개발자들에게 게임의 방향 등에 대한 의견을 제시할 수 있는 분석력과 표현력을 갖추고 있다면 금상첨화다.

아직까지 국내에서 게임마스터가 되는 전문 교육 과정이 정착되지는 않다. 그러나 몇몇 게임 전문 학원이나 아카데미 등에서 운영하는 관련 프로그램을 이용하면 이 분야에 대한 기초지식을 충분히 쌓을 수 있다.

기타 게임 산업 속의 직업들

★ 게임분석가

대형 게임업체들은 중소업체들이 개발한 '가능성 있는' 게임을 찾아 유통시키는 퍼블리싱 사업을 벌인다. 이때 시장성 있는 게임을 직접 해보고 분석, 평가하는 사람이 바로 '게임분석가' 이다. 게임분석가는 새로운 게임을 발굴하여 유통시키기에 적당한 게임인지 분석한 결과를 회사에 보고한다. 이 일을 하기 위해서는 특히 좋은 게임을 여러 경로로 빨리 접하는 게 중요한 만큼, 게임업계의 인맥을 풍부하게 알고 있어야 한다. 그렇기 때문에 게임업계에서의 경력이 어느 정도 쌓여야 게임분석가로 자리를 잡을 수 있다. 또한 게임분석가는 유저들이 알아듣기 쉽도록 게임에 대해 설명하고 게임의 장단점을 알려주는 일도 한다.

게임분석가가 되기 위해서는 기본적으로 게임 산업과 디자인, 프로그래밍에 대해 잘 알고 있어야 한다. 게임분석가를 위한 전문 교육 프로그램이 개설되어 있는 학과나 관련 기관은 거의 없다. 컴퓨터공학이나 게임과 관련된 공부를 한 뒤, 게임업체에 취직하여 일을 시작하는 경우가 대부분이다.

★ 게임잡지 기자

게임잡지 기자는 게임과 관련된 여러 정보와 이슈를 취재, 편집, 논평하는 글을 쓴다. 게임잡지는 영화잡지와 마찬가지로 전문적인 분야를 다루기 때문에 일반적인 언론 보도와는 달리 주제에 대한 논평을 주로 하며 상대적으로 보도의 '주관성'을 중시한다. 게임잡지 기자는 취재, 인터뷰, 정보 소개 등의 사실 보도와 함께 게임에 대해 설득력 있는 논평을 쓸 수 있는 폭넓은 교양과 지식, 이해력을 갖추고 있어야 한다.

게임잡지 기자가 되는 방법은 매우 다양하다. 일반 대학의 게임 관련 학과를 다니거나 게임동아리 활동을 거친 후에 잡지사의 공채에 지원하여 시작할 수도 있다. 인문사회 계열의 전공을 선택해 다양한 지식과 교양을 쌓고 논술과 창작력, 작문 실력 등을 기른 후 취업하는 것도 가능하다.

★ 게임평론가

게임평론가는 게임을 전문적으로 분석한 결과를 가지고 주관적인 평가의 글을 쓰는 사람이다. 다시 말해서 게임평론가는 다양한 시각을 가지고, 게임의 내·외재적인 여러 요소들과 산업적 측면 등을 고려하여 게임을 바라봄으로써, 한 편의 게임이 갖는 의미와 완성도를 풀어내는 글을 쓴다.

게임평론가가 되는 방법은 매우 다양하다. 가장 보편적인 방법은 일반 대학이나 대학원, 전문대, 전문 교육기관에서 게임에 대한 기초지식을 쌓고 시작하는 것이다.

★ 프로게이머

우리나라의 프로게이머는 '테란의 황제' 임요환 선수로부터 출발했다고 해도 과언이 아니다. 게임 산업이 발전하면서 e스포츠라 불리는 프로게임계도 판을 키워보자는 여론이 형성되었다. 이에 따라

'프로게이머'라는 신종 직업군이 생겨난 것이다. 요즘은 청소년들은 물론 초등학생들 사이에서도 좋아하는 게임을 하면서 억대의 돈을 벌 수 있는 직업이 프로게이머라는 인식이 높아지고 있다.

프로게이머는 말 그대로 스포츠와 같이 프로게임계에서 플레이어로 활동하는 사람을 말한다. 현재 '스타크래프트'를 비롯하여 '카트라이더', '스페셜포스' 등의 게임에서 활동하는 선수들이 있으며 성적이 좋으면 e스포츠협회가 인정한 조건에 따라 프로게이머와 준프로게이머의 자격을 받게 된다.

프로게이머가 되기 위해서는 문화관광부 산하 단체인 한국프로게임협회www.21cpga.or.kr에 정식 등록을 마쳐야 한다. 물론 아무나 등록할 수 있는 것이 아니라 몇 가지 자격을 갖추어야 한다. 먼저 가장 기초가 되는 게임 실력이 있어야 한다. 공인 게임대회에서 연 2회 이상

입상한 후 소양교육을 이수하면 프로게이머가 될 수 있다. 공인 게임 대회란 한국프로게임협회에서 인증하는 대회로, 입상 기준은 단일 대회일 경우 8위 이내, 리그 대회는 16위 이내에 들어야 한다.

게임과 관련된 직종에서 일을 하기 위한 기본적인 루트는 역시 학원이나 학교를 통하는 것이다. 하지만 현재의 게임업계에는 체계적이고 안정적인 교육 과정이 완전히 자리를 잡지 못한 상태다. 그러므로 교육기관에 100퍼센트 의지하기보다는 스스로 찾아서 꾸준히 공부해야 한다. 그런 점에서 학원이나 학교를 들어가기 전에 책을 보며 기본 사항을 파악하거나 인터넷의 각종 커뮤니티를 찾아가 도움을 받는 것도 좋다.

★게임 PM

예전에는 게임 PM^{Project Manager}의 역할이 주로 기획 단계로 한정되었지만, 근래 들어 많은 게임회사에서 실질적인 게임 프로젝트의 전 과정을 책임지는 게임 PM의 개념을 도입하고 있다. 게임 PM의 역할은 게임 기획, 운영, 서비스, 마케팅의 전 과정을 관리하고 진행하는 것이다. 세부적으로 보면 개발 부문^{시나리오, 레벨, 시스템, 그래픽}부터 서비스부문^{패치, 웹사이트, 마케팅, 고객관리, 제휴}까지 전체 프로젝트를 총괄한다.

★게임 CS

예전의 공급자 중심 시장에서 수요자 중심 시장으로 게임 시장이 이동하면서 단순히 게임 속에서 고객들과 대응하는 GM의 역할과는 다르게 소비자의 만족도 유지를 위해 전반적인 CS^{Customer Satisfaction}

업무를 담당하는 게임 CS의 영역도 중요한 분야로 떠오르고 있다. 단순한 고객 응대에서부터 전문적인 고객관리CRM의 영역에 이르기까지 그 역할과 중요도가 더욱 커지고 있다. 게임 CS는 주로 게임 퍼블리셔 쪽에 많이 조직되어 있지만 근래 들어 게임개발사의 규모가 커지고 대형 게임이 많이 출시되면서 게임개발사 안에서도 많이 만들어지고 있다.

루다   제작이 끝났다고 해서 모든 것이 끝나는 것은 절대 아니군요. 버그를 발견해서 계속 수정도 해야 하고…….

김 팀장 게임이 대중화되고 있는 만큼 게임 자체의 품질이나 온라인상에서의 여러 문제들을 관리하는 것도 아주 중요한 일이 되었어요. 유저의 편의를 완벽하게 보장할 때 게임회사의 신뢰도가 높아지거든요. 그리고 그 과정에서 좀더 수준 높은 게임이 탄생하는 것이고요.

한편 게임이라는 장르가 점점 거대한 산업의 형태를 띠면서 거기에서 파생된 다양한 직업군이 생겨나고 있어요. 게임평론가나 게임잡지의 기자들이 좀더 재미있고 수준 높은 게임이 만들어지는 데 피드백 역할을 하고 있고 온라인게임의 대중화로 프로게이머도 일반 스포츠 스타 못지않은 인기를 누리기도 하죠. 게임 자체를 즐기는 사람들이 관련 직업을 찾는다면 후반 작업 단계의 일들을 살펴보는 것도 흥미로울 거예요.

루다   아무 생각 없이 좋아서 시작한 게임제작이지만 이제는 진로를 고려해가며 구체적인 실천 사항들을 정리해봐야겠어요.

이 회사에서 제가 앞으로 할 수 있는 일은 무엇이 있을까요? 그리고 요즘에 교육기관이나 대학의 전공학과들도 많던데 그런 곳에서 교육을 받는 것도 좋을까요?

김 팀장 루다 군은 좋은 아이디어와 꼼꼼한 프로그래밍 솜씨가 강점이니까 우리 기획팀에서 함께 일했으면 좋겠네요. 자유로운 회의를 통해 게임의 기반이 되는 부분들을 정하는 거니까 그다지 부담스럽지는 않을 거예요. 그러면서 차츰 세부적인 일에 대한 감각을 익히고 정말 하고 싶은 일을 찾으면 그때 교육을 받는다거나 회사에서 직접 경험을 쌓으면 어떨까요. 아직 학생 신분이니까 학업은 다 마치는 게 좋아요. 대학에서는 게임을 전공하는 것도 좋고, 컴퓨터나 경영학, 혹은 심리학 등의 인문학을 공부해도 좋아요. 게임이라는 것이 원래 사람에 대한 연구를 아주 많이 해야 하는 장르니까요. 다양한 경험을 쌓고 세상에 대해 호기심을 갖고 바라보는 태도를 가지는 것이 지금 당장 필요한 요소 같군요.

루다 오늘 많은 것을 배우고 느꼈습니다. 정말 감사드려요.

김 팀장 앞으로 현장에서 일하게 되면 배울 게 더 많을 거예요. 같이 좋은 게임을 만들어봅시다.

'카트라이더' 개발자 정영석

1 게임을 만드시게 된 특별한 계기가 있나요?

대학 시절 그림에 관심이 많아 아르바이트로 도서의 삽화 작업 등을 한 경험이 있습니다. 그러던 중 친구의 권유로 우연히 넥슨의 그래픽 디자이너로 입사하게 되었습니다. 그것이 게임개발자로서의 첫발이었습니다. 이후 그래픽 디자이너에서 디렉터^{개발팀장}로 업무 영역을 확장한 셈이죠. 제가 입사할 때만 해도 디자인에 능하면서 동시에 컴퓨터를 잘 아는 사람이 많이 없던 시기였습니다. 그래서인지 저의 이력으로 좋은 평가를 받고 넥슨에 입사할 수 있었습니다.

2 일하시면서 가장 힘들었던 점은 무엇인가요?

처음 넥슨에서 디자이너 생활을 시작했을 때는 수많은 사람이 한날한시에 온라인에 접속해서 같은 게임을 즐긴다는 점 자체가 그저 신기하고 놀라울 따름이었습니다. 그러나 개발을 할 때 밤낮의 구분이 없는 점 등은 심리적으로나 체력적으로 힘들기도 했습니다. 이후 처음으로 개발팀장을 맡았던 프로젝트인 '비트댄스'를 성공적으로 오픈하지 못했을 때 개발자로서 가장 많이 고민했던 것 같습니다. 프로젝트를 총지휘하는 개발팀장으로서 프로젝트 자체뿐 아니라 팀원들에 대해서도 걱정과 고민이 많았습니다. 그러나 '비엔비' 기획팀장 및 '카트라이더' 개발까지 좋은 기회가 주어지면서 다시 한 번 일어설 수 있었습니다.

3 일하시는 데 큰 영향을 끼친 사람이나 작품 등이 있다면 소개해주세요.

우선, 제가 게임을 만들고 싶다는 생각을 갖게 해준 '버추얼 파이터'라는 게임이 있습니다. 버추얼 파이터는 최초의 3D 격투 게임인데 그 게임을 처음 접했을 때의 충격은 아직까지 잊을 수 없습니다. 저는 개인적으로 승부를 짓는 다이내믹한 게임을 좋아하는 편이며, 게임도 놀이의 하나라 생각합니다. 그런 이유로 좋아하는 게임도 비슷합니다. 평소 좋아하는 게임들이 직접 제작하는 데도 영향을 미쳤으리라 생각합니다.

4 일하시면서 가장 기뻤던 순간이 있다면 언제인가요?

그래픽 디자이너로 일을 시작했을 때는 유저들이 제가 그린 옷을 입고, 제가 그린 무기를 들고, 제가 그린 몬스터를 잡는 모습에 흐뭇했습니다. 그리고 개발을 총괄하고 있는 지금은 완성된 게임을 두고 주위의 많은 사람들이 재미있다는 얘기를 해줄 때 무엇보다 기쁩니다.

5 게임 분야에서 청소년들에게 게임개발과 다른 직종 하나를 추천한다면요?

보이지 않는 곳에서 세상을 창조하는 일을 하는 프로그래머를 추천합니다.

6 게임 분야에서 일하기 위해 청소년기부터 준비해야 할 지식이나 기술에는 어떤 것이 있을까요?

게임을 만들기 위해서는 많은 지식과 이해심이 필요합니다. 단순히 기술을 익히는 것만으로는 훌륭한 개발자가 될 수 없습니다. 청소년기부터 학교에서 배우는 기초를 튼튼히 하시고 여러 가지 단체활동을 통해 사회성을 길러야만 훌륭한 개발자가 될 수 있습니다. 또한 게임제작은 팀원들 간의 협업이 중요한 만큼 '커뮤니케이션 능력'이 가장 기본이 되는 요소라 생각합니다.

'카트라이더' 개발자 정영석은...
1970년 서울 생으로 1989년에 광운대 전자통신공학과에 입학해서 지금까지 다니고 있다.
1996년에 넥슨에 입사한 후 '어둠의 전설' 그래픽 디자인을 담당했으며, 2000년에 '비트댄스' 개발팀장, 2001년에 '비엔비' 기획팀장으로 일했다. 그 후 2002년에 남녀노소가 즐기는 국민 게임 '카트라이더'를 개발하며 게임업계의 유망주로 떠올랐다. 현재 넥슨의 개발본부장을 맡고 있다.

고등학교

■ 미림여자정보과학고등학교(서울)
게임애니메이션과

■ 춘천실업고등학교(강원)
디지털디자인과

■ 부산디자인고등학교(부산)
그래픽디자인과

■ 서울디지텍고등학교(서울)
전자게임과

■ 광신정보산업고등학교(서울)
그래픽디자인과

■ 울산애니원고등학교(울산)
컴퓨터게임개발과

■ 청담정보통신고등학교(경기)
네트워크디자인과

■ 한국애니메이션고등학교(경기)
컴퓨터게임제작과

■ 수원공업고등학교(경기)
디지털게임과

■ 한국게임과학고등학교(전북)

단체

■ 한국 e-sports협회
■ 게임산업종합정보시스템
■ 한국게임개발자협회
■ 한국게임산업개발원

■ 한국게임산업협회
■ 한국게임학회
■ 한국모바일게임협회
■ 한국첨단게임산업협회

교육기관

■ 사이버 게임아카데미

■ MBC아카데미디지털교육원

생활의 중심, 유희의 중심
내 손끝에서 탄생하는 트렌드 – 개발 및 라이선스
캐릭터는 진화한다 – 제조와 유통
INTERVIEW with 캐릭터 개발자 김부경

　　중학교 3학년인 한아름 학생은 예쁜 팬시 용품을 모으는 것이 취미
입니다. 방에는 올망졸망한 인형과 캐릭터 상품들이 가득해서 가끔
씩 어머니의 핀잔을 듣기도 하지요. 하지만 단순히 예쁘고 귀엽다는
이유로 캐릭터를 수집하는 것은 아니랍니다. 자신의 손으로 세상에
서 제일 독특하고 개성 있는 캐릭터를 디자인하고, 그것을 통해 다양
한 상품을 만들어내는 것이 아름이의 꿈이거든요. 일반적인 꿈보다
조금 생소하긴 하지만, 제일 좋아하고 관심 있는 일을 직업으로 삼을
수 있다면 늘 행복할 것 같다는 생각을 합니다. 마시마로 엽기토끼
같은 캐릭터를 만들어낼 수 있다면 얼마나 좋을까! 하지만 자신의 꿈
에 대해 상담할 만한 사람이 주변에 별로 없고, 자세한 정보를 구할
곳도 딱히 없어서 속이 상합니다. 고민 끝에 학교의 진로상담 선생님
께 도움을 구했는데요, 선생님께서 마침 캐릭터 회사에서 일하고 있
는 지인을 소개해주셨습니다. 아름이는 자기가 좋아하는 '몽몽 브라

더스'를 만든 회사를 견학하게 되어 무척이나 설레고 기뻤죠.

　　방과 후 찾아간 회사는 아기자기한 실내 인테리어에서부터 캐릭터 디자인 회사만의 색깔이 묻어났습니다. 벽에는 그 회사에서 만든 익살맞은 표정의 캐릭터들이 장식되어 있고, 일하는 사람들의 분위기도 일반적인 회사보다는 자유롭고 활기차 보였습니다. 선생님께서 소개하신 분은 디자인팀의 오미영 팀장님인데 생각했던 것보다 아주 젊어 보였어요.

한아름　안녕하세요? 오늘 견학 오기로 한 한아름입니다.

오미영 팀장　응, 기다리고 있었어. 중학교 3학년인데 벌써부터 장래에 대해 구체적으로 생각하다니, 기특한 걸! 게다가 캐릭터 산업같이 잘 알려지지 않은 분야를 말이야.

아름　그냥 제가 예쁜 팬시 용품을 좋아하는데 어느 순간 직접 만들어보고 싶다는 생각이 들었어요.

오 팀장　뭐든 흥미를 갖는 데서 시작되는 법이지. 특별히 캐릭터 산업

에 대해 알고 있거나 구체적으로 하고 싶은 일은 정했니?

아름　아뇨. 그냥 막연하게 직접 만들어보고 싶다는 생각만 했지, 사실 아는 게 별로 없어요. 그래서 이렇게 배우려고 왔죠. 헤헤!

오 팀장　그렇다면 전반적인 사항부터 이해하는 것이 좋겠구나.

생활의 중심, 유희의 중심

　캐릭터는 현대에 들어와 우리의 생활 깊숙이 파고든 상품 가운데 하나다. '기왕이면 다홍치마'라고 같은 물건이라도 좀더 예쁘고 귀여운 것을 갖고 싶어하는 것이 사람의 마음이다. 그런 소비자의 욕구에 맞추어 초등학생들의 가방에는 미키마우스나 둘리가 그려져 있고, 키티 모양의 필통이나 도시락 용기가 인기를 끈다. 즉 캐릭터 산업은 사람들이 무엇을 원하는지, 어떤 것을 갖고 싶어하는지 파악하고 소비자에게 즐거움을 주기 위해 특별한 존재를 창조해낸다. 창조된 캐릭터는 특정 공산품이나 회사, 캠페인 등 다양한 산업 분야에서 하나의 상징으로 사용되고, 높은 부가가치를 낳게 된다. 일반적으로 캐릭터 시장의 규모는 그 모체가 될 수도 있는 애니메이션 산업의 10배에서 20배가 넘는다. 그런 점에서 단순히 만화나 애니메이션에서 파생된 산업이 아닌, 하나의 독립된 핵심 산업이라 할 수 있다.

　현재 전 세계 캐릭터 산업은 애니메이션 강국인 미국과 일본이 양분하고 있다고 해도 과언이 아니다. 〈아톰〉, 〈은하철도 999〉 같은 옛날 만화영화부터 〈반딧불의 묘〉, 〈원령공주〉, 〈에반게리온〉, 〈센과 치히로의 행방불명〉처럼 전 세계적으로 널리 알려진 화제작에 이르기까지 일본의 애니메이션은 세계 최고 수준이다. 이렇게 활발하게 애니메이션이 제작되는 배경에는 게임, 완구, 캐릭터 등의 유관 산업들이 존재한다. 구체적으로 일본에는 약 2조 엔에 이르는 캐릭터 시장과 약 4000억 엔에 이르는 컴퓨터게임 시장까지 다양한 유관 산업이 발달해 있다. 한 예로 〈신세기 에반게리온〉은 단행본 만화가 350만 부, 일러스트 등의 자료집 300만 부, 비디오소프트 276만 장, 싱글 CD 80만 장이 판매되는 등 엄청난 파생 시장을 창출해냈다. 정교하기 이를 데 없는 에반게리온의 모델을 비롯해 수많은 관련 캐릭터 상품들은 국내의 마니아들 사이에서도 큰 인기를 끌었다.

일본과 더불어 세계 캐릭터 시장을 양분하고 있는 미국에서도 1928년 월트디즈니가 미키마우스를 탄생시킨 이래 캐릭터 산업이 무서운 속도로 성장해왔다. 특히 할리우드와 산 페르난도 밸리의 중간에 위치한 '유니버설 스튜디오'는 캐릭터 산업의 역사이자 첨단 비즈니스를 일궈낸 주역이기도 하다. 이 곳은 외계인 ET부터 〈쥬라기 공원〉의 거대한 공룡, 미래의 터미네이터 등 영화 속의 다채로운 캐릭터들로 가득하다. 영화 속 등장인물을 상품화한 캐릭터숍으로 입구를 가득 메운 유니버설 스튜디오는 할리우드의 영화, TV 스튜디오를 직접 체험하고 다양한 영화 주인공을 만날 수 있는 세계 최대의 영상·캐릭터 테마파크이다. 유니버설 스튜디오를 다녀간 사람이 지금까지 1억 명이 넘는다고 하니 그 경제적 가치가 얼마나 엄청날지 짐작하고도 남는다.

오늘날 미국이 캐릭터 강국으로 성장할 수 있었던 것은 많은 기업들이 문화를 판매하는 지식 산업을 전략적으로 육성해온 덕분이다.

대표적인 예로 세계 캐릭터의 효시라 할 수 있는 미키마우스를 탄생시킨 디즈니 사는 수많은 자회사를 거느린 공룡기업이다. 〈백설공주와 일곱 난장이〉 등 다양한 애니메이션을 꾸준히 제작한 디즈니의 저력은 〈인어공주〉, 〈라이언 킹〉 등 끊임없는 신화 창조로 이어졌고, 픽사와 함께 최초의 디지털 애니메이션 영화 〈토이 스토리〉까지 제작해냈다. 디즈니의 성공은 곧바로 수많은 캐릭터의 탄생으로 이어졌다. 이른바 '디즈니의 문화를 판매한다' 는 그들의 전략이 캐릭터를 통해 실현되었다고 해도 과언이 아니다. 또한 영화가 주력 사업이었던 '워너브라더스' 역시 〈배트맨〉의 폭발적인 인기를 등에 업고 본격적으로 캐릭터 사업에 뛰어들었다. 그 후 꾸준히 캐릭터 사업에 매진해온 워너는 '루니 툰스^{Looney toons}' 를 통해 엄청난 매출을 올리고 있다. 배트맨을 비롯한 영화 캐릭터로 활발한 사업을 벌이고 있는 워너의 마케팅 전략은 캐릭터를 하나의 브랜드로 인지하고 철저한 브랜드 매니지먼트를 전개하는 것이다.

아름 우와. 제가 생각했던 캐릭터라는 개념이 얼마나 좁은지 알겠어요.

오 팀장 캐릭터 산업은 네 말대로 단순한 디자인의 범위를 이제 벗어났단다. 경제적으로 엄청난 가치를 가지고 있지. 그래서 많은 기업들이 캐릭터 산업에 뛰어들고 있는 거고……. 그런데 아름이는 이 분야의 일을 하기 위해 지금 뭔가 준비하고 있는 것이 있니?

아름 음…… 그저 독특한 상품들을 보면 모으는 정도예요. 이야기하고 보니 문득 부끄러워지네요..

JURASSIC PARK
UNI
SPIDER-MAN

E.T.
RSAL

오 팀장 아니야. 그런 관심들이 나중에 커다란 재산이 되거든. 그러면 이제부터 구체적인 직업들과, 그 일을 하기 위해 필요한 것들을 살펴보자.

거대한 캐릭터 산업에 뛰어들어 일해보고 싶다면 먼저 무엇을 해야 할까? 넓게 생각해보면 이 분야의 직종은 무수히 많다. 단순히 캐릭터를 직접 손으로 그리는 것부터 시작해서 테마파크 기획, 디자인과 같은 세분화된 일까지 다양하다. 우선 캐릭터가 어떤 식으로 제작되고, 그것이 어떻게 산업으로 이어지는지 기본적인 과정들을 알아야 한다. 이제부터 하나의 캐릭터가 만들어지기까지의 제작 과정과 각 분야의 직종으로 어떤 것들이 있는지 살펴보자.

캐릭터의 종류는 용도에 따라 여러 분야로 나눌 수 있다. 에니메이션 캐릭터^{만화영화의 주인공}, 코퍼레이트 캐릭터^{기업을 상징하는 캐릭터}, 이벤트 캐릭터^{행사 홍보용 캐릭터}, 캠페인 캐릭터^{환경보호나 자원절약 등의 캠페인 홍보 캐릭터}, 브랜드 캐릭터^{상품화된 캐릭터}, 인물 캐릭터^{인물의 특징을 살려서 표현하는 캐리커처}, 팬시 캐릭터 등 다양하다. 이런 캐릭터들은 각기 다른 목적과 세부적인 특징을 가지고 있지만, 제작 과정은 거의 흡사하다. 캐릭터는 개발, 제조, 유통 과정을 거쳐서 소비자에게 다가가는데 이 모든 과정이 전체적으로 큰 의미를 지닌다. 따라서 캐릭터 산업을 좀더 쉽게 이해하기 위해서는 전 과정을 하나의 통일된 시각으로 바라볼 필요가 있다.

캐릭터 산업은 캐릭터 라이선싱이 일어나는 단계인 1차적 캐릭터 산업과 라이선싱을 통한 캐릭터 상품의 제조 단계인 2차적 캐릭터 산업, 그리고 캐릭터 상품을 유통시키는 3차적 캐릭터 산업으로 나눌 수 있다.

캐릭터는 기본적으로 상업적인 목적으로 만들어진다. 즉 캐릭터의 이름이나 특정 디자인을 상품이나 행사에 사용하게 하고, 그것에 대한 수수료를 받는 것이 캐릭터로 돈을 벌어들이는 방법이다. 이것을 캐릭터 라이선스 사업이라고 한다.

일반적으로 캐릭터의 개발 과정은 제작이나 유통 과정보다 훨씬 중시된다. 왜냐하면 캐릭터의 파급력은 개발 단계에서 거의 결정되기 때문이다. 그러므로 어떤 목적으로 얼마나 귀엽고 인상적인 캐릭터를 만들어낼 것인가를 개발 과정에서 고민해야 한다. 먼저 프로젝트의 방향을 정한 후에 디자인과 일정한 스토리를 만들어낸다. 프로젝트의 방향을 설정하기 위해서는 캐릭터 제작에 필요한 사전 조사 과정을 반드시 거쳐야 한다. 여기서 제작물에 대한 여론조사를 주로 하게 되는데 주요 수요층에 따라, 또 전달되는 매체의 성격에 따라 탄생하는 캐릭터는 전혀 다른 모습이 된다. 어떤 캐릭터를 개발할 것인가에 대한 조사, 연구가 끝나면 제작의 기초가 되는 러프드로잉, 즉 밑그림 그리기에 들어간다.

밑그림 작업은 캐릭터의 기본적인 뼈대를 만드는 과정이다. 이 작업을 수행하기 위해서는 드로잉으로 표현하는 데 어려움이 없어야 하기 때문에 사전에 많은 드로잉 경험을 쌓을 필요가 있다. 러프드로잉이 끝나고 대략적인 초안이 마련되면, 완벽한 캐릭터로 만들기 위한 그래픽 작업에 들어간다. 이 시점에서 캐릭터의 이름과 브랜드를 정하고 로고디자인을 개발하게 된다. 이렇게 해서 캐릭터에 대한 기본적인 제작이 전부 끝나면 초기에 조사한 내용과 현재 제작된 작품, 그리고 앞으로의 활용 방안을 고려해서 상품화, 유통, 홍보의 방향을 구상한다.

★캐릭터 기획자

좋은 디자인은 반드시 좋은 기획에서 출발하는 법이다. 그런 점에서 캐릭터의 디자인뿐만 아니라 '기획'도 매우 중요하다. 특정 상품에 적합한 캐릭터를 기획하는 것이 캐릭터 기획자의 역할이다. 소비자들을 움직일 수 있는 훌륭하고 창의적인 기획력을 갖추어야만 캐릭터 상품개발에 성공할 수 있다. 성인 남성들이 사용하는 물건에 너무 유치하거나 아이들이나 좋아할 만한 캐릭터를 집어넣는다면 아무리 홍보를 열심히 한다고 해도 소용이 없을 것이다. 또 아이들의 필수품에 지나치게 우아하고 재미없는 캐릭터를 넣는다면 그 상품의 인기가 바닥을 기는 것은 보나마나 뻔하다.

캐릭터 기획자는 캐릭터 상품개발의 전 과정을 계획하고 책임지는 사람이다. 기획자는 개발하려는 캐릭터의 기본적인 콘셉트와 디자인, 스토리 등을 결정하는 캐릭터 디자이너와 함께 상품을 기획하고 그 상품의 시장 가능성을 객관적으로 평가한다. 여기서 결정된 사안을 가지고 제조와 유통까지의 전 과정을 총괄한다.

그러므로 캐릭터 기획자는 훌륭한 캐릭터 상품을 개발할 수 있는 예술적 감각을 갖추는 것은 물론이고 캐릭터 산업의 동향을 잘 파악하고 있어야 한다. 또한 산업계의 트렌드를 읽고 전체 업무를 통솔할 수 있는 경영적인 능력도 필요하다. 대중적인 유행과 감각에 늘 민감하게 반응하고, 어떤 캐릭터가 소비자에게 어필하고 흥행에 성공할 수 있을지 꿰뚫어보는 것도 캐릭터 기획자가 갖추어야 할 중요한 능력이다.

캐릭터 기획자가 되는 가장 보편적인 방법은 캐릭터 산업과 관련된 일을 시작하는 것이다. 실제 기획 업무는 개발부터 유통에 이르기까지 전반적인 분야에 대한 지식을 필요로 하며, 캐릭터 산업 관련자들과 긴밀한 관계를 유지해야 한다. 그렇기 때문에 많은 사람들이 캐릭터 디자이너나 캐릭터 머천다이저 등에서 시작해서 기획자의 자리에 오른다. 대학에서 경영이나 디자인을 전공하거나 전문 교육기관에서 캐릭터 산업에 대한 교육을 받으며 기초적인 지식을 쌓고 취업하는 것도 좋은 방법이다.

★ 콘셉트 아티스트

콘셉트 디자인은 단순히 캐릭터나 스토리를 만드는 것이 아니라, 캐릭터가 지니는 세계관을 만드는 작업이다. 디자인된 세계관은 하나의 소스로서 다양한 분야에서 활용될 수 있는 매우 중요한 자산이다. 콘셉트 디자인을 주도하는 콘셉트 아티스트는 기획 파트에서 캐릭터에 대한 구체적인 방향이 문서화되어 나오면 그것을 그림으로 표현하는 일을 한다. 다시 말해서 텍스트와 생각으로만 떠올린 단어들을 이미지로 구현하는 작업이다. 그러므로 콘셉트 아티스트는 콘셉트를 돌출하는 과정뿐 아니라 3D나 2D 그래픽으로 구현하는 과정에서도 중요한 역할을 담당한다. 콘셉트 아티스트는 기획안을 제시한 기획팀의 의도와 느낌을 제대로 표현하고 있는지 꾸준히 토론하고 피드백을 나누는 가운데 최상의 이미지를 찾아낸다.

콘셉트 아티스트가 되기 위해서는 기본적인 드로잉 실력을 갖추고 끊임없이 변화하는 캐릭터와 디자인의 유행을 민감하게 감지할 수 있어야 한다. 몇몇 대학과 사설 전문 교육기관에서 이와 관련된 기본적인 교육 프로그램을 운영하고 있긴 하지만, 아직까지 전문성이 입증되지는 않았다. 콘셉트 아티스트로 일하고 싶다면 디자인과 캐릭터와 관련하여 계속 공부하는 한편, 일단 캐릭터 산업체에 취업해서 현장에서 부딪치며 배우는 것이 좋다.

★캐릭터 머천다이저(MD)

캐릭터 머천다이저는 소비자들의 요구와 시장성을 고려하여 만화영화의 캐릭터 제작 방향을 책정하거나, 외국 캐릭터를 수입하거나, 혹은 각종 모형이나 도구를 사용하여 독특한 캐릭터를 디자인하는 사람이다. 즉, 캐릭터 머천다이저는 캐릭터를 기획하고 창출해내는 캐릭터 산업의 주도자라고 말할 수 있다. 구체적으로 캐릭터를 소비자의 기호에 맞게 상품화하는 것부터 수입·생산·판매 등 캐릭터 상품과 관련된 전 과정을 총괄하는 업무를 맡는다.

최근에는 '아바타 머천다이저'라고 해서 사이버 공간에서 디자이너들이 아바타를 제작하면 그 캐릭터에게 입힐 의상을 기획하고 잘 팔릴 만한 물건을 진열하는 일을 하는 직종도 생겨났다. 이들은 단순히 캐릭터를 만드는 단계를 넘어 제품의 성격과 가격, 수요층 등을 결정하고 전용 쇼핑몰에 올리는 작업을 한다. 그러므로 아바타 머천다이저가 되기 위해서는 네티즌의 취향과 콘텐츠 시장의 동향에 대해서도 정확히 파악하고 있어야 한다.

　캐릭터 머천다이저는 우선 독창적인 디자인 안목을 지녀야 하며, 사회 현상 전반에 대한 깊이 있는 통찰력을 겸비해야 한다. 수많은 정보를 발빠르게 수집할 수 있는 정보 습득력 역시 필수다. 활발하고 적극적이며 도전 정신을 지닌 사람이라면 머천다이저로서의 역할을 잘 수행할 수 있을 것이다.

　사실상 캐릭터 머천다이징과 관련된 전문적인 교육기관은 전무한 상태다. 그러나 요즘 캐릭터 산업이 활성화되면서 캐릭터와 관계가 깊은 만화, 애니메이션 학과가 많이 생겨나고 있다. 또한 디자인 역시 캐릭터 일에 종사하려면 배워둘 필요가 있기 때문에 이와 관련된 교육을 이수하고 일을 시작하는 것이 좋다.

★ 캐릭터 디자이너

　캐릭터의 생명은 보기 좋고 개성 있는 디자인에 있다. 예뻐야 눈에 들어오고, 사고 싶은 생각이 들기 때문이다. 캐릭터 디자이너들은 시장 상황과 타깃층 등을 고려하고 시장에 나왔을 때의 상품 가치까지 염두에 두어야 한다. 캐릭터 디자이너는 IT와 접목되면서 다양한 직업으로 세분화되었다. 그리는 도구와 방식에 따라서는 3D 캐릭터 디자이너와 2D 캐릭터디자이너로 구분할 수 있다. 2D는 다시 원화 디자이너와 페인팅 디자이너, 도트 디자이너로 나뉜다.

　한편 업종에 따라서는 애니메이션 캐릭터 디자이너와 게임 캐릭터 디자이너, 웹 캐릭터 디자이너, 팬시 캐릭터 디자이너 등으로 구분할 수 있다. 게임 캐릭터 디자이너는 다시 모바일게임 캐릭터 디자이너와 PC게임 캐릭터 디자이너, 온라인게임 캐릭터 디자이너 등으로 계속 세분화된다.

캐릭터 디자이너는 무엇보다도 박진감 넘치는 게임의 상황을 잘 전달할 수 있는 재미있고 독특한 캐릭터를 구성해내는 것이 중요하다. 디자인 감각은 필수이며 마케팅 안목은 덤으로 요구된다. 캐릭터 개발은 결국 상품화 이후의 마케팅과도 연결되기 때문이다. 단순히 그림만 예쁘다고 해서 상품이 잘 나가는 것은 아니다. 톡톡 튀는 표정과 몸짓으로 소비자들의 구매 욕구를 자극할 수 있어야 한다. 캐릭터의 이미지에 맞는 재미있는 스토리 구성도 중요하다. 그러므로 캐릭터 디자이너는 그림 실력에 더해 캐릭터 개발을 위한 소비자 분석 및 시장조사, 캐릭터 상품의 현황 파악, 캐릭터의 동작 개발, 색채 개발, 스토리 개발까지 모든 작업 능력을 두루 갖추어야 한다. 또한 첨단기술과 미술을 접목시킨 툴을 다룰 줄 알아야 훨씬 다양한 곳에서 일할 수 있는 기회가 찾아온다. 따라서 기본적으로 컴퓨터 그래픽 프로그램을 사용할 수 있어야 한다. 여러 가지 작업 툴MAYA, Soft Image, 3D MAX 등과 더불어 동영상 편집기술도 익혀둘 필요가 있다. 도구 사용에 앞서 손으로 자유롭게 묘사할 수 있어야 하는데, 그림을 잘 그리는 사람이 도구로서의 컴퓨터도 제대로 활용할 수 있는 법이다.

한편 캐릭터 디자이너로 도태되지 않고 우수한 디자이너로 계속 성장해 나가려면 타고난 능력 외에도 많은 노력이 필요하다. 모든 사물을 관심 있게 지켜보고 그 특성과 차별화 요소를 발견해내려는 관찰과 필기 습관이 몸에 배야 한다. 보고들은 것을 계속해서 아이디어로 전환하기 위해 꾸준히 밑그림 그리기도 해야 한다. 각종 잡지나 책 읽기, 다른 디자인에 대한 분석, 사물의 현상에 대한 호기심, 그리고 상상력의 폭을 넓혀 나가는 노력도 필요하다.

일반적으로 캐릭터 공부에 가장 좋은 교재는 만화라고 생각하기 쉽지만, 많은 캐릭터 디자이너들이 만화보다 동화책을 더 중요한 교재로 꼽는다. 그러므로 시중의 동화책에 나오는 캐릭터와 표현 기법을 꼼꼼하게 분석해보는 것도 큰 도움이 된다.

현재 활약하고 있는 캐릭터 디자이너 중에는 산업디자인이나 시각디자인을 전공한 사람이 많다. 캐릭터 디자인을 전문적으로 배울 수 있는 학과는 없지만 관련 학과는 여러 개 있다. 만화과, 애니메이션과, 시각디자인학과 등에서 캐릭터 디자인을 공부할 수 있는 기회가 많다. 또한 사설학원에서 캐릭터 디자인 과정을 수료하는 방법도 있

국내업체에서 개발해 많은 인기를 끌고 있는 다양한 캐릭터들.

다. 한편 대학이나 학원을 거치지 않더라도 인터넷 홈페이지를 통해 작품을 소개하고 업체에 스카우트되는 경로도 있다. 공모전을 통해 이력을 쌓는 것도 도움이 된다. 관련 자격증으로는 한국산업인력공단에서 시행하는 시각디자인, 컬러리스트 자격증이 있다.

캐릭터 개발 영역은 매우 방대하다. 또 새로운 소비문화를 창출하는 전문 영역으로서 미래의 유망직업으로 급부상 중이다. 디자인 실력을 쌓으면 기업 홍보실, 전문 캐릭터 개발업체, 일러스트레이터, 팬시 회사 등에 두루 취업이 가능하며, 능력을 인정받으면 프리랜서로 활동할 수도 있다.

★웹 캐릭터 디자이너

웹 캐릭터 디자이너는 일반적인 캐릭터 디자이너와 하는 업무는 같지만, 소재와 매체가 웹 중심이라는 점이 다르다. 채팅, 아바타, 웹 로고, 웹 기업 상징 캐릭터처럼 웹에서 만나는 캐릭터를 디자인한다. 따라서 '웹 캐릭터 디자이너'가 되려면 캐릭터 디자인 외에 웹에 대한 이해가 추가로 요구된다.

요즘은 인터넷의 발달로 인터넷상에서 캐릭터가 비교적 쉽게 유명해지는 편이다. 한동안 인기를 끌었던 엽기 토끼 마시마로는 깜찍하고 귀여운 외모에 어울리지 않는 엽기적인 행동으로 웃음을 주면서 네티즌들에게 강한 인상

마시마로의 등장으로 국내의 캐릭터 산업은 세계적인 수준으로 발돋움하게 된다. 그후에 등장한 뿌까는 해외에서 더 큰 인기를 끌고 있다.

을 남겼다. 그에 따라 마시마로 캐릭터가 사용된 상품들이 줄지어 생산되었다. 마시마로는 우리나라의 캐릭터 산업을 세계적인 수준으로 발전시킨 일등 공신이기도 하다. 그 뒤를 이어 우비소년, 파자마 시스터즈, 그리고 해외에서 더 인기 있다는 뿌까 등이 줄줄이 개발되었다.

★ 게임 캐릭터 디자이너

게임 캐릭터 디자이너는 이름 그대로 각종 게임에 등장하는 캐릭터를 디자인하는 사람이다. 최근에는 대전게임, 육성 시뮬레이션게임, 연애게임, 슈팅게임 등 다양한 게임들이 인기를 끌면서 캐릭터가 게임에서 차지하는 비중도 점점 높아지고 있다. 유저들 가운데는 시나리오보다 캐릭터에 끌려서 게임을 한다는 사람도 적지 않다. 그만큼 게임 캐릭터 디자이너의 역할이 중요해지고 있는 것이다. 게임 캐릭터 디자이너가 만드는 것은 주인공의 얼굴과 의상만이 아니다. 주인공 외의 조연급 캐릭터, 지도map, 각종 아이템 역시 게임 캐릭터 디자이너의 손을 거쳐 세상에 나온다. 그런 만큼 비교적 작업 속도가 느린 편이다. 걷고 뛰고 쉬고 싸우고 매달리는 과정에 따라 캐릭터의 모습은 물론 옷이나 주변 아이템의 형태가 달라져야 하기 때문이다. 이렇게 하나의 캐릭터나 아이템이 만들어지기까지 아이디어를 짜내고 그림으로 완성하는 데 꽤 오랜 시간이 걸리지만, 안타깝게도 완성된 캐릭터가 전부 채택되는 것은 아니다. 실제로 게임에 등장하는 캐릭터는 기껏해야 열에 하나 정도다. 또한 주변 부서와의 협의를 통해 많은 수정이 이루어지는 과정에서 처음에 의도한 것과는 전혀 다른 상품이 탄생하는 일도 허다하다.

　게임 캐릭터 디자이너가 되기 위해서는 무엇보다 미술 실력이 관건이다. 몇 년 전까지만 해도 게임 캐릭터 디자이너를 위한 학과나 교육기관은 극소수에 불과했다. 따라서 일러스트 대전에서 상을 받으면 비교적 쉽게 게임 캐릭터 디자이너로 취업할 수 있는 길이 열렸다. 또 자신의 작품을 포트폴리오로 만들어 회사에 제출해 입사하거나, 웹 디자이너로 활동하다가 게임개발팀에 합류할 수도 있었다. 하지만 최근에는 상황이 달라졌다. 전문학과 출신들이 많이 배출되고 있는 것이다. 긍정적으로 보면 전문적으로 게임 캐릭터 디자인을 배울 수 있는 충분한 여건이 마련되었다고 할 수 있다.

　게임 캐릭터 디자이너가 되려면 디자인 계열 학과나 캐릭터 캐리커처학과, 게임학과, 게임창작과, 애니메이션학과 등 캐릭터나 게임 관련 학과에 입학하는 것이 가장 빠르다. 비전공자의 경우에는 전문학원이나 대학의 교육원 과정을 수료하는 방법이 있다.

독특하고 멋진 캐릭터로 두터운 팬층을 확보한 김형태 씨의 작품들.

게임 캐릭터 디자이너와 관련된 자격증은 종류가 다양하다. 대체로 그래픽이나 게임 관련 자격증이 도움이 된다. 그 중에서도 처음부터 게임 캐릭터 디자이너와 일치하는 자격증으로는 한국산업인력공단이 실시하는 게임 그래픽 전문가 자격증을 들 수 있다. 게임 그래픽 자격증을 취득했다는 것은 게임개발 과정에서 전반적인 그래픽을 담당할 수 있는 능력을 갖추었다는 것을 공식적으로 인정받는 셈이다. 그러므로 게임 캐릭터 디자이너를 지원하는 사람이라면 취득해 두는 것이 좋다.

한편 국내에서 가장 유명한 게임 캐릭터 디자이너로 김형태 씨를 꼽을 수 있다. 〈템페스트〉의 엔딩 부분, 〈창세기전3〉, 〈창세기전3 파트2〉의 일러스트를 맡아서 그렸고, 〈마그나카르타〉의 일러스트를 담당한 그는 독특하고 멋진 그림 스타일로 게임 자체 못지않게 두터운 팬 층을 자랑한다.

★ 팬시 캐릭터 디자이너

예쁘고, 귀엽고, 깜찍한 팬시 상품들과 그 위에서 뛰노는 귀여운 캐릭터들⋯⋯. 이런 팬시 상품에 등장하는 캐릭터를 창조하고 그들의 동작 하나하나를 만들어가는 사람들이 바로 팬시 캐릭터 디자이너다. 일본이나 미국의 팬시 상품이 비싼 가격에도 불구하고 우리나라 학생들에게 인기를 끄는 이유는 역시 디자인의 우수성에 있을 것이다. 산리오의 '헬로키티'와 SAN-X의 '타레팬더'와 같은 일본의 캐릭터들은 단순하면서도 귀여운 디자인으로 수십 년간 식지 않는 인기를 자랑한다.

일반적인 캐릭터 상품은 캐릭터가 중심에 있고 그 외의 제품들이 캐릭터를 활용하여 등장한 것인 데 반해 팬시 캐릭터 상품은 '상품' 이 먼저다. 즉 상품을 먼저 결정한 다음 그에 걸맞는 캐릭터를 만들어내는 것이다. 그러므로 팬시 캐릭터 디자이너가 되기 위해서는 우선적으로 상품 자체, 즉 학용품이나 스티커, 액세서리 등 온갖 종류의 팬시 상품에 관심이 많아야 한다. 또한 섬세하고 민감하게 대중의 트렌드를 읽어낼 수 있어야 한다. 당연히 기본적인 미술 실력도 필요하다.

팬시 캐릭터 디자이너가 되는 가장 전형적인 방법은 4년제 대학이나 전문대, 혹은 관련 교육기관에서 디자인이나 캐릭터에 대해 전문적인 교육을 받은 후 업체에 취직하는 것이다. 무엇보다도 기존에 보았던 것들을 모방하고 응용하다 보면 새로운 것을 창조할 수 있는 힘이 생기기 때문에 많은 팬시 제품들을 접해보고 특징을 분석하는 직접적인 '공부' 가 필요하다.

★원화 디자이너

국내에서 원화 디자이너는 온라인게임 업체에서 일하는 것이 일반적이다. 이들은 주로 게임에 등장하는 캐릭터의 의상, 무기, 장신구나 몬스터, 건물, 배경 등의 초안을 디자인한다. 연필로 자유롭게 그린 러프스케치 형식으로 초안을 제시하고 프레젠테이션을 거쳐 캐릭터를 결정하게 된다.

원화 디자이너가 되기 위해서는 기본적으로 드로잉 실력이 월등해야 하며 새로운 아이디어를 구상해내고 그것을 그림으로 표현할 수 있는 능력이 있어야 한다. 무엇보다도 다른 사람이나 유명한 작가들의 화풍을 닮아가는 것을 의식적으로 피하고, 자기만의 개성 있는 그림 스타일을 만들어 나가야 한다.

아바타는 사이버 공간에서 내가 만들어가는 또 다른 나이다. 그렇게 해서 기존의 사회로부터 부여받은 육체, 이름, 사회적 신분과는 전혀 상관없는 별개의 나를 창조할 수 있다. 특히 컴퓨터 환경이 기존의 문자 중심에서 그래픽 중심으로 바뀌고, 남보다 튀어 보이려는 젊은 세대의 심리가 그와 맞물리면서 자신의 가능성을 시험하는 도구로서 아바타가 각광을 받게 되었다. 아바타 디자이너는 게임 기획자나 네티즌이 원하는 사이버 세상의 인간을 만들어내는 사람이다. 이들의 주 업무는 아바타의 콘셉트를 정하고 아이디어 스케치를 통해 기본형과 응용형 동작을 디자인하는 것이다.

현재 활동 중인 아바타 디자이너들은 상당수가 시각 디자인, 의상 디자인, 순수 회화와 같은 미술 전공자 출신이다. 아바타를 제작하려면 우선 그림 실력이 뛰어나야 하기 때문이다. 하지만 그림만 잘 그린다고 해서 모두 아바타 디자이너가 될 수 있는 건 아니다. 그림 실력 외에 유행을 읽는 안목을 키우고 다양한 경험을 쌓는 일도 매우

중요하다. 특히 요즘 아바타는 온라인상에서 패션 트렌드를 주도하는 주인공이기 때문에 영화 감상이나 윈도쇼핑을 많이 하는 등 평소에 유행을 읽는 데 관심을 가질 필요가 있다. 무엇보다 보이지 않는 인간의 마음을 움직이려면 현실 세계의 사람을 깊이 연구하는 것이 가장 좋다.

아직까지 아바타 디자인만을 전문으로 교육하는 기관은 없다. 주로 대학에서 만화과, 애니메이션과, 시각디자인학과 등을 전공한 사람들이 아바타 디자인 업무를 담당하고 있다. 하지만 스케치와 드로잉에 소질이 있고 어느 정도 미술적인 감각이 있는 사람이라면 전공에 상관없이 도전할 수 있다.

★ 일러스트레이터

시각적 표현 수단에는 크게 사진과 사진 이외의 것이 있다. 사진 분야를 담당하는 것이 사진가라면 그 외의 분야를 담당하는 사람을 일러스트레이터라고 한다. 일러스트레이터는 캐릭터 상품 외에도 여러 매체를 통해 작업을 할 수 있다. 구체적으로 광고나 선전물을 제작하거나 출판회사, 인쇄회사 등의 의뢰를 받아 개성 있는 일러스트레이션을 그린다. 일러스트레이션은 많은 양이 인쇄될수록 가치가 커진다. 이 점이 화가와 다른 부분이다. 또 일러스트레이터가 그린 원화는 그대로 사용되는 것이 아니라 그래픽 디자이너나 아트디렉터가 표현의 소재로 활용하게 된다. 만화가와 삽화가도 넓은 의미로는 일러스트레이터에 포함된다. 투시도나 세밀화를 전문으로 하는 일러스트레이터도 있고, 그리는 것만이 아니라 자르고 붙이는 그림, 즉 페이퍼크라프트를 표현의 수단으로 삼는 사람도 있다. 이와 같이 표현 기법과 범위가 매우 다양하다. 그리는 대상에 따라서는 인물, 스포츠, 동식물, 기계적인 것을 주로 그리는 일러스트레이터로도 나눌 수 있다. 작업 과정은 우선 시장조사를 통해 그림의 주제를 선정하고 고객의 요구사항에 맞춰 연출 방향을 결정한다. 그 후 작품의 스타일과 표현 방법을 결정하고, 내용에 적합한 그림을 그린 다음 문자를 배열하고 채색을 한다.

일러스트레이터로 인정을 받으려면 뛰어난 재능과 기술을 가지고 있어야 하며, 자기만의 강한 개성도 필요하다. 도감이나 백과사전, 사전 등에 사용하는 일러스트라면 정확해야 하고, 광고업계나 매스컴 등에서 사용되는 일러스트라면 정확함보다는 재미가 요구된다. 그런 점에서 기본적으로 스케치 기술과 조형 능력이 필요하지만, 보는 사람에게 재미를 줄 수 있는 일러스트레이터로서의 개성이 더욱 중요하다. 다시 말해서 탄탄한 기술을 바탕으로 개성을 발휘할 수 있는 미술 실력이 있어야 하는 것이다.

한편 표현하고자 하는 대상을 정확히 파악하기 위해서는 정보를 수집하고 분석하는 능력도 요구된다. 간단하고 알기 쉽게 정보를 전달할 수 있는 개성적인 표현 기법 역시 일러스트레터의 조건으로 매우 중요하다. 자신이 맡은 일을 약속한 시간 내에 해내는 책임감도 일러스트레이터의 중요한 자질이다.

일러스트레이터가 되는 데 필요한 면허나 자격은 특별히 없다. 대학이나 관련 기관에서 디자인이나 일러스트레이션 등을 전공하는 것이 비교적 취업에 유리하다. 유명한 일러스트레이터 밑에 입문하여 일을 시작할 수도 있으며, 회사나 제작 프로덕션의 그래픽 디자이너로 출발하여 일러스트레이터가 될 수도 있다.

무엇보다도 일러스트레이터로 활동하는 데 필요한 것은 바로 상을 타는 일이다. 수상은 무엇보다 실력과 경험을 증명하는 바로미터이기 때문에 취직에 유리한 조건이 될 수 있다. 그러나 안타깝게도 일러스트를 대상으로 하는 대회나 콩쿠르는 지극히 한정되어 있다. 기껏해야 일러스트를 넣은 광고를 모집하는 신문사와 잡지사 혹은 제작 단체의 콩쿠르NACC전 등 정도가 있을 뿐이다. 이런 콩쿠르에는 베테랑들도 많이 참여하지만, 과거의 예를 보면 의외로 신인의 등용문이 되기도 한다. 콩쿠르에 응모할 수 있는 기회를 잡기 위해서라도 일단은 관련 업체에 취직하는 것이 바람직하다.

캐릭터는 진화한다 | 제조와 유통

2차적 캐릭터 산업인 캐릭터 상품의 제조 영역은 무척 다양하다. 팬시 상품, 문구 및 사무용품, 봉제인형 및 완구, 가정용품, 자동차용품, 식음료, 유아용품, 의류, 스포츠용품, 신발류, 가방류 등과 같은 일반적인 상품에서 인터넷이나 모바일 콘텐츠에 이르기까지 상품화되는 분야는 무한하다.

캐릭터 상품의 제조 영역은 점점 확대될 것으로 예상된다. 예전에 비해 매우 다양한 캐릭터 상품이 등장한 것이 그 사실을 입증한다. 전에 없던 국산 캐릭터를 전면에 부착한 TV, 카세트, 골프 가방, 레저용품 등 신상품의 등장은 캐릭터 산업의 성장을 이끌면서 소비자의 욕구를 충족시키는 한편, 새로운 욕구를 발견하는 효과를 낳는다. 이런 효과를 토대로 캐릭터 산업의 성장은 점점 더 가속화할 전망이다. 우수한 콘텐츠 개발과 더불어 새로운 상품개발 역시 캐릭터 산업을 이끌어가는 중요한 원동력이 되는 것이다.

사실 제조업은 캐릭터가 실제로 탄생하는 단계이기는 하지만, 캐릭터 산업의 본질과 직접적인 연관이 있는 것은 아니다. 이 단계에서 캐릭터 개발팀은 완성된 도안과 예산안에 맞추어 디자인을 제조업체에 전달하고, 제조업체는 주문받은 대로 제품을 생산한다. 캐릭터 전문 제조업체 등이 이 단계에서 활동한다.

3차적 캐릭터 산업은 유통, 즉 상품이 시장에 나가 소비자에게 전달되기까지의 과정이다. 캐릭터 유통시장에는 최근 10년간 많은 변화가 일어났다. 먼저 기존 1~2차 도매상들의 비중이 많이 줄어들었다. 도매상의 감소로 유통 수입이 감소한 반면, 소비자의 니즈를 좀 더 빨리 간파하고 곧바로 상품화에 들어가는 경향이 두드러졌다. 이런 변화는 상품 종수의 증가로 이어졌고, 결과적으로 캐릭터 소비시장이 커질 수 있는 결정적인 계기가 되었다.

캐릭터 유통은 쉽게 말해 제조된 캐릭터 상품을 소매점까지 배포하는 일이다. 완성된 상품을 홍보하고 판매하는 전 과정이 이 단계에 해당된다. 캐릭터 프랜차이즈 산업도 이에 포함된다고 볼 수 있다. 또한 '디지털 콘텐츠 사업'이라 하여 캐릭터와 디지털 기술을 접목한 유·무선 콘텐츠 제작 및 서비스 개발 또한 이 단계에서 이루어진다. 구체적으로 아바타 서비스, 캐릭터 다운로드 서비스, 플레시 애니메이션, 플래시 카툰, e카드 등을 소비자 또는 기업에 제공해서 수익을 창출하는 것이다.

이 단계에서는 캐릭터 마케팅 전문가, 캐릭터 비즈니스 전문가의 활약이 돋보인다.

★캐릭터 마케팅 전문가

캐릭터는 생명체처럼 성장하기도 하고 소멸하기도 하는데, 이런 캐릭터에 지속적으로 생명력을 불어넣음으로써 소비자의 캐릭터 인지도를 높이는 활동을 '캐릭터 마케팅'이라고 한다. 캐릭터 마케팅 전문가는 좀더 큰 부가가치를 창출하기 위해 트렌드를 분석한 뒤 상품이 팔릴 만한 시장을 결정하고, 캐릭터 상품의 생명력을 오래 유지할 수 있도록 지속적으로 캐릭터의 질을 관리한다.

캐릭터 마케팅 전문가를 위한 자격증도 있다. C.M.P^{Character Marketing Planner}라는 것으로 캐릭터 비즈니스의 총괄적인 실무를 담당하는 전문가 배출을 목표로 신설된 자격증이다. 구체적으로 현장에서 요구되는 철저한 마케팅 마인드와 디자인 감각을 동시에 겸비한 캐릭터 마케팅 전문가를 배출하는 것이 C.M.P의 목표이다. 이것은 캐릭터 관련 종사자를 뽑을 때 업계에서 유일하게 통용되는 자격증이라고 할 수 있다.

★캐릭터 비즈니스 전문가

캐릭터 비즈니스 전문가는 한마디로 '캐릭터에 숨결을 불어넣는 승부사'라고 할 수 있다. 세계 최초의 캐릭터인 미키마우스나 스누피가 영화사와 만화제작자에게 엄청난 부를 가져다준 비결은 어디에 있을까? 독특하고 개성 있는 캐릭터로 우선 눈길을 끌었고, 그런 부분을 좋아해주는 소비자들이 계속 늘어났기 때문이다. 그러나 이것이 전부는 아니다. 바로 '캐릭터 비즈니스 전문가'가 어쩌면 혐오 동물일 수

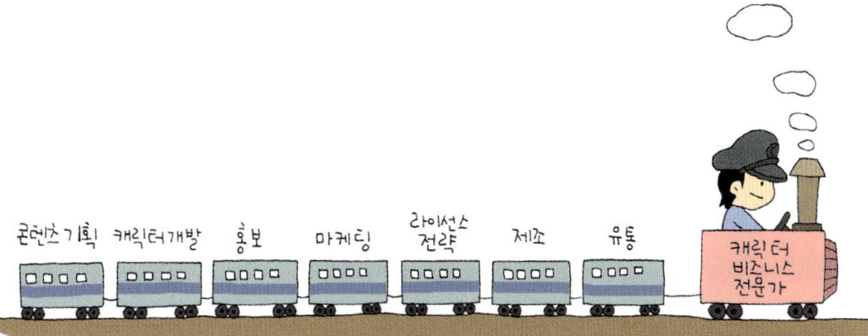

도 있는 쥐를 친근하고 장난기 어린 아이처럼 의인화해서 홍보하고, 그것을 비즈니스로 연결하는 데 성공했기 때문에 가능했던 것이다. 이처럼 캐릭터 비즈니스 전문가란 콘텐츠 기획에서부터 캐릭터 개발, 홍보, 마케팅, 라이선스 전략, 제조, 유통의 전 과정을 한 줄로 엮어내는 일을 한다. 쉽게 말해 캐릭터가 큰돈이 될 수 있게 컨설팅을 하는 사람이다. 이들은 사실상 '소모품'에 가까운 영화나 만화, 게임 등에서 쓸 만한 캐릭터를 발굴한 뒤 저작권 비용을 지불하고 상품화하거나, 광고 프로모션 사용권을 승인하고, 출판물을 내는 등의 비즈니스를 관리한다.

캐릭터 비즈니스 전문가가 되기 위해서는 길거리에서 미래의 스타를 발굴해내듯 콘텐츠 속에서 상품성 있는 캐릭터를 찾아낼 수 있는 안목이 있어야 하며, 게임이나 영화, 만화, 애니메이션 등 광범위한 영역의 콘텐츠를 제대로 이해해야 한다. 디자인에 대한 이해와 시각 이미지만으로 사람들의 기호를 판별해내는 능력도 요구된다. 또한 좋은 상품을 발굴한 후 스타로 만들 수 있는 영업력과 섭외력을 포함한 비즈니스 감각도 필수적이다. 여기에 미디어 전략을 적절히 활용하는 프로모션 능력까지 갖춘다면 금상첨화다. 캐릭터의 자산가치를 가능한 한 오랫동안 유지하는 능력도 필요하기 때문에 저작권법에 대해서도 잘 알고 있어야 한다. 캐릭터 비즈니스 전문가가 되는

데 특별한 과정이 존재하는 것은 아니다. 대학이나 관련 교육기관에서 캐릭터와 경영, 기획 등의 교육을 받고 업체에 취업하는 것이 일반적이다.

아름   정말 무궁무진한 일들이 있군요. 기획 일도 보람 있을 것 같고, 직접 디자이너가 되는 것도 재미있을 것 같아요. 전에는 산업디자인을 전공해서 디자이너가 되겠다는 생각뿐이었는데, 지금은 좀더 많은 일을 경험해보고 싶은 욕심도 생기네요. 유통 분야에까지 흥미가 생기고요.

오 팀장   네가 당장 할 수 있는 것은 계속해서 관심을 가지고 감각을 키우는 일이야. 뻔한 이야기지만 학교 열심히 다니고 공부 열심히 하는 것도 큰 도움이 되겠지. 지금 어떤 자격증을 따는 것보다 네 나이 또래만이 할 수 있는 경험들을 쌓는 것이 좋아. 캐릭터란 사람의 마음을 움직이는 특별한 존재이기 때문에 소비자의 감정이나 정서를 잡아내는 것이 중요하거든. 사물이나 사람에 대해 호기심을 가지고 바라보는 자세를 항상 유지한다면 나중에 어른이 되어서 일할 때 큰 재산이 될 거야.

아름   네. 오늘 말씀 정말 감사드리고요, 나중에 꼭 오 팀장님과 같이 일해보고 싶어요. ^^

오 팀장   나야 대환영이지. 그리고 언제든지 놀러오렴.

1 **캐릭터 사업을 시작하시게 된 특별한 계기가 있나요?**

영남대 재학 시절 애니메이션과 게임에 빠져 살다 졸업할 때즈음 캐릭터의 매력에 눈을 떴지요. 한국에서는 아직 캐릭터가 자체가 하나의 산업으로 여겨지지 않던 시절이었습니다. 당시 월트디즈니나 반다이 등 세계적인 기업들은 이미 캐릭터를 이용해 사용권 매매 또는 대여로 많은 수익을 올리고 있었지만 한국 시장은 아직 여명기였어요. 소수의 애니메이션 감독들이 활동하고 있었지만 캐릭터 산업과 전혀 연계되지 않았고, 지속적으로 애니메이션을 제작할 수 있는 시스템도 갖추어져 있지 않았습니다. 인력과 자본이 절대적으로 부족했던 것입니다. 팬시 상품 역시 바른손, 모닝글로리, 아트

박스 등과 같은 문구류가 대부분이었으며, 제품에 일종의 장식 도구로서 캐릭터가 이용되는 정도였습니다. 말하자면 캐릭터는 필요할 때 꺼내 쓰는 '소스'로 존재했을 뿐입니다. 이런 상황이라면 제가 먼저 나서서 시장을 주도할 수 있겠다는 자신감이 있었습니다.

2 일을 하시면서 가장 힘들 때는 언제인가요?

크리에이티브한 영감이 쉽게 떠오르지 않거나. 생각하는 대로 이미지가 나오지 않을 때요. 특히 캐릭터 개발의 초기 단계에서 어려움을 많이 겪지요. 최근 론칭한 캐니멀인 토끼와 거북이를 소재로 한 묘&가를 개발하면서는 원하는 느낌과 이미지가 나오지 않아 수백 장의 스케치 작업을 했을 정도입니다. 영감이 떠오르지 않을 때는 영화를 본다거나 일과 전혀 상관없는 것들을 하면서 머리를 식히기도 하지만, 대부분의 경우는 머리에 쥐가 날 때까지 고민하다 보면, 그 고민의 끝자락에서 원하는 걸 얻게 되는 것 같아요

3 캐릭터 개발을 하시는 데 큰 영향을 받은 사람이나 작품 등이 있으신가요?

먼저 현재 부즈의 부사장을 맡고 있는 제 친동생을 꼽을 수 있겠군요. 회사 동료이자 같은 크리에이터로서 많은 부분을 동생과 함께 했고 지금도 마찬가지입니다. 캐릭터 개발과 기획은 함께 하고, 실무에서는 동생은 마케팅을 담당하고 저는 아트디렉팅과 제작 전반을 감수하는 역할을 합니다. 이 두 가지 일은 서로 긴밀한 공조를 통해서 진행되는데, 형제라는 점이 플러스로 작용하지요. 그만큼 잘 통한다는 얘깁니다.

영향을 받은 작품으로는 월트디즈니의 미키마우스, 산리오의 키티. 워너브라더스의 트위티시리즈가 있습니다. 먼저 월트디즈니는 파급력이 큰 극장용과 TV용 애니메이션을 통해 캐릭터를 대중에게 알리고, 이를 기반으로 캐릭터 비즈니스를 전개했습니다. 산리오는 고품질의 제품과 이를 유통하는 숍을 기반으로 캐릭터 제품을 알리고 제품과 함께 캐릭터 비즈니스를 하

는 형태였어요. 부즈를 설립할 때 이 두 회사의 장단점을 철저히 분석하고 벤치마킹했습니다. 그렇게 해서 탄생한 비즈니스 모델로서의 캐릭터 상품이 바로 뿌까입니다.

청소년들에게 캐릭터 산업에서 캐릭터 개발 이외의 직업 하나를 추천해주신다면요?

캐릭터 비즈니스 컨설팅과 마케팅을 추천합니다. 문화콘텐츠 산업은 무형의 에너지로 비즈니스를 하는 이른바 인력 집중형 산업이라 할 수 있습니다. 앞으로도 전 세계적으로 감성을 기반으로 한 비즈니스 자체는 필연적으로 확대, 성장할 수밖에 없는 구조입니다. 그런데 국내에서 캐릭터 개발자는 많이 늘어났지만, 캐릭터 비즈니스 컨설팅과 캐릭터 마케팅에 대한 인력난은 심각한 편입니다. 특히 캐릭터 산업의 성장을 위해서는 사업적인 측면을 컨설팅해줄 전문가가 반드시 필요합니다. 캐릭터 산업에 관심 있는 청소년들이 하루빨리 성장해서 이 자리를 메워주길 기대합니다.

5 캐릭터 산업 분야에서 일하기 위해 청소년기부터 준비해야 지식이나 기술에는 어떤 것이 있을까요?

가장 중요한 것은 캐릭터 산업에 대한 본인의 관심과 애정입니다. 그리고 캐릭터 산업 속에도 다양한 직업들이 있습니다. 자신이 어떤 분야를 지원하고 싶은지를 먼저 파악해야겠지요. 캐릭터 개발인지, 마케팅인지, 애니메이션인지, 혹은 캐릭터를 이용한 게임인지 생각한 후에 그에 대한 전문 교육을 받아야 합니다. 대학에서 필요한 전공과목을 이수하는 것도 중요합니다.

'뿌까' 개발자 김부경은...

부즈 대표이사. 영남대학교 시각디자인학과를 졸업했다. 대학을 졸업할 즈음 캐릭터 산업의 매력에 빠졌다. 졸업 후 팬시 문구 류를 만드는 작은 회사에 취업해 디자인과 기획 일을 하며 실무를 익히는 한편, 짬짬이 해외에 나가 당시 국내에는 없던 캐릭터 산업에 대한 다양한 외국서적을 사와서 탐독했다. 구체적으로 상품 소개 위주의 서적이나 테마 파크, 시각디자인 관련서를 읽었다. 1999년 친동생인 김유경(현 부즈 부사장) 씨와 함께 부즈를 설립하고, 2000년에 자체 개발한 토종 캐릭터 뿌까를 인터넷을 통해 공개했다. 그후 뿌까는 인터넷을 타고 전 세계로 급속히 퍼져 공개한 지 2년 만에 세계적인 캐릭터계의 스타로 부상했으며, 지금까지 160여 개국에 수출되었다.

고등학교

■증평공업고등학교(충북)
디자인과

■수원정보산업공업고등학교(경기)
디자인과

■서진여자고등학교(광주)
디자인과

■미래산업과학고등학교(서울)
디자인과

■대전신일여자고등학교(대전)
디자인과

■대진전자공예고등학교(서울)
디자인과

■평촌공업고등학교(경기)
디지털산업디자인과

■대진정보통신고등학교(부산)
멀티미디어디자인과

■경성여자실업고등학교(서울)
멀티미디어디자인과

■영란여자정보산업고등학(서울)
미디어디자인과

■일신여자상업고등학교(서울)
시각디자인과

■영락여자상업고등학교(서울)
시각디자인과

■신정여자상업고등학교(서울)
시각디자인과

■신경여자실업고등학교(서울)
시각디자인과

■세민정보고등학교(서울)
시각디자인과

■덕수정보산업고등학교(서울)
시각디자인과

■대전전자디자인고등학교(대전)
시각디자인과

■구로여자정보산업고등학교(서울)
시각디자인과

■계성산업정보고등학교(부산)
시각디자인과

■부여정보고등학교(충남)
시각정보디자인과

■강경상업정보고등학교(충남)
웹디자인과

■강구정보고등학교(경북)
웹디자인과

■강서공업고등학교(서울)
웹디자인과

■인천중앙여자상업고등학교(인천)
웹디자인과

■ 충남인터넷고등학교(충남)
컴퓨터그래픽과

■ 부여정보고등학교(충남)
컴퓨터그래픽과

■ 경북여자정보고등학교(대구)
컴퓨터그래픽과

■ 영신여자실업고등학교(서울)
컴퓨터그래픽디자인과

■ 서울경영정보고등학교(서울)
컴퓨터그래픽디자인과

■ 경남애니메이션고등학교(경남)
컴퓨터디자인과

■ 남해정보산업고등학교(경남)
컴퓨터디자인과

단체

■ 한국캐릭터디자이너협회
■ 한국캐릭터협회

■ 한국문화콘텐츠라인선싱협회

교육기관

■ 사이버문화콘텐츠아카데미

기타
대중음악과 공연 & 문화콘텐츠 주변 직업들

대중음악 속의 직업들
공연 속의 직업들
문화콘텐츠를 후원하는 직업들

우리의 삶에서 빼놓을 수 없는 활력소가 바로 음악이다. 그 중 대중음악은 말 그대로 나이나 신분을 초월하여 누구나 즐길 수 있는 문화콘텐츠다. 옛날에는 흔히 '유행가'라고 해서 통속적이고 상업적이라며 무시되기도 했지만, 오늘날 대중음악 산업은 문화산업 중에서도 가장 중요한 시장으로 우뚝 서 있다. 이런 대중음악에 관심이 있고 관련 분야에서 일해보고 싶다면 우선 무엇을 해야 할까? 자신이 할 수 있는 일을 찾는 것이다. 대개 '대중음악 속의 직업' 하면 가수나 작곡가, 작사가 정도를 떠올린다. 하지만 이것들은 빙산의 일각에 불과하다. 좀더 자세히 살펴보자.

우리가 가장 쉽게 접할 수 있는 것이 대중가요이다. 한정된 장르로 인해 젊은 세대에게 외면을 받기도 했던 과거에 비해 지금의 가요는 장르도 매우 다양해졌고, 수준도 높아졌다. 한류 열풍의 한몫을 담당할 정도로 말이다. 그만큼 관련 산업의 규모도 늘어났고, 수많은 직업들이 새로 생겨나 재능 있는 인재들을 기다리고 있다.

대중가요의 제작 과정을 간단히 정리해보자. 먼저 작사가와 작곡가가 음악을 창작하고 그것을 연주해서 녹음을 한다. 그 후 녹음된 음악을 가공믹싱, 마스터링하는데, 여기에 가수의 노래가 함께 작업된다. 즉, 먼저 반주음악을 제작하고 그 후에 가수의 노래를 반주 위에 덧입히면 완전한 음반이 탄생하는 것이다. 음반이 제작되었다고 해서 모든 작업이 끝나는 것은 아니다. 음반회사에서는 본격적인 홍보에 들어가고 가수는 노래를 알리기 위해 대중매체에 출연하거나 공연 활동을 펼친다.

이런 일련의 과정에는 직접 노래를 부르는 가수만 참여하는 것이 아니다. 음반의 콘셉트를 잡고 그에 알맞은 노래를 작사 · 작곡가에게 의뢰하는 기획자, 음향기기를 전문적으로 다루는 엔지니어, 공연의 뒤편에서 모든 행사를 총괄하는 공연기획자에 이르기까지 우리가 미처 보지 못하는 곳에서 많은 사람들이 자신의 임무를 다하고 있다. 그 중 대표적인 직업들에 대해 알아보자.

★ 음반기획자 (음반 프로듀서)

음반 프로듀서는 크게 두 가지로 나눌 수 있다. 음반 제작에 필요한 자본을 지원하고 제작과 홍보의 모든 작업을 지휘하는 '제작 프로듀서' 와, 음악적인 부분, 즉 사운드나 분위기를 감독하는 '음악 프로듀서' 이다.

앞서 말한 대로 '제작 프로듀서'는 음악 이외의 사업적인 부분을 책임지는데, 자금을 조달하는 책임도 함께 지는 경우가 많아서 보통 뮤지션의 소속 음반사나 기획사의 대표가 그 역할을 맡게 된다. 그리고 '음악 프로듀서'는 음반의 전반적인 콘셉트를 잡고 그에 맞는 작곡가·편곡가·작사가를 섭외하고, 콘셉트를 효과적으로 드러낼 수 있도록 녹음 과정을 감독한다.

해외에서는 음반 프로듀서를 보고 음반을 선택할 정도로 그 역량의 중요시되고 있는데. 우리나라에서도 점점 그런 경향이 나타나고 있다. 최근 두각을 드러내고 있는 박근태 씨는 이효리, 옥주현, 성시경 등 히트 가수를 낳은 작곡가이자 뛰어난 음반기획자이다. 그는 애니콜 광고의 '애니모션'에서 광고와 대중음악의 장을 잇는 새로운 마케팅을 선보이기도 했다. 이렇게 어떤 한 분야에서 다른 분야로 그 영역이 확장되면서 신선하고 매력적인 결과물들이 만들어지고, 자신의 경험을 다양하게 쌓을 수 있다는 점에서 음반 프로듀서는 흥미로운 직업이다.

음반 프로듀서가 되기 위해서는 기본적으로 음악에 대한 이해와 지식이 있어야 한다. 그렇기 때문에 대학의 실용음악 관련 학과나 사설 학원 등에서 교육을 받으며 실력을 쌓는 것이 중요하다. 그리고 따로 공채 등의 시험이 존재하지 않기 때문에 직접 현장에서 실무 경험을 쌓는 과정이 반드시 필요하다.

음반 프로듀서가 되는 길은 여러 가지다. 바꿔 말하면 딱히 정해져 있지는 않다는 것이다. 대부분 작곡가나 편곡가로 이름을 알리고 실력을 인정받거나, 가수로 오랫동안 음악 활동을 해온 경우, 혹은 음반 시장에서 많은 경험을 쌓은 사람들이 음반 프로듀서가 된다. 감각

적인 재능과 이해, 적절한 실무 경험이 필요한 만큼 오랜 준비 과정
을 거쳐야 하는 직업이다.

요즘 노래들을 들어보자. 단순한 선율로 이루어진 음악보다는 화
려하고 복잡한 음들의 섞임, 조화가 이른바 '대세' 라고 할 수 있다.
특히 대중음악 장르의 다양화가 이런 경향을 더욱 부추기고 있다. 이
런 상황에서 레코딩 엔지니어의 역할은 부각될 수밖에 없다. 레코딩
엔지니어는 악기별로 반주와 노래를 녹음하고 믹싱하는 작업을 한
다. 이 과정에서 처음에는 상상도 할 수 없었던 새로운 모습으로 노
래가 다시 태어난다. 새로운 매력을 덧입히는 데는 엔지니어 특유의
감각이 필요하다. 그리고 무엇보다 필수적인 것은 음악에 대한 열정
과 사랑이다. 작업의 특성상 밤샘을 많이 하고 며칠씩 똑같은 곡에
매달려야 하는 일도 다반사다. 그렇기 때문에 정말 자신의 손에서 나
오는 음악에 대한 애정과 긍지가 없다면 하기 힘든 일이다. 레코딩

엔지니어는 또한 방송이나 애니메이션의 녹음 과정에도 참여한다.

　보통 레코딩 엔지니어가 되려면 사설 학원에서 일정 기간의 교육을 받거나 스튜디오에서 실무를 쌓아야 한다. 여러 전문 기기를 다루어야 하기 때문에 음악 전공자뿐만이 아니라 전자공학을 공부한 사람들도 많이 진출하고 있다.

★ 뮤직비디오 감독

　방송 무대나 콘서트만으로 음반을 홍보하던 때는 지났다. 뮤직비디오는 케이블TV라는 매체를 효과적으로 활용하면서 빠르게 발전해왔는데, 요즘은 특히 그 중요성이 더욱 커지고 있다. 멋진 뮤직비디오는 가수의 이미지를 한 번에 바꿔버릴 수도 있는 힘을 가졌다.

　그런 뮤직비디오의 제작을 총괄하는 사람이 뮤직비디오 감독이다. 뮤직비디오를 만들려면 음악과 영상미에 대한 이해와 감각이 있어야 하기 때문에 영화감독이나 CF 감독 출신들이 본업과 함께 하는 경우도 많다. 뮤직비디오는 무엇보다 화려하고 독특한 영상이 중요한 만큼 대학에서 미술이나 영화, 사진을 전공하는 것이 유리하다. 그리고 현장 경험이 우선시되는 분위기가 강하기 때문에 되도록 실무적인 일들을 많이 해보는 것이 좋다. 아르바이트로 뮤직비디오 촬영 현장에 나가 어떻게 일이 진행되는지 파악하는 것만으로도 앞으로 준비해야 할 것과 필요한 일의 가닥을 잡을 수 있다.

★ 가수 매니저

　가수에게 매니저는 정말 중요한 사람이다. 여러 공연과 방송 스케줄을 조정하고 출연료 협상과 음반 홍보에 이르기까지 모든 사업적

부분을 도맡아 처리해주기 때문이다. 매니저는 하는 일에 따라 로드 매니저road manager, 치프매니저chief manager, 제작매니저로 나눌 수 있다. 이처럼 기획사에 소속된 매니저들은 역할이 전문화·분업화 되어 있지만, 소속사 없이 개인적으로 활동하는 가수들은 매니저 역시 프리랜서로 활동하며 위의 세 가지 역할을 병행한다.

로드매니저는 하루 24시간 가수와 동거동락하면서 미리 짜놓은 스케줄을 가수가 차질 없이 소화할 수 있도록 곁에서 돕는 역할을 한다. 로드매니저는 무엇보다 시간관리를 잘해야 하며 운전에도 능숙해야 한다. 치프매니저는 기획사에서 흔히 실장 혹은 팀장으로 불리며 가수의 스케줄 관리, 홍보, 섭외, 계약 등을 담당한다. 또한 가수를 방송사나 여러 매체에 홍보하는 일도 한다. 제작매니저는 가수가 활동하는 데 재정적 지원을 하고 가수의 활동 방향을 세우는 매니지먼트의 총책임자로, 대개 기획사의 대표가 맡는다.

매니저가 하는 일은 기본적으로 맡고 있는 가수와의 상호 신뢰를 바탕으로 이루어진다. 그런 점에서 인간적인 교감을 나눌 수 있는 포용력 있는 성격이 매니저 일에 잘 맞는다. 또한 사업적인 면을 꼼꼼하게 챙길 수 있는 치밀함과 수완도 필요하다.

★백(업)댄서 & 안무가

무대 위에서 화려한 조명을 받으며 신나는 음악에 맞춰 춤추는 백업댄서들은 정말 멋지다. 백업댄서가 되려면 당연한 이야기겠지만 춤을 잘 추어야 한다. 타인의 시선을 즐기는 대범함도 필요하다. 또한 엄청난 체력 소모를 견딜 수 있는 지구력과 체력도 빼놓을 수 없다. 백업댄서의 생활은 매일 연습과 공연이 이어지는 가운데에서도 몸매

관리를 위해 식사량을 조절하는 일이 반복된다. 또한 하나의 안무를 가지고 계속 반복하는 게 아니라 가수 혹은 노래에 따라 계속해서 새로운 안무를 빠르게 익힐 수 있어야 한다.

요즘에는 청소년들의 춤에 대한 관심과 열의가 높기 때문에 교육 기관을 쉽게 찾아볼 수 있다. 사설 학원에서 기본부터 체계적으로 교육받는 것도 좋고 어느 정도 실력이 된다면 각종 콘테스트나 댄싱팀, 무용단의 오디션을 받는 것도 빨리 길을 찾는 방법이다. 요즘 활동하고 있는 대부분의 백업댄서들은 댄싱팀 출신이며, 신입으로 들어간 경우는 수개월 동안의 훈련을 거쳐야 무대에 오를 수 있다.

춤추기 자체를 즐기는 것과 직업으로 삼는 것은 전혀 다른 문제다. 그러므로 자신이 과연 진심으로 백업댄서가 되고 싶은 것인지 진지하게 고민해볼 필요가 있다. 백업댄서 출신의 유명 재즈댄스 안무가 박명수 씨도 백업댄서가 되려면 끊임없이 자기계발을 하고 실력을 쌓아 나가야 하며, 무엇보다 춤에 미쳐야 한다고 강조한 바 있다.

하지만 백업댄서는 평생 할 수 있는 직업이 아니다. 체력에 한계가 있기 때문이다. 백업댄서 출신들이 다음 직업으로 선호하는 것이 안무가이다. 가수와 백업댄서의 춤을 새롭게 만들고 구성하는 안무가는 백업댄서의 경험이 가장 잘 발휘되는 직업이기도 하다. 실제로 현재 활동하고 있는 대부분의 안무가들이 백업댄서 출신이다.

★ 음반 재킷 디자이너

음반의 표지는 그 음반의 특성을 한눈에 보여주는 상징과 같다. 재킷 디자인이 멋지면 모르는 가수라도 호기심이 생겨서 한 번 더 들여다보게 된다. '비틀즈', '너바나', '롤링스톤즈'의 특이한 앨범 표지

좋은 음반 재킷은 그 자체로 예술이 되며, 시간이 흐를수록 깊은 추억을 선사한다.

는 단지 표지에서 끝나는 것이 아니라 세월이 흘러서도 당시 그들의 모습과 그 시대의 분위기를 대표한다. 이런 음반 재킷 디자인은 산업 디자인의 하나로 인식되고 있다. 가전제품이나 자동차 디자인처럼 상업적 효과를 중시하기 때문이다.

하지만 음반으로서의 예술성도 무시할 수 없기 때문에 탁월한 감각과 개성이 필요한 것은 당연하다.

음반 재킷 디자이너가 되려면 미술과 디자인 분야에서 경험과 지식을 쌓아야 하고 음악에 대한 이해도 깊어야 한다. 지금 만들려는 재킷 속에 어떤 음악이 들어가는지 알아야 재킷을 통해 효과적으로 전달할 수 있는 법이다. 전문적으로 음반 디자인만 하는 사람도 있지만 대부분 다른 분야에서 활동하는 디자이너나 사진작가들이 겸업을 하는 경우가 많다.

발레, 오페라, 클래식 연주회 등 이른바 '고급 문화'로 불리는 범주의 예술이 있다. 주로 '공연문화'로 대표되는 이런 분야가 예전에는 일반인이 다가가기에 부담스럽고 낯선 느낌이 들었던 것은 분명하다. 하지만 최근 들어 고급 문화라는 장벽은 점점 허물어지고 있다. KBS의 〈열린 음악회〉를 비롯한 많은 무대에서 대중음악과 클래식과 국악이 서로 조화롭게 어우러지는 독특한 분위기를 만들어내기도 하고, 어려웠던 고전 연극들이 이해하기 쉽고 재미있는 현대물로 각색되어 무대에 오르기도 한다. 한편 우리나라 고유의 리듬감을 기반으로 만들어진 뮤지컬 〈난타〉는 국내에서의 흥행뿐만 아니라 세계적인 호평을 받으며 수출되기도 했다. 이처럼 공연예술은 우리의 삶 가까이 스며들고 있으며 상업적 측면에서도 중요한 분야로 떠오르고 있다.

공연문화에는 다른 문화에서 찾아볼 수 없는 현장성이 있다. 예술가와 관객이 동시에 동일한 공간에서 교감한다는 것은 공연의 가장 매력적인 요소이다. 한 번의 완벽한 무대를 위해 그 뒤에서 무수히 많은 사람들이 땀방울을 흘린다. 힘

공연문화의 대중화·세계화를 선도한 난타의 공연 모습.

기타

든 만큼 보람도 클 것이다. 중요한 것은 자신의 선택과 그 후의 마음 가짐이다. 올바른 선택을 하기 위해서는 먼저 지망하는 분야에 대해 자세히 알아둘 필요가 있다. 무작정 우아하고 멋있어 보이는 무대만 생각하고 덜컥 공연 관련 직업을 꿈꾸는 것은 위험한 발상이다. 이제 부터 공연문화에 관련된 직업들을 살펴보자.

★ 공연기획자

이어폰으로 혼자서 좋아하는 음악을 듣는 것은 즐거운 일이다. 하 지만 그 노래를 직접 눈앞에서, 열광하는 수많은 사람들과 함께 듣는 것은 혼자 듣는 음악과는 비교할 수 없는 또 다른 즐거움을 선사한 다. 같은 공간에서 공기처럼 번지는 음악에서 느낄 수 있는 짜릿한 기쁨이 콘서트에는 존재한다. 공연기획자는 뮤지션과 팬들을 그 장 소로 불러들이는 바로 그 기쁨의 순간을 기획하는 사람이다.

공연기획자는 뮤지션 혹은 배우가 어떤 모습으로 관객과 만날 것 인지, 또 관객이 무엇에 끌려 공연장을 찾게 할 것인지 고민하고 그 에 맞춰 콘셉트를 정한다. 특히 요즘 가수들은 단순히 공연만 하기보 다는 특별한 테마를 정해서 팬들이 더 큰 즐거움을 맛볼 수 있도록 많은 신경을 쓴다. 그렇기 때문에 더더욱 기획의 역할이 중요하다.

이 외에도 공연기획자는 뮤지션 초청 비용과 입장료 등을 고려하 여 예산을 책정하고 자금을 지원해줄 협찬사를 섭외한다. 홍보 역시 기획자의 몫이다. 즉 공연기획자는 공연의 초기 계획부터 예산 설계 와 마케팅·홍보에 관한 계획 수립에 이르기까지 전체 업무를 총괄 하는 사람인 것이다.

공연기획자가 되기 위해서는 공연에 대한 지식과 더불어 마케팅 업무에 대한 배경 지식이 필요하다. 공연 역시 돈을 벌어들여야 하는 하나의 수익사업이기 때문이다. 실제 현장을 둘러봐도 마케팅을 전공한 이들이 많다. 음악 전공자라면 대학원에서 마케팅이나 예술경영 관련 공부를 한 뒤에 현장에서 활동하는 경우가 대부분이다. 또한 해외 뮤지션들의 내한공연도 빈번히 이루어지기 때문에 외국어 실력도 필수다.

공연기획자에게는 예술에 대한 사랑과 이해심 못지않게 탁월한 감각도 중요하다. 공연의 핵심을 파악하고 적절한 콘셉트를 정하는 능력, 자금 마련을 위해 사회 전반의 분위기를 읽어내고 트렌드에 맞는 행사를 기획하는 능력이 필요하다.

★ 공연 마케터

공연기획자의 업무 가운데 마케팅 업무를 따로 맡아서 하는 사람이다. 주로 관객을 모으는 일을 한다. 그런 점에서 공연기획자보다 관객과 한발 더 가까운 곳에 있다고 할 수 있다. 바쁘게 뛰어다니며 홍보하는 일이 대부분이기 때문에 활동적인 사람이 유리하다.

★ 무대 디자이너

공연에서는 무대 위의 가수나 연주자들이 주인공이긴 하지만, 무대 자체도 빼놓을 수 없는 중요한 요소이다. 공연의 내용을 관객에게 잘 전달하기 위해서는 무대 시설이 받쳐줘야 하기 때문이다. 요즘은 공연의 성격에 잘 맞는 무대 디자인이 그 공연을 대표하는 하나의 상징으로써 홍보 역할을 톡톡히 하는 경우도 적지 않다. 그런 만큼 점점 더 무대 디자이너의 역할이 중요해지고 있다. 공연문화의 대중화

추세로 볼 때 무대 디자이너의 수요는 계속 늘어날 것이라는 전망이 우세하다. 공연을 사랑하는 마음과 열정, 미적 감각이 있다면 한번 도전해볼 만한 분야이다.

무대 디자이너는 무대장치를 비롯하여 조명까지 감독하게 되는데, 이런 일을 책임지기 위해서는 우선 공연에 대한 세심한 이해와 끊임 없는 연구가 필요하다. 그만큼 늘 긴장하고 노력해야 한다. 무대 디자이너들 중에는 보통 대학에서 미술이나 디자인을 전공한 사람들이 많다. 홍익대학교, 한국예술종합학교 등에 무대 디자인학과가 별도로 개설되어 있기도 하다.

★ 스코어리더

TV에서 종종 클래식 공연실황을 볼 때 드는 의문점 한 가지. 순간 순간 클로즈업하는 연주자는 어떻게 선택할까? 카메라맨이나 방송사 프로듀서가 음악에 해박한 지식을 가지고 있어서 독주할 연주자를 미리 알고 클로즈업하는 걸까? 당연히 그렇지 않다. 스코어리더라는 전문가가 그 역할을 한다. 스코어리더는 클래식 연주를 분석하고 카메라의 흐름을 구성해주는 신종 전문직이다. 방송사에서 작업을 의뢰해오면 공연기획자에게 자료를 받아서 미리 그 공연에 대해 공부한다. 그래서 카메라가 언제 어떤 연주자에게 다가갈지, 어떤 악기를 중심으로 촬영해야 하는지를 보여주는 '카메라 콘티'를 만드는 것이다. 현재 10여 명의 프리랜서 스코어리더가 KBS 위성, EBS, 아리랑방송 등에서 방송 제작에 참여하고 있다.

스코어리더는 연주자들과 가장 가까운 자리에서 공연을 즐길 수 있다는 점에서 음악을 사랑하는 사람에게 매력적인 직업이다. 이 일을 하기 위해서는 당연히 음악에 대한 전문적인 지식을 가지고 있어야 한다. 음악 지식 못지않게 방송에 대한 조예도 깊어야 한다.

문화콘텐츠를 후원하는 직업들

예술가나 문화콘텐츠의 직접적 생산자는 아니더라도 이 사회의 문화 수준을 끌어올리는 데 이바지할 수 있는 기회는 무척 많다. 문화는 복합적인 것이기 때문에 많은 사람들의 협조와 그 연결고리로 만들어진다. 언뜻 문화와는 거리가 멀고 딱딱해 보이는 일이 문화콘텐츠 산업의 핵심 역할을 하는 경우도 있다. 또 문화 생산자들이 좀더 작품에 몰두할 수 있도록 작품 외적인 부분을 후원하는 것도 결과적으로 문화산업에 기여하는 길이다. 그러므로 시야를 넓게 가지고 자신이 할 수 있는 일을 찾아보는 것이 중요하다. 얼마든지 하고 싶은 것을 할 수 있다. 관심과 열정만 있다면.

★ 문화산업 노동 조합 관련 서비스

문화예술계에 종사하고 있는 사람이 점점 늘어나면서 스스로 자신들의 권리를 지키기 위한 단체들도 생겨나고 있다. 특히 영화 등의 노동조합들은 업무의 특성상 조직적으로 발전해오지 못했지만, 앞으로 반드시 필요한 부분이다. 만일 예술인들의 노동 조건이나 처우 개선에 관심이 있다면 이런 관점에서 직업을 찾아보는 것도 좋을 것이다. 이 서비스는 주로 부당한 대우를 받은 종사자들의 의뢰를 받으면 관련 법률이 정한 올바른 절차에 따라 해결 방법을 찾는 일을 한다. 음지에서 힘들어하는 문화예술인들에게 큰 힘이 되어주고, 그들이 더욱 활발한 활동을 할 수 있도록 후원한다는 것은 나름대로 보람 있는 일이다.

노동조합의 상담사나 간사로 일하려면 법률을 공부했거나 그 방면의 경험이 많아서 실무적인 상담이 가능해야 한다. 처음에는 자원봉사 형식으로 시작하여 경험을 쌓고 전문적으로 활동하는 경우도 있고, 예술인으로서 같은 처지에 있는 그들의 대표자로 활동하는 사람들도 많다.

★ 저작권 전문 변호사

지금까지 약간 도외시되었던 문화콘텐츠 저작권의 문제가 크게 대두되고 있다. 지적재산권, 즉 저작권은 문화 생산자의 중요한 권리이다. 최근 P2P의 발달로 불법 영화 파일이나 음반 파일이 마구 복제되고 있는 시점에서 저작권 전문 변호사들이 할 일이 아주 많다.

변호사는 저작권을 침해당한 피해자의 의뢰를 받아 구제의 방안을 찾고 대안을 마련한다. 문화와 예술이 자본과 가까워질수록 이런 분쟁은 더욱 늘어날 것이다.

★ 문화경영 컨설턴트

최근 문화가 하나의 사업이 되는 경우가 많아졌다. 예를 들어 축제의 성격이 강한 여러 영화제만 하더라도 순수하게 문화예술적으로 치르기에는 현실적인 제약이 많이 따른다. 그렇기 때문에 많은 문화행사 관계자들이 여러 후원사를 끌어들여 더욱 화려하고 알차게 치르는 것이다. 문화경영 컨설턴트들은 이런 문화행사나 이벤트의 마케팅적 기획을 담당한다. 경영학이나 마케팅 방면의 경험과 능력이 필요하며, 동시에 문화 트렌드에 대한 관심도 요구된다. 현재 많은 대학이나 대학원들에서 문화경영이라는 전공학과를 신설하고 있어 관심만 있으면 공부할 수 있는 여건은 비교적 좋은 편이다.

★ 메세나(Mecenat) 사업 프로그래머

백범 선생은 "내가 한없이 가지고 싶은 것은 높은 문화의 힘이다"라고 말했다. 문화의 힘은 21세기 들어 더욱 왕성하게 그 세력을 넓혀가고 있다. '문화의 세기'인 21세기에 문화예술과 관계를 맺지 않는 기업은 소비자와의 관계에서도 성공하기 어렵다는 것이 요즘 기업들의 일반적인 인식이다. 기업의 이미지가 중요해지면서 일종의 문화 마케팅을 통한 브랜드 홍보에 지속적인 관심을 기울이는 기업들도 늘고 있다. 메세나는 기업들이 부의 사회 환원을 실천하는 일환으로 문화예술·스포츠 등을 지원하는 공익사업의 총칭이다.

기타

메세나 사업 프로그래머는 기업 홍보실에 소속되거나 프리랜서로 활약하면서 비교적 상업적 성격이 적은 행사들을 진행시킨다. 직접 예술계에 종사하지 않더라도 문화의 토양을 마련해주는 일을 한다는 점에서 의미가 있고, 많은 보람을 찾을 수 있는 직업이다.

★청소년 대안학교 프로그래머

많은 청소년들이 획일적인 교육 방식에 길들여져 창의적 사고가 억눌리고 자신의 개성을 발휘하지 못하는 상황은 안타까운 일이다. 대안학교인 '하자센터'는 이처럼 현실에 적응하지 못하는 청소년들을 위한 단체로 다양한 문화예술적 대안교육을 실시하고 있다. 음악이나 미술, 연기 등 또래끼리 모여 자신들이 원하는 것을 찾아내고 직접 행사를 기획한다. 창의적이고 개성 있는 청소년들은 새로운 문화산업을 이끌어갈 잠재력을 가지고 있다. 장기적으로 보면 이들이 바로 미래의 빛나는 문화콘텐츠 생산자들이다. 이런 사업들은 반드시 필요하며, 또한 계속 확장되어야 한다. 아이들에게 기회를 주고 적성을 찾아준다는 점에서 보람 있는 일이다.

★문화콘텐츠 정책 전문가

문화를 발전시키는 것은 각 개인이지만, 그런 사람들을 후원하고 응원하는 데는 국가의 힘이 큰 역할을 한다. 이처럼 애니메이션이나 영화, 만화 등의 문화콘텐츠 사업 전반을 국가적 차원에서 지원하는 역할을 하는 사람들을 통틀어 '문화콘텐츠 정책 전문가'라고 한다. 구체적으로 문화관광부와 같은 문화콘텐츠 산업 관련 부처나 한국문화콘텐츠진흥원, 한국문화관광정책연구원, 한국영화진흥위원회, 한국방송영상산업진흥원, 그 밖에 각 지역의 문화산업지원센터 등의 공공기관에 근무하면서 정책을 수립하고 집행한다.

문화콘텐츠 정책 전문가가 되는 데 특별히 갖추어야 하는 자격증이나 능력이 있는 것은 아니다. 다만 자신이 담당하는 분야의 전문가가 되어야 한다. 물론 컴퓨터 그래픽 등 세부적인 작업 노하우까지 습득할 필요는 없다. 하지만 컴퓨터 그래픽을 배울 수 있는 우리나라의 환경은 어떤지, 배우는 데 어떤 어려움이 있는지는 파악하고 있어야 한다. 현업에서 뛰고 있는 문화콘텐츠 개발자들이 정말로 필요로 하는 것이 무엇인지, 그들의 창작욕을 더욱 불사르게 하기 위해 무엇을 어떻게 해야 하는지 제대로 알고 있어야 제대로 후원할 수 있는 법이다. 그러므로 각 분야의 트렌드나 산업 현황은 물론이고, 세부적인 작업 과정에 대해서도 그 분야의 전문가들만큼이나 꾸준히 관심을 기울이고 공부할 필요가 있다.

이 밖에 문화콘텐츠의 시장 규모가 커질수록 관련 분야의 전문가들이 더욱 많이 필요해질 수밖에 없다. 구체적으로 문화콘텐츠 재무 전문가, 문화콘텐츠 가치평가 전문가, 문화콘텐츠 지역 전문가 등이 있다. 문화콘텐츠 지역 전문가는 미국, 유럽, 중국, 일본, 남미, 러시아 등 세계의 주요 문화콘텐츠 시장에 정통한 인력으로 컨설팅과 에이전시 역할을 수행한다. 주로 법률에 정통한 사람들이 이 분야로 많이 진출하는데 대표적인 예로 미셸 위의 매니저가 변호사 출신이다.